新时代　新需求　新高度　新发展

——知类通达　强立不反

王湘云　主编

山东大学出版社
SHANDONG UNIVERSITY PRESS
·济南·

图书在版编目(CIP)数据

新时代 新需求 新高度 新发展:知类通达 强立不反 / 王湘云主编. --济南:山东大学出版社,2024.8

ISBN 978-7-5607-8151-8

Ⅰ. ①新… Ⅱ. ①王… Ⅲ. ①高等学校-毕业论文-汇编-山东 Ⅳ. ①G642.477

中国国家版本馆 CIP 数据核字(2024)第 009459 号

责任编辑 祝清亮
文案编辑 霍馨莹 邵淑君 蒋新政
封面设计 王秋忆

新时代 新需求 新高度 新发展
XINSHIDAI XINXUQIU XINGAODU XINFAZHAN
——知类通达 强立不反

出版发行 山东大学出版社
社　　址 山东省济南市山大南路 20 号
邮政编码 250100
发行热线 (0531)88363008
经　　销 新华书店
印　　刷 山东和平商务有限公司
规　　格 720 毫米×1000 毫米 1/16
　　　　 16 印张 300 千字
版　　次 2024 年 8 月第 1 版
印　　次 2024 年 8 月第 1 次印刷
定　　价 69.00 元

编委会

前　言

《礼记·大学》有云："大学之道，在明明德，在亲民，在止于至善。"

《礼记·学记》曰："九年知类通达，强立而不反，谓之'大成'；夫然后足以化民易俗，近者说服，而远者怀之。此大学之道也。"

梅贻琦在《大学一解》中提到："'知类通达'，'强立不反'二语，可以为'明明德'之注脚；'化民成俗'，'近悦远怀'二语可以为'亲民'之注脚。"从古至今，大学教育之理想始终离不开"明明德"与"亲民"。格物、致知、诚意、正心、修身，属"明明德"，贯穿于大学里人才培养的每个环节，传授专业知识，锻炼综合能力，培养全面素质，而知识、能力、素质培养目标的实现均离不开"强立不反，知类通达"。思想独立而不违反师教，举一反三，触类旁通，学以广才，行方致远。

多年来，山东大学(威海)在办学过程中，坚守"为国育贤"初心，坚持为党育人、为国育才，强化人才培养中心地位，落实立德树人根本任务，努力构建"以德为先、拔尖引领、交叉创新、全面发展"的高质量人才培养体系，全面提升人才培养能力和质量，着力培育"强立不反""知类通达"的全面发展的时代新人。

校区积极构建现代化专业体系，以"交叉融合再创新"为指导思想，以"瘦身长高变强"为目标导向，以"新增一批，整合一批，撤并一批，优化一批"为工作原则，主动布局新兴专业，调整增设学科交叉型、应用型专业，着力推进新文科建设、新工科建设，抓好人才培养"新基建"中的"基本单元"，持续推进专业升级改造工作。目前，校区 37 个本科招生专业中，已有国家级一流专业建设点 28 个，省级一流专业建设点 6 个，占招生专业近 92%。

深入实施"3M"人才培养模式，通过主修、辅修、微专业因材施教推动特色人才培养。校区在金融学、国际经济与贸易、法学、行政管理、计算机科学与技术、机器人工程、电子科学与技术等专业开设了辅修学士教育，满足学生多学科、多专业学习需求；主动适应新技术、新业态、新模式、新产业的需求，开设国际区域学理论与实践、德语语言与德国研究、生物药学、先进制造、国际沟通、数字历史等11个微专业，构建新型跨学科专业组织模式，促进学科专业交叉融合和产学研用协同发展。

大力推动交叉复合人才培养，着力培养全面发展时代新人。加强学科融合育人，开设“国际政治＋国际经济与贸易”双学位实验班、“英语＋法学”双学位班、“英语＋国际经济与贸易”双学位班，培养学生交叉思维和创新创造能力，培养复合人才；推进科教融合育人，开设“天文与空间科学菁英班”“量子信息工程实验班”，加强与高水平科研院所合作，推进教学与科研深度融合，吸收学生进团队、进课题、进实验室，深度参与重大工程项目、科研项目，培养高层次研究型创新人才；加强产教融合育人，与华为技术有限公司共建“未来网络”实验班，着力推进新工科建设，加强应用型人才培养。

校区始终秉承“为天下储人才，为国家图富强”的办学宗旨，弘扬“学无止境，气有浩然”的校训，倡导“崇实求新”的校风，坚持特色引领，内涵发展，全面深化教育教学改革，不断提升办学质量。经过一系列多样化办学模式探索和实践，校区本科人才培养能力和水平明显提升，影响力显著增强，培养了一批批有理想、有本领、有担当的高素质本科人才。本论文集所收录的论文就来自这样一群优秀的本科生，他们博学多才、严谨认真、不懈求索，以高水平的毕业论文向培养他们的学校和老师交上了满意的答卷，为四年的本科学习生涯画上了圆满的句号。

论文集是由编者在校区2022届73篇校级优秀毕业论文中进一步遴选出的19篇精品佳作撰编而成。呈现在我们面前的一篇篇散发着油墨清香的论文，虽算不上鸿篇巨制，甚至在某种程度上还显得不够成熟，但它凝聚了学生们埋头书山、潜心学海的汗水和智慧，映现出他们勤学笃行、求真务实、睿智创新的青春风采。论文内容涵盖文、理、工等各学科，“一篇一特色”“篇篇有亮点”，既有理论研究型，又有实践应用型，有些源于指导教师的科研课题，有些则来自企事业单位的委托课题。论文反映了学生们对专业知识的勤耕厚积、对科学奥秘的上下求索，“博学而笃志，切问而近思”，论文的形成经历了实践调查、探索反思、再实践再反思的灵感火花的碰撞，是他们探求科学真理的见证，是他们与指导教师在教学科研实践道路上携手共进探究求索的智慧结晶，更是校区教育教学改革创新探索下人才培养成效的体现。

山容万物，海纳百川。论文集的结集付梓将为校区的教学科研注入鲜活的青春力量，也将为低年级学生提供引领启迪的榜样和借鉴交流的平台。扬优秀论文之文思精深、启后生求学之知类通达、养慎思明辨之品质、修崇实求新之校风，正是本论文集编写之宗旨。论文集的编纂得到了校区师生的积极协助和大力支持，特别感谢相关作者之研究观点的奉献与分享！衷心感谢为学生的毕业论文倾注了辛勤汗水的指导教师们！

今朝锦时筑梦桨，且待他日展芳华。祝愿校区学生在漫漫科研路上保持热爱和专注，不断坚守与前行！

聚势谋远创一流，开放融合育新人。祝愿校区人才培养再上新台阶，再谱新华章！

编 者

2022 年 12 月

目　录

村上春樹の言語特色研究

东北亚学院日语专业　王思懿
指导教师　武鹏

【摘要】 村上春树是中国最受欢迎的日本作家之一，其作品因极具个人风格而备受读者们喜爱。《世界尽头与冷酷仙境》是村上春树长篇小说的代表，该书从语言、双线结构到主人公塑造、作品世界观等都是典型的村上风格。本论文以《世界尽头与冷酷仙境》为例，首先从语言特色研究入手，对作者人称使用与主人公塑造以及惯用比喻和文章的孤寂感等进行了研究。其次从语言风格出发，分析作品的虚无与荒诞的特点。最后由特例进行一般性推广，总结出村上春树的写作特色。

【关键词】 村上春树；语言特色；写作风格

一、はじめに

村上春樹は小説の言葉遣いの気軽いところが人気を呼ぶ[①]。日本・中国でも大変人気の作家で、とくに青春三部作は一代の青年に影響をもたらす。1985 年に出版した『世界の終わりとハードボイルド・ワンダーランド』(以下は『世とハ』に略する)は村上春樹が最初に作り出した長編小説であり、特別な意味を持ち、以後の長編小説の創作の基礎となるとも言える。この論文は『世とハ』の言語特色の研究に重点を置き、読者の心を動かす理由を考え、村上風の特徴および村上春樹の創作精神を分析する。

二、人称の使用と主人公姿の描き出し

村上春樹の小説には、第一人称を語り手として述べた作品はたくさんある。そして、主人公たちは同じような姿をし：人間関係が希薄で、古典音楽と文学に

① 吕元明：《日本文学史》，吉林人民出版社 1987 年版，第 387 页。

高い鑑賞能力と趣味を持ち、金に困らわずに健康な独身生活をしている。

第一人称を使い、叙事の視点は主人公の「私」に限られ、物語の発展も全部主人公を中心として続ける。そういう叙事方法は読者たちに臨場感を与え、たやすく小説の世界に浸らせる。それと同時に、作者にとってはそれなりの創作スキルとレベルが必要となる。

『世とハ』は第一人称叙事の長編小説の典型である。村上春樹のほかの第一人称の小説と比べると、例の共通点がある以外に、「私」「僕」と「俺」の人称転換に独自の特色がある。主人公は東京で計算士を務める「私」、世界の終わりの夢読みの「僕」と「僕」の影である「俺」という三人に設定され、生きる場所とそれぞれの身分の違う点に応じ、人称と姿も変わる。

（一）ハードボイルドワンダーランドの「私」

まずは人称の「私」から分析する。日本語の人称代名詞の数はとくに多く、第一人称は43に達する。辞典によると、「私」は丁寧な言い方として多く目上の人に対するときや改まった場面などで用いられる。こういう条目から見れば、「私」は比較的に社会性を帯び、公的な意味を持つ代名詞である。原作によると、主人公は「組織」という半官営の企業に勤め、いちばん腕ききの計算士である[①]。要するに、「私」という少々社会化の自称は主人公の身分と生きる場所「東京」に相応しい。そして、作者はほぼ簡潔な会話と内心独白の方式で主人公を描き出す。余分の描写は最小限に控える。

（二）世界の終わりの「僕」

まずは人称代名詞の「僕」から分析する。辞典を調べてみると、「男が自分をさして言う語、一般に対等または目下に向かって用いる」という解釈である。つまり、「私」に比べれば、少々非正式な言い方であろう。

設定により、「僕」は記憶と心が奪われた「私」、そして「世界の終わり」は「私」の脳の意識回路が崩れた後、自身から誕生した意識世界である。「世界の終わり」の名のように、この街は現実性がなく、本質は反社会化で、理想のユートピアと言える。というわけで、自分が創り出した厳密な社会関係のない街で、自由に「僕」を使用すべきである。それに、本体の「私」と区別することができる。

「僕」のイメージと描き出し方法を分析する。「僕」は「私」の自身であるもの

① ［日］村上春樹：『世界の終わりとハードボイルド・ワンダーランド1』，新潮社 1985 年版，第 31 頁。

の、記憶と心が喪失し、従って単純に同じ人と扱うことができない。前期には、作者は「僕」の目から見た景色と自発した思いで「僕」の姿を浮き立たせている。

(三)「僕」の影である「俺」

「俺」は男が同輩・目下の者に対して使う一人称であり、一般に親密の関係に限定される。「俺」は「僕」が街に入った時、「僕」から剥がれた影の自称であり、「僕」の元の記憶を持っている。というわけで、「影」と呼ばれているけれども、実際に「私」の人格を保有した「僕」の分身である。だから、もう一つの自分と交流する時、気安く「俺」と名乗るのは当然のことである。

上述のように、影は「僕」すなわち元の世界の「私」の心と記憶の具象化した者であり、心の存在にぎっしり繋がっている。まるでユング(Carl Jung)の自我と自身の「二重身の体験」という理論の実践メカニズムである。①

ゆえに、影は不完全な自分である。「私」は「僕」という新しい自分に生まれ変わり、過去のすべては剥がれた影に与えられ、最後に影の別れに連れて消えていく。したがって、主人公は失うことを取り戻すために、自発的に過去の自分を抹殺することを望んでいる。物語は人物の活動によって構成され、そのため作品に哀傷の基調を定める。

三、比喩の使用と特色

比喩は最も基本的な修辞法としては、多くの文学作品に広く使用される。その中に、村上春樹は比喩をとくに愛用し、数多くの比喩語句が村上風の小説の顕著な言語特徴にもなる。それに、数だけでなく質もかなり高く、読者たちに心を躍らせるほどのすばらしい語句である。

(一)比喩語句の数量

統計によると、本書の比喩語句は総計 217という数に達し、平均一章 5 句である。「数多くの比喩語句の使用は、専門概念をわかりやすく説明することができるし、「やみくろの巣穴」といった虚構の場所を生々しく描くこともできる。そして、一部の比喩語句は主人公の心理独白として出現することから、主人公のイメージを立体的にさせ、人物の描き出しにも積極的な役に立つ。

---

① [瑞士]卡尔・荣格等:《人类及其象征》,张举文、荣文库译,辽宁教育出版社 1988 年版,第 137 页。

（二）「村上風」の比喩特色

村上春樹の比喩の使用には強い個人スタイルがある。普通の比喩はA事物の属性に共通点があるB事物を使い、A事物の特徴をより直観的に説明する。というわけで、比喩の主体と客体の間には大衆に認知される繋がりが存在する。しかし、「村上風」の比喩の場合、そんな繋がりがほぼない。むしろA事物とB事物の表面にはいざ何の共通点もなく、いつも読者に大きな衝撃を与える。そして言葉を深く味わうと、その深層にある共通点が体得できる。そういう対照強い修辞法は作品を趣深く思われる。つまり、普通の比喩は表面に偏り、村上春樹の比喩は本質に重点を置く。

例をあげてみる：

> 角笛の響きはほかのどのような音の響きとも違っていた。それはほのかな青味を帯びた透明の魚のように暮れなずむ街路をひっそりと通り抜け、舗道の丸石や家々の石壁や川沿いの道に並んだ石垣をその響きでひたしていった。①

「角笛の響き」は無形で聴覚の概念であり、「透明の魚」は有形で視覚の概念である。直接に無形の響きのイメージを表現することが難しいとはいえ、聴覚は連想で視覚に転換し、「ほのかな青味を帯びた透明の魚」という美しくて悲しき事物を使い、感覚の交錯で立体的に響きの上品と哀傷を表現できる。それに角笛の響きを魚の泳ぐのにたとえ、直観的に響きが伝わう様子を描写する。哀傷めいた筆触も理想すぎてこの現実に属しないという「世界の終わり」というイメージを深くさせる。

四、喪失感と荒誕性

喪失感と荒誕性は村上春樹小説の顕著な言語特色の一つである。村上春樹は戦後に生まれた作者として欧米の現代主義思潮を受け、作品の中で人々は現実に対しての孤独感を表現するのに長けている。ポジティブな価値観を宣伝する文学作品とは違い、専門的に人々の心底に秘めている虚しさと無意味に注目する。本質には現代資本主義社会の偽物の「有意義」「満足感」の反抗であり、反

① ［日］村上春樹：『世界の終わりとハードボイルド・ワンダーランド1』，新潮社1985年版，第14頁。

伝統主義の特徴が見える。

荒誕性は大げさででたらめなことであり、すなわち非日常・不自然なことである。『世とハ』には「荒誕」に対する表現はとくに多い。やみくろの存在から、「世界の終わり」の運行メカニズムまで、すべては歪められて荒誕性に溢れている。カミュ(Albert Camus)の言うように「荒誕は人にあり、世界にもあり、いままで人と世界の唯一の繋がりである」[①]、単純な幻想でつくり出した何の依拠もない荒誕ではなく、人と世界がともに日常の歪みの重なりで派生してきた荒誕である。

(一)喪失感の表現方法

『世とハ』にはおもに同じ形式をした言葉の繰り返しと大量の修飾語の重なりで喪失感を表現する。大量の言葉の無意味な並列は、初めに無価値のように見えるものの、疲れと混乱で引き起こした虚無の心理を浮き立たせるのに役立つ。それ以外に、キャラクターが価値のないことに従事する姿の描写と「何にも求めていない」という人生観念の展示も虚しさを表現する形である。

(二)荒誕性の表現方法

作者は誇張した対照と強烈な伝統印象との差別で荒誕性を表現する。対照の両方は大きな差で滑稽と荒誕が生まれる。例えば、第一章には、「世界とコーヒー・テーブル」の対照がある。この両者には対照の必要がないと考えられるものの、作者は人に対する便利性の方面で詳しく地球よりコーヒー・テーブルの優れた点をあげ、「世界とは凝縮された可能性で作り上げられたコーヒー・テーブルなのだ」という結論に至る。明らかに不合理のことを真剣にその合理性の可能性を分析すれば、荒誕が出られる。

そして強烈な伝統印象との差別について分析を進める。つまり上述のように、「正常」から誕生した「不正常」である。東京はとても繁栄な都会で、その地下には「やみくろ」という怖い生物が存在する。科学技術は人々のより良い生活のために使用されるはずというものの、博士の濫用で逆に主人公の脳の回路を壊してしまう。すべてのものは元来の目的を偏り、非理性の道へかけて行く。しかし歪めたことの組み合わせはかえって「正しい」世界になる。

① [法]加缪:《荒诞的藩篱》,《西西弗神话》,沈志明译,上海译文出版社 2013 年版。

五、おわりに

『世とハ』に対する分析をもとに、村上春樹の小説の一般性の言語特色をまとめることができる。総じていえば、主に第一人称代名詞を使い、主人公も同じように孤独な性格をし、趣深い比喩語句が多く使われ、喪失感と荒誕性が表現される。その中には伝統的な日本文学の特徴がある一方、欧米思潮の影響も見られる。主人公の侘しい姿と喪失感の人物心理から、無常観と「もののあわれ」という日本美学の内核が展示される。「村上風」の比喩と大量の荒誕の描写は欧米現代主義の現れである。

参考文献

[日]村上春树:《世界尽头与冷酷仙境》,林少华译,上海译文出版社 2004 年版。

村上春樹:『世界の終わりとハードボイルド・ワンダーランド』,新潮社 1985 年版。

吴世娟:《虚构的真实和真实的虚构——浅论村上春树〈世界尽头与冷酷仙境〉的艺术境界》,《美与时代》2005 年第 6 期。

杨永良:《典型的实用主义者的实用主义的"把握方式"——村上春树〈世界尽头与冷酷仙境〉与詹姆士实用主义哲学的"方便方法"》,《时代文学》2011 年第 6 期。

数字普惠金融、社会责任信息披露与企业融资约束

——基于A股上市企业的经验证据

商学院保险学专业　高璐

指导教师　张爱荣

【摘要】 健康的金融生态是解决企业融资公平和效率问题的重要基础。数字普惠金融的快速发展在其中发挥着极为重要的作用。本文基于2011—2020年沪深两市A股上市企业数据，与北京大学数字普惠金融指数进行匹配，实证检验数字普惠金融与企业融资约束的关系机制。结果表明：数字普惠金融能有效缓解企业面临的融资约束。进一步地，本文从企业行为决策视角加以拓展，探究企业社会责任信息披露质量的差异是否对缓解机制存在不同程度的调节作用。研究结论有助于厘清数字普惠金融作用于企业融资约束的影响机制与实施路径，鼓励企业积极承担社会责任。

【关键词】 数字普惠金融；企业融资约束；企业社会责任；信息披露质量

一、前言

当前，随着我国金融市场化改革步伐不断深入，企业的融资环境正逐步优化，但仍存在着约2万亿美元的融资空白。现有研究将融资约束的主要解决机制聚焦于普惠金融的迅速发展①，且多从"普惠性"视角探讨普惠金融发展对融资约束的缓解效应。在金融科技与产业变革的大背景下，技术驱动的数字普惠金融服务业态构建有利于提高"长尾"客群对金融服务的可得性，缓解资源配置不均衡与信息不对称问题②。

① 参见焦瑾璞、孙天琦、黄亭亭等：《数字货币与普惠金融发展：理论框架、国际实践与监管体系》，《金融监管研究》2015年第7期。

② 参见万佳彧、周勤、肖义：《数字金融、融资约束与企业创新》，《经济评论》2020年第1期。

在数字普惠金融缓解企业融资约束的相关研究中，基于企业行为决策视角的研究也是学界关注的焦点。企业社会责任（corporate social responsibility, CSR）作为企业非财务信息的关键，在不断变化的金融环境中会扮演何种角色？数字普惠金融是否会因企业承担的社会责任水平的差异而产生不同程度的融资约束缓解效应？对此，本文通过匹配数字普惠金融指数与沪深 A 股上市企业微观数据，量化分析二者的关系机制，并基于 CSR 信息披露质量加以拓展，讨论 CSR 如何在数字普惠金融缓解融资约束过程中发挥作用。

二、文献回顾与研究假设

融资直接影响着企业的经营活动。传统融资约束理论认为，由于市场经济不完善、信息不对称等问题，诸多资信不达标企业往往被排除在传统金融信贷体系之外①，面临着严重的融资困境。近年来，随着数字普惠金融的快速发展，学者们逐渐开始关注普惠金融与企业融资约束之间的内在关系，从普惠金融发展增强金融可得性视角来理解和回答其对企业融资约束的影响②。国内外研究结论一致指出，数字普惠金融既满足了企业的金融服务需求，又同时兼顾了良好融资环境的创造，有效降低了传统金融的准入条件和交易风险，提高了企业获得借贷资金的可能性，缓解了融资约束③。据此，本文提出假设 H1：

假设 H1：数字普惠金融发展对于企业融资约束有着显著的缓解效应。

当外部融资环境尚不十分完善时，非正式制度在很大程度上弥补了正式制度的缺失，并对微观个体的行为决策产生显著影响。CSR 信息披露作为将企业发展积极信号传递给潜在投资者的特殊方式④，可以有效防范信息不对称带来的道德

---

① S. C. Myers, N. S. Majluf, "Corporate Financing and Investment Decisions When Firms Have Information That Investors Do Not Have", *Journal of Financial Economics*, vol. 13, no. 2(1984), pp. 187-221; B. S. Bernanke, M. Gertler, "Agency Costs, Collateral, and Business Fluctuations", *American Economic Review*, vol. 79, no.1(1986), pp.14-31.

② 参见田霖：《我国城乡金融排斥二元性的空间差异与演变趋势(1978—2009)》，《金融理论与实践》2011 年第 3 期。

③ S. C. Moenninghoff, A. Wieandt, "The Future of Peer-to-peer Finance", *Schmalenbachs Zeitschrift für betriebswirtschaftliche Forschung*, vol.65, no.5(2013), pp.466-487; O. Kabakova, E. Plaksenkov, "Analysis of Factors Affecting Financial Inclusion: Ecosystem View", *Journal of Business Research*, no. 89(2018), pp.198-205.

④ Z. Zhang, Z. Liang, K. Yin, "Research on Corporate Social Responsibility from the Perspective of Stakeholders", *China Soft Science*, no.2(2012), pp.139-147.

风险，影响金融机构对企业的债务评级结果，帮助企业拓宽融资渠道，获得融资支持[①]。以上潜在机制说明，企业的社会责任承担在数字普惠金融发展影响融资约束的过程中扮演重要角色，存在调节效应。由此，本文提出假设 H2：

假设 H2：CSR 信息披露在数字普惠金融缓解企业融资约束的关系机制中起到了调节作用，数字普惠金融的缓解效应在信息披露质量较差的企业中表现更加显著。

三、研究设计

（一）样本选择与数据来源

本文以我国沪深两市 2011—2020 年所有 A 股上市公司的全样本数据作为研究对象，匹配省份层面的数字普惠金融指数与微观企业层面的财务指标。前者数据来自《北京大学数字普惠金融指数 PKU-DFIIC（2011—2020）》，企业特征的原始数据来自中国经济金融研究数据库（CSMAR）、万得（Wind）数据库等数据库，CSR 信息披露数据根据润灵环球社会责任评级结果获得。此外，本文根据研究需要对原始数据进行整合分析，剔除重复、无效以及观测值不全等样本，且进一步对所有连续变量进行 1%缩尾处理，最终得到 23357 个有效样本。

（二）模型设定与变量定义

1.模型设定与实证策略：本文通过固定效应模型实证验证数字普惠金融是否对企业融资约束有显著的缓解作用，并加入控制变量扩展模型。基准计量回归模型表达式如式(1)和式(2)：

$$KZ_{ijt} = \beta_0 + \beta_1 DIF_{jt} + \sum Year + \sum Industry + \varepsilon_{ijt} \tag{1}$$

$$KZ_{ijt} = \beta_0 + \beta_1 DIF_{jt} + \beta_2 X_{ijt} + \sum Year + \sum Industry + \varepsilon_{ijt} \tag{2}$$

然后，对 CSR 是否导致了数字普惠金融对企业融资约束缓解效应的差异做进一步考察。在式(1)中加入 CSR 及其与数字普惠金融的交互项，并对交互项的系数是否显著异于 0 进行检验，以反映可能存在的调节效应，具体模型设定如式(3)：

$$KZ_{ijt} = \beta_0 + \beta_1 DIF_{jt} + \beta_2 CSR_{ijt} + \beta_3 (DIF_{jt} \times CSR_{ijt}) + \beta_4 X_{ijt}$$

① S. M. Luo, M. H. Li, "Social Responsibility Information Disclosure, Auditor Selection and Financing Constraints: New Evidence from A-share Market", *Journal of Shanxi University of Finance and Economics*, vol. 37, no. 2 (2015), pp. 105-115; N. Attig, S. El Ghoul, O. Guedhami, J. Suh, "Corporate Social Responsibility and Credit Ratings", *Journal of Business Ethics*, vol. 117, no.4(2013), pp.679-694.

$$+\sum Year+\sum Industry+\varepsilon_{ijt} \quad (3)$$

式中，i、j 和 t 分别代表所选的公司样本、省份数据及年度数据；KZ 表示企业融资约束程度；DIF 表示数字普惠金融发展指数，衡量了企业所在省份的数字普惠金融发展程度；CSR 表示企业社会责任信息披露质量；X_{ijt} 表示企业层面的控制变量；$Year$、$Industry$ 分别表示年份和行业虚拟变量；ε_{ijt} 为随机扰动项。

2.被解释变量：企业融资约束程度（KZ）。为便于对沪深 A 股上市企业融资约束程度的衡量与研究，本文主要借鉴了 Kaplan 和 Zingales（1997）的方法①，构建企业融资约束衡量指数：

$$KZ=-9.730\left(\frac{CF_{it}}{A_{it-1}}\right)-31.552\left(\frac{DIV_{it}}{A_{it-1}}\right)-5.282\left(\frac{CASH_{it}}{A_{it-1}}\right)+4.479\,LEV_{it}+0.516Q_{it} \quad (4)$$

式中，CF_{it} 表示经营活动现金净流量；DIV_{it} 和 $CASH_{it}$ 分别表示股利和现金持有水平；LEV_{it} 表示资产负债率；Q_{it} 表示托宾 Q 值。KZ 指数越大，企业融资约束程度越高。

3.解释变量：数字普惠金融发展指数（DIF）。本文将省级数字普惠金融指标与样本企业所在地进行了匹配。DIF 及其各维度指标数值越大，代表数字普惠金融发展水平越高。

4.调节变量：企业社会责任信息披露质量（CSR）。本文整理了润灵环球发布的上市公司企业社会责任评级得分，作为信息披露质量的衡量指标。CSR 得分越高，说明社会责任信息披露质量越高。

5.借鉴以往学者研究②，选取可能影响企业融资约束的变量作为控制变量。具体变量说明如表 1 所示。

表 1 主要变量

变量类型	变量名称	变量符号	变量定义
解释变量	数字普惠金融发展指数	*DIF*	北京大学数字普惠金融指数

① S. Kaplan, L. Zingales, "Do Investment-cash Flow Sensitivities Provide Useful Measures of Financing Constraints?", *Quarterly Journal of Economics*, vol.112, no.1(1197), pp.169-215.

② 参见王旭、褚旭：《基于企业规模门槛效应的外部融资对绿色创新影响研究》，《系统工程理论与实践》2019 年第 8 期；郑立根：《融资约束、国有与非国有控股公司之间现金持有价值差异：基于经济周期的分析》，《产业经济研究》2017 年第 6 期。

续表

变量类型	变量名称	变量符号	变量定义
被解释变量	企业融资约束程度	*KZ*	借鉴 Kaplan 和 Zingales 方法构建
调节变量	社会责任信息披露质量	*CSR*	润灵环球社会责任评级总得分
控制变量	企业规模	*Size*	ln(企业的年度总资产)
	资产报酬率	*ROA*	(利润总额+财务费用)/企业总资产(%)
	托宾 *Q* 值	Q_{it}	市值/资产重置成本(%)
	营业收入增长率	*Growth*	营收增长额/上年营业收入总额(%)
	企业上市年限	*ListAge*	ln(2021－企业成立年份＋1)
	企业性质	*SOE*	国有控股企业取 1,否则为 0
	资产负债率	*Lev*	企业年末总负债/年末总资产(%)

四、研究设计

(一)描述性统计

表 2 列出了所有变量的描述性统计特征。据此可知,我国 A 股上市企业面临的融资约束与其所在省份的数字普惠金融发展程度存在显著差异,同时,各企业的社会责任信息披露质量也存在较大差异。下面将进一步探究数字普惠金融及社会责任信息披露与企业融资约束的关系机制。

表 2　主要变量描述性统计

变量	样本数	均值	标准差	最小值	最大值
KZ	23357	0.75	2.21	－12.18	14.12
DIF	23357	5.41	0.56	2.79	6.07
CSR	23357	24.88	15.07	0.01	90.87

(二)相关性分析

针对本文主要变量进行相关性分析,结果如表 3 所示。*KZ* 与 *DIF* 的相关系数通过了 1%的显著性检验,表明数字普惠金融发展可以缓解融资约束,但是实际缓解程度需要进一步检验;同时,各变量相关系数的符号均符合研究假设的预期。进一步分析表明，变量间的相关系数基本小于 0.5，且方差膨胀因子(VIF)检验显示，所有变量的平均方差膨胀因子远小于阈值 10，排除了变量间存在严重多重共线性的可能。

表 3　各变量间的相关系数

	KZ	*DIF*	*CSR*	*Size*	*ROA*	*Lev*
KZ	1.000					
DIF	−0.018***	1.000				
CSR	−0.288***	−0.124***	1.000			
Size	0.151***	0.109***	0.199***	1.000		
ROA	−0.552***	−0.005***	0.551***	−0.038***	1.000	
Lev	0.618***	−0.055***	−0.079***	0.527***	−0.360***	1.000

注：***、**和*分别表示在 1%、5%和 10%水平上显著；限于篇幅，未汇报的结果留存备索。

(三)基准回归分析

表 4 列示了基准回归分析结果。列(1)为基准模型，列(2)引入了控制变量，同时，考虑到政策实施具有滞后性，将滞后一期进行回归，见列(4)和列(5)。结果发现，*DIF* 的回归系数均在 1%的显著性水平上为负，说明较高的数字普惠金融发展水平确实有助于缓解上市企业面临的融资约束，支持了假设 H1 的观点。同时，列(3)、列(5)的结果显示，交乘项 *DIF*×*CSR* 的回归系数始终显著大于 0，说明 CSR 信息批露存在调节作用，假设 H2 得到验证。同时，当信息披露质量提高时，数字普惠金融的缓解效应反被一定程度地削弱，对此可能的解释是：社会责任信息披露质量高的企业，金融禀赋资源丰富，对普惠金融需求较少；而社会责任信息披露质量较差的企业，往往无法获得传统金融服务，数字普惠金融可以发挥尾部效应，为企业融资提供便利，对融资约束缓解效果较明显。

表 4　基准回归结果

变量	*DIF* 当期			*DIF* 滞后一期		
	(1)	(2)	(3)	(4)	(5)	(6)
	KZ	*KZ*	*KZ*	*KZ*	*KZ*	*KZ*
DIF	−0.825*** (−7.343)	−0.229*** (−2.666)	−0.464*** (−5.059)	−0.843*** (−7.680)	−0.262*** (−3.090)	−0.364*** (−4.006)
CSR			−4.385*** (−7.444)			−1.775*** (−3.155)

续表

变量	DIF 当期			DIF 滞后一期		
	(1)	(2)	(3)	(4)	(5)	(6)
	KZ	KZ	KZ	KZ	KZ	KZ
DIF×CSR			0.767*** (7.201)			0.310*** (2.989)
控制变量		控制	控制		控制	控制
Year/Industry	YES	YES	YES	YES	YES	YES
N	23356	23356	23308	19276	19276	19248
R^2	0.043	0.444	0.443	0.036	0.432	0.431

注：***代表在1%水平上显著；括号内为 t 统计量；限于篇幅，未汇报的结果留存备索。

（四）稳健性检验

1.改变数字普惠金融口径。为了检验结果的可靠性，本文采用数字普惠金融的二级分级指数，即覆盖广度 DIF_1、使用深度 DIF_2，进行稳健性检验。

2.替换被解释变量。由于构建 KZ 指数时多使用财务指标等内生变量，可能导致内生性问题，故选用外生性更强的 SA 指数作为代理变量，进行稳健性检验。SA 指数绝对值越大，公司遭受的融资约束越严重①。

表 5 的回归分析结果显示，无论是替换数字普惠金融口径，还是替换被解释变量为 SA 指数，其余变量的系数大小和方向以及显著性水平与前文基准回归基本保持一致，证明研究结论稳健。

表 5　稳健性检验回归结果

变量	DIF 当期			DIF 滞后一期		
	(1)	(2)	(3)	(4)	(5)	(6)
	KZ	KZ	SA	KZ	KZ	SA
DIF			−0.145*** (−58.89)			−0.129*** (−49.08)

① 参见鞠晓生、卢荻、虞义华：《融资约束、营运资本管理与企业创新可持续性》，《经济研究》2013 年第 1 期。

续表

变量	DIF 当期			DIF 滞后一期		
	(1)	(2)	(3)	(4)	(5)	(6)
	KZ	KZ	SA	KZ	KZ	SA
CSR	−3.750*** (−7.257)	−3.487*** (−5.815)		−1.358*** (−2.765)	−1.371** (−2.337)	
$DIF_1 \times CSR$	0.663*** (6.984)			0.238*** (2.582)		
$DIF_2 \times CSR$		0.605*** (5.572)			0.236** (2.181)	
控制变量	控制	控制	控制	控制	控制	控制
Year/Industry	YES	YES	YES	YES	YES	YES
N	23308	23308	18783	18757	18757	18783
R^2	0.443	0.443	0.069	0.426	0.425	0.371

注：***代表在1%水平上显著；括号内为 t 统计量；限于篇幅，未汇报的结果留存备索。

五、研究结论与政策建议

(一)研究结论

本文以沪深两市2011—2020年所有A股上市公司为研究对象，通过理论逻辑分析和实证数据检验，对数字普惠金融、融资约束和企业社会责任信息披露质量的关系机制进行研究，主要结论如下：

1.数字普惠金融发展可以缓解企业的融资约束。数字普惠金融通过丰富的应用场景以及海量的服务数据，促进金融服务资源的合理配置，缓解企业的融资约束，推动企业实现可持续发展。

2.社会责任信息披露对数字普惠金融的融资约束缓解机制起调节作用。在相同条件下，较高的社会责任信息披露质量能够有效避免投资者与企业间的“逆向选择”问题，企业可以寻求更丰富的金融禀赋资源，有利于获得成本更低的外部资金支持，因而对于数字普惠金融发展带来的融资积极作用的反应并不显著。

(二)政策建议

基于数字普惠金融发展对缓解企业融资约束的重要作用，政府有关部门及银行业有必要加快发展数字普惠金融,构建多元化金融服务业态,尤其是在纵向深化等方向;社会责任信息披露对于数字普惠金融的融资缓解机制有调节作用,社会责任信息披露水平较高的企业会削弱该缓解效应。现阶段我国经济由高速增长转向高质量发展,社会责任承担成为企业竞争优势新的增长点,因此企业应当更多地、积极地承担社会责任,加快数字化转型,积极利用数字普惠金融发展红利,规范自身信用建设,破解融资困境。

家庭支出对居民通货膨胀预期的影响研究

——基于中国的经验发现

商学院金融学专业　李昊辰
指导教师　尹文清

【摘要】 本文使用中国家庭金融调查(CHFS)数据库中的截面数据,实证研究了我国居民家庭消费支出结构对其通胀预期造成的影响。研究结果显示,家庭发展性消费比率能够显著正向影响居民通胀预期。但异质性分析表明,与低收入群体相比,在中高收入居民群体中,家庭发展性消费比率对居民通胀预期的正向影响更加显著。上述研究结果对居民通胀预期管理具有一定的政策涵义。相关部门应加强物价信息管理,完善物价监控系统,发布权威物价信息;同时应考虑居民异质性通胀预期,确保通胀预期管理的有效性。

【关键词】 家庭支出;发展性消费;通货膨胀预期;Probit 模型

一、引言

通货膨胀预期(简称"通胀预期")是居民对将来的通货膨胀水平在发展方向与变化程度方面做出的判断和预测。对居民通胀预期的有效引导对于保证货币政策有效性具有重要意义。欲对其进行合理管理,须了解哪些因素会影响居民通胀预期。

以往研究多关注宏观经济运行对居民通胀预期的影响,从完全的理性预期出发,认为个体的通胀预期是相同的,忽视了个体异质性的影响。近年来,越来越多的学者从微观角度对该问题进行探索,但鲜有学者从家庭支出这一视角展开研究。

本文将视野聚焦至居民家庭支出中的消费性支出,以居民家庭发展性消费占居民家庭总消费的比重(以下简称"家庭发展性消费比率")刻画居民消费结构升级,探究其对居民通胀预期的影响。研究发现,家庭发展性消费比率能够显著正向影响居民通胀预期,但上述影响对不同收入的居民群体而言具有异质性。

本文的创新之处在于:证实了居民家庭消费支出结构与其通胀预期的关系,充实了相关文献;考虑了家庭发展性消费比率的内生性,使研究结论具有更高的可靠性;验证了家庭发展性消费比率对不同收入居民群体通胀预期的影响具有异质性,可为优化我国经济政策提供一定启示。

二、文献综述

(一)关于居民通胀预期的研究

通过景气调查数据,可用概率法衡量居民预期通胀率。[①] 该方法认为,如果当前受访者预计将来通胀率将保持在一定区间内,则受访者选择预期物价不变。该区间称为"敏感区间"。如果预计通胀率将超过敏感区间上限,受访者会选择预期物价上涨。通胀预期可划分为适应性预期和理性预期等。上述两种预期在我国居民群体中并存,且适应性预期占据主导地位。[②] 由此可见,我国的通胀预期在总体上表现为有限理性预期。从微观视角来看,影响居民通胀预期的因素主要包含以下几类:一是人口统计学特征,如性别[③]、年龄[④]、家庭结构[⑤]、受教育程度[⑥]等;二是

---

① J. A. Carlson, J. M. Parking, "Inflation Expectations", *Economica*, vol.42, no. 166 (1975), pp.123-138.

② 参见杨继生:《通胀预期、流动性过剩与中国通货膨胀的动态性质》,《经济研究》2009 年第 1 期。

③ D. G. Blanchflower, C. MacCoille, "The Formation of Inflation Expectations: An Empirical Analysis for the UK", *National Bureau of Economic Research Working Paper Series*, 2009, No. 15388.

④ M. F. Bryan, G. Venkatu, "The Demographics of Inflation Opinion Surveys", *Economic Commentary*, 2001, Corpus ID: 54875103; C. Lombardelli, J. Saleheen, "Public Expectations of UK Inflation", *Bank of England Quarterly Bulletin*, vol. 43, no.3 (2003), pp. 281-290.

⑤ 参见肖争艳、姚一旻、唐诗磊:《我国通货膨胀预期的微观基础研究》,《统计研究》2011 年第 3 期。

⑥ D. Pfajfar, E. Santoro, "Asymmetries in Inflation Expectation Formation Across Demographic Groups", *Cambridge Working Papers in Economics*, 2008, Corpus ID: 18690573; 马良:《我国居民通货膨胀预期的微观基础、信息学习及其个体效应的研究》,西南财经大学博士学位论文,2017 年。

家庭经济状况，如家庭的收入状况[①]、支出偏好[②]；三是过去的通胀经历[③]；四是人们的主观态度和认知，如居民对政府的信任和对经济形势的预期[④]、风险厌恶程度[⑤]、幸福感[⑥]、对物价信息的了解情况[⑦]等。在总需求-总供给(AD -AS)模型中，通胀预期的作用表现为AD和AS曲线持续向上移动，引发价格上涨，导致居民通胀预期的自我实现。[⑧] 我国居民的通胀预期有自我实现的能力。[⑨]

(二)关于家庭消费支出的研究

消费支出可以分为食品、衣着、居住、交通通信、家庭用品服务、教育文娱、医疗保健、其他消费八类，又可以被划分为生存性、发展性和享受性消费三类。通常，将八类消费中的前三类归入生存性消费，将后五类归入发展性或享受性消费。[⑩] 本文将发展性和享受性消费进行合并，统称为"发展性消费"。改革开放以来，我国居民消费存在升级的趋势，[⑪]主要表现为消费总量上升和发展性消费占总消费比重

---

① 参见刘胜利：《什么因素影响了居民的通货膨胀预期？——基于中国城镇居民调查数据的实证研究》，中央财经大学硕士学位论文，2012年。

② 参见肖争艳、姚一旻、唐诗磊：《我国通货膨胀预期的微观基础研究》，《统计研究》2011年第3期。

③ 参见李翔：《居民通货膨胀预期的有限理性与异质性研究》，浙江财经大学硕士学位论文，2016年。

④ 参见李新荣、李涛、刘胜利：《政府信任与居民通货膨胀预期》，《经济研究》2014年第6期。

⑤ 参见肖争艳、姚一旻、唐诗磊：《我国通货膨胀预期的微观基础研究》，《统计研究》2011年第3期。

⑥ 参见朱俊杰、马良、王军：《居民幸福感与居民通货膨胀预期：基于中国家庭金融调查中心(CHFS)的数据》，《金融论坛》2017年第11期。

⑦ W. B. de Bruin, W. Vanderklaauw, J. Downs, B. Fischhoff, "Expectations of Inflation: The Role of Demographic Variables, Expectation Formation, and Financial Literacy", *Journal of Consumer Affairs*, vol. 44, no.2 (2010), pp.381-402.

⑧ M. Forsells, G. Kenny, "The Rationality of Consumers' Inflation Expectations: Survey-based Evidence for the Euro Area", *Working Paper Series*, 2002, p.163.

⑨ 参见李成、马文涛、王彬：《学习效应、通胀目标变动与通胀预期形成》，《经济研究》2011年第10期。

⑩ 参见王学真、吴石磊、高峰：《收入性质对居民消费结构升级的影响分析》，《东疆学刊》2011年第2期；王巧巧、容玲、傅联英：《信用卡支付对消费结构的影响研究：消费升级还是消费降级？》，《上海金融》2018年第11期；邢艳春、高腾飞：《人口结构变动、消费习惯对我国消费结构动态演变的影响》，《商业经济研究》2019年第18期。

⑪ 参见李支立、麻宝斌：《中部地区城镇居民消费结构的实证分析》，《统计与决策》2021年第17期；黄隽、李冀恺：《中国消费升级的特征、度量与发展》，《中国流通经济》2018年第4期。

逐步增加。①

综上,现有文献已对家庭消费支出和居民通胀预期分别进行了详尽的阐释,但对二者关系的研究仍处于起步阶段,有待完善。

三、理论分析与研究假设

在此,本文旨在探究家庭发展性消费比率对居民通胀预期产生影响的原因和机制。差异的信息集、信息处理能力和预测模型,是异质性通胀预期形成的三个重要因素。② 异质性通胀预期的形成过程可分为三个阶段。③ 首先,居民通过各种方式,获取与物价相关的信息,形成关于通胀的信息集。其次,居民对所获取的物价信息进行处理,形成对于通胀的感受。最后,居民基于对通胀的感受,运用预测模型,做出对通胀水平的预期。

居民对物价信息接触和了解程度的提高会导致他们更倾向于预期较高的通胀水平。④ 结合生存性、发展性消费的定义可以推知,发展性消费比率较高的家庭(以下简称"Ⅰ类家庭")也要保证一定的生存性消费;而生存性消费占比较高的家庭(以下简称"Ⅱ类家庭")对于发展性消费的需求未必能得到充分满足。故来自Ⅰ类家庭的居民可能会更广泛、频繁地接触或购买各类消费品,进而更多、更全面地接收到物价信息,对于消费品价格的上涨现象有更深刻的印象。同时,发展性消费中通信消费的增加,也有助于让人们通过更多渠道获取物价信息,扩充自身信息集。综上,本文提出以下假设:

假设 H1:家庭发展性消费比率正向影响居民通胀预期。

---

① 参见贾立、李铮:《金融素养能改善农村家庭消费结构吗:基于农户参保行为的中介作用分析》,《农业技术经济》2021 年第 10 期;向玉冰:《互联网发展与居民消费结构升级》,《中南财经政法大学学报》2018 年第 4 期。

② 参见马良:《我国居民通货膨胀预期的微观基础、信息学习及其个体效应的研究》,西南财经大学博士学位论文,2017 年。

③ W. B. de Bruin, W. Vanderklaauw, J. Downs, B. Fischhoff, "Expectations of Inflation: The Role of Demographic Variables, Expectation Formation, and Financial Literacy", *Journal of Consumer Affairs*, vol.44, no.2(2010), pp.381-402.

④ 参见朱俊杰、马良、王军:《居民幸福感与居民通货膨胀预期:基于中国家庭金融调查中心(CHFS)的数据》,《金融论坛》2017 年第 11 期;李翔:《居民通货膨胀预期的有限理性与异质性研究》,浙江财经大学硕士学位论文,2016 年;W. B. de Bruin, W. Vanderklaauw, J. Downs, B. Fischhoff, "Expectations of Inflation: The Role of Demographic Variables, Expectation Formation, and Financial Literacy", *Journal of Consumer Affairs*, vol.44, no.2(2010), pp.381-402.

对于收入较低的家庭,其生存性和发展性消费相互挤出的现象可能更明显,故在发展性消费比率提升的情况下,发展性消费绝对额度的增加相对较少,这些居民购买发展性消费品的频率、对物价信息的接触和了解程度都不一定会得到显著提升;通信等消费的相对提高也不一定能显著扩充这些家庭中居民的信息集。可见,较低的收入可能会致使家庭发展性消费比率对居民通胀预期的影响并不显著。综上,本文提出以下假设:

假设 H2:家庭发展性消费比率对不同收入居民群体通胀预期的影响具有异质性。

四、数据、变量与模型

(一)数据来源

本文使用 CHFS 数据库中 2011 年的截面数据进行研究,其样本包含来自全国 25 个省级行政区的 8438 户家庭,具有较强的代表性。

(二)变量构造

本文的被解释变量是居民通胀预期。本文使用 CHFS 问卷中的问题"未来一年,您预期物价会如何变化?"对该变量进行构造。当受访者回答上升很多、上升一点时,将该变量赋值为 1;回答几乎不变、降低一点、降低很多时,赋值为 0。在 2011 年与 2012 年,我国各省份的居民消费价格指数(CPI)均表现出上涨趋势。因此,那些选择物价会上涨的受访者做出了正确的预期。

本文的核心解释变量,即家庭发展性消费比率的构造公式为:

$$DCR_i = \frac{\sum_{k=1}^{5} DC_{ki}}{\sum_{k=1}^{3} SC_{ki} + \sum_{k=1}^{5} DC_{ki}} \times 100$$

式中,DCR_i 为家庭发展性消费比率;$\sum_{k=1}^{3} SC_{ki}$ 为家庭生存性消费年支出总额;$\sum_{k=1}^{5} DC_{ki}$ 为家庭发展性消费年支出总额;$\sum_{k=1}^{3} SC_{ki} + \sum_{k=1}^{5} DC_{ki}$ 为家庭总消费年支出额。

由文献综述可知,除了家庭发展性消费比率,还有其他微观因素影响了居民通胀预期,其中一些因素在本文中可用作控制变量。这些变量包括居民的受教育年限及其平方项、性别、年龄及其平方项、婚姻状况、子女情况、户口性质、居民家庭的成员数量、收入等级、居民的经济形势预期、利率预期、房价预期、幸福指数及其平方项、近期的通胀经历、改革开放后的通胀经历。

（三）模型构建

由于模型中的被解释变量为二值离散形式，故本文运用 Probit 模型进行研究。模型如下：

$$IE_i^* = \alpha DCR_i + X_i\beta + u_i$$

$$IE_i = \begin{cases} 1, & IE_i^* > 0 \\ 0, & IE_i^* \leqslant 0 \end{cases}$$

式中，IE_i 是可观测的居民通胀预期；$IE_i{}^*$ 是不可观测的通胀预期；DCR_i 是家庭发展性消费比率；X_i 为控制变量；u_i 为随机项，$u_i \sim N(0,1)$；α 和 β 为模型系数。

五、实证分析

（一）回归结果

从回归结果看，家庭发展性消费比率显著正向影响居民通胀预期（在 1%的条件下显著）。由平均边际效应可知，当家庭发展性消费比率上升 1%时，居民预期通胀的概率会上升 0.1%。同时，模型的准 R 为 0.1462，沃尔德 X^2 显著为 740.35，说明模型整体的拟合程度较好，模型内系数的联合显著性也较高。在普通标准误和稳健标准误下，Probit 模型的回归结果十分相近，所以本文在模型设定上不存在较大偏误。

在此需说明，严格意义上，Probit 模型的估计结果不能称为回归结果。但为了方便表示，很多文献也将其称为回归结果，本文也采取这一称谓。

（二）稳健性分析

本文构造了居民通胀预期的三值离散形式（受访者回答几乎不变时单独赋值），使用 Oprobit 模型进行回归。Oprobit 模型的回归结果和上文基本一致。因此，基准回归结果是较为稳健的。

（三）内生性分析

由于人们的通胀预期也可能会对其家庭消费有一定影响，居民的家庭发展性消费比率可能内生于其通胀预期。本文选用礼金类转移性支出的对数和费用类转移性支出的对数作为工具变量。经检验，在 IV-Probit 模型和两步法的框架下，均可认为家庭发展性消费比率显著为内生解释变量，两个工具变量均为外生变量，均未被判别成弱工具变量。同时，结果显示，家庭发展性消费比率仍显著正向影响居民通胀预期。当家庭发展性消费比率上升 1%时，居民预期通胀的概率会上升 0.5%。这表明，如果未考虑家庭发展性消费比率的内生性，将低估上述正向影响。

此外，本文还将核心被解释变量替换为三值离散形式，采用 IV-Oprobit 模型进行了内生变量检验，结果与上文基本相同。这证明了模型回归结果的稳健性。

（四）异质性分析

本文将家庭年收入在一万元以下的样本命名为子样本Ⅰ，将其余样本命名为子样本Ⅱ。子样本Ⅱ的比重达到了 79.1%。对于子样本Ⅰ，回归结果显示，家庭发展性消费比率对居民通胀预期已不存在显著影响。对于子样本Ⅱ，家庭发展性消费比率对居民通胀预期有显著正向影响。

综上，就收入差异而言，家庭发展性消费比率对于不同群组居民通胀预期的影响具有异质性。但由于绝大多数家庭的年收入均在一万元以上，故可认为，子样本Ⅱ中受访者通胀预期的产生过程对总样本中受访者通胀预期的产生过程而言更有代表性。

六、研究结论与政策建议

（一）研究结论

本文发现：(1) 家庭发展性消费比率能够显著正向影响居民通胀预期。(2)家庭发展性消费比率对居民通胀预期的影响具有异质性。该影响在具有较低收入的居民群体中并不显著，而在具有中高收入的居民群体中是显著的。

（二）政策建议

1. 加强物价信息管理，完善物价监控系统，发布权威物价信息

根据本文分析，家庭发展性消费比率较高的居民往往会对物价信息有更加密切的接触和较为深入的了解。过多的失真信息容易导致这些居民形成较高的通胀感受和预期。故相关部门应进一步完善物价监控系统，依法及时公开物价和经济政策信息，同时进行舆情监测，以准确、权威的信息驳斥谣言。

2. 考虑居民异质性通胀预期，确保通胀预期管理的有效性

本文证实了异质性通胀预期确实存在于我国的居民群体中。因此，在制定政策方案时，相关部门应深入研究政策传导机制，探讨政策对不同居民群体通胀预期影响的异质性，从而做到精准施策，最大限度保证通胀预期管理和经济政策的有效性。

电商直播情境下感知互动价值对消费者冲动性购买行为的影响研究

——快速关系的视角

商学院市场营销专业　陆雅琪

指导教师　梁文玲

【摘要】 本文基于社会交换理论,从感知价值的角度理解电商直播中的互动,将电商直播中的感知互动价值划分为感知控制价值、感知响应价值、感知互助价值、感知娱乐价值四个维度,引入了快速关系的概念,探究快速关系在感知互动价值对消费者冲动购买行为中的影响作用。研究结果表明,电商直播中的感知互动价值对消费者的冲动性购买意愿具有显著正向影响,对消费者与品牌快速关系的建立具有显著正向影响;快速关系的建立能积极影响消费者的冲动性购买意愿;快速关系在感知互动价值与冲动性购买意愿的关系中起到中介作用。研究不仅从理论上进一步补充了直播购物对消费者行为的作用机制,丰富了快速关系理论的应用场景,而且为品牌通过直播平台更有效地进行营销活动提供了依据。

【关键词】 电商直播;感知价值;互动性;快速关系;冲动性购买

一、引言

随着智能设备的普及和移动互联的加速,网络直播迅速发展,为企业营销提供了更立体、更生动的阵地。电商直播综合了线上购物和线下购物的优点,使得主播与消费者、消费者与消费者能够实时互动,带来更有效的社交化体验,能使消费者获得更丰富立体的购物沉浸感和体验感,可以说实时互动是电商直播的第一属性。

营销领域对互动研究给予了大量关注,学者们已经对传统互动和在线互动进行了大量探讨。不少研究表明,消费者对互动的感知越好,就越有可能产生购买意向，甚至产生冲动性购买行为。[①] 如今，电商直播使得消费者可以在短时间内感知更频繁、更有效的互动，因此更容易产生冲动性购买行为。那么，直播环境下的互动，是如何影响消费者的冲动性购买行为的呢？

在直播间，一个或几个主播应对大量的消费者，形成了一个特殊的社交聚集，当消费者可以从主播和其他消费者处获得有用的信息和实时互动时，他们更有可能在直播时购买产品或服务，在一定意义上作为他们所得到的一种交换。[②] 为了显示虚拟互动与现实互动的差异，本文引入了快速关系的概念。传统意义上关系的建立需要稳定而巨大的投入，而快速关系不同。快速关系的关键特征是建立速度快、维持成本低、围绕目标明确。当买卖双方的目的达成，这种关系很有可能被快速抛之脑后。快速关系在电子商务涌现的背景下被提出，被不少学者用于解释亚洲语境下的网络行为，如在线购物与虚拟社群的知识分享行为[③]。

因而，本文将以社会交换理论为基础，通过实证研究探讨电商直播情境下感知互动价值是如何通过快速关系对消费者冲动性购买行为产生影响的，以丰富现有研究，并为商家的营销实践提供参考。

二、文献综述

首先，以直播为背景的互动研究随着直播业态的快速发展获得大量关注。现有研究从互动过程、互动特征、互动策略三个方面对直播互动进行了探究。研究方法以质性分析为主，对电商直播中的互动主要从互动类型的视角进行划分，缺少更多视角的探索和对互动特性的实证检验。考虑到电商直播情境的特点，消费者对产品、价格、服务体验的感知主要是通过互动实现的。本文通过定量方法，从感知价值的视角，研究电商直播情境下感知互动价值对消费者冲动性购买行为的影响，能够进一步加速该方向的研究进展。

其次，快速关系是为了解释线上的买卖双方如何迅速建立非正式关系以实现交易而提出的。已有研究表明，互动是消费者与品牌建立快速关系的关键，快速关系可以积极作用于消费者的购买意愿及重购意愿。但学界对快速关系的探究较

---

① 参见姜参、赵宏霞、孟雷：《B2C 网络购物在线互动与消费者冲动性购买行为研究》，《经济问题探索》2014 年第 5 期。

② M. Zhang, L. Sun, F. Qin, et al., "E-service Quality on Live Streaming Platforms: Swift Guanxi Perspective", *Journal of Services Marketing*, vol.35, no.3(2020), pp.312-324.

③ 参见崔芳、胡海华、崔文田：《基于快速"关系"的虚拟社群成员持续分享知识的动机研究》，《情报杂志》2017 年第 12 期。

少,快速关系建立的前因和后果仍然需要进一步探讨。直播间中主播与大量消费者的社交聚集促进了速度快、成本低、围绕一个非常明确的目标的关系的建立,这与传统稳定而投入巨大的关系不同,更符合快速关系的概念。本文从快速关系的视角切入,理解直播中感知互动价值对冲动性购买意愿的复杂作用,既符合电商直播购物的特征,也能进一步拓展快速关系的研究。

最后,冲动性购买始终是营销领域的热点话题,被广泛应用于各领域的消费者研究中。相关研究证实了大量因素对消费者的冲动性购买都有积极影响,可以划分为外部因素和内部因素两个方面。研究表明,线上与线下冲动性购买的影响因素会因为媒介的改变而有所不同,直播购物作为新涌现的线上购物方式,有着线上购物不易受时空限制的特点,而且由于其强互动属性,消费者会产生更多的冲动性购买行为。研究电商直播环境中消费者的冲动性购买意愿有着理论与实践意义。

三、理论模型与研究假设

(一)理论基础

社会交换理论认为,人的一切社会行为都以交换为向导,"互惠"是社会交换必须遵循的首要条件。本文将基于社会交换理论,探究电商直播中的感知互动价值、快速关系对消费者冲动性购买行为的影响作用。

(二)研究假设

互动是一个多维度的概念,本文对以往互动研究中的因子进行汇总后发现,互动的维度构成会受到媒介类型的影响,但其核心维度通常不会发生改变,包括双向性(响应性)、控制性、个性化、娱乐性(趣味性)、连通性等方面。考虑到各维度概念的含义及本文的研究背景,本文将感知互动价值划分为感知控制价值、感知响应价值、感知互助价值、感知娱乐价值四个维度,提出如下假设:

H1:感知互动价值对快速关系有显著正向影响

H1a:感知控制价值对快速关系有显著正向影响

H1b:感知响应价值对快速关系有显著正向影响

H1c:感知互助价值对快速关系有显著正向影响

H1d:感知娱乐价值对快速关系有显著正向影响

H2:感知互动价值对冲动性购买意愿有显著正向影响

H2a:感知控制价值对冲动性购买意愿有显著正向影响

H2b:感知响应价值对冲动性购买意愿有显著正向影响

H2c:感知互助价值对冲动性购买意愿有显著正向影响

H2d:感知娱乐价值对冲动性购买意愿有显著正向影响

H3:快速关系对冲动性购买意愿有显著正向影响

H4:快速关系在感知互动价值与冲动性购买意愿之间起中介作用

H4a:快速关系在感知控制价值与冲动性购买意愿之间起中介作用

H4b:快速关系在感知响应价值与冲动性购买意愿之间起中介作用

H4c:快速关系在感知互助价值与冲动性购买意愿之间起中介作用

H4d:快速关系在感知娱乐价值与冲动性购买意愿之间起中介作用

(三)理论模型

本文构建的理论模型如图1所示。

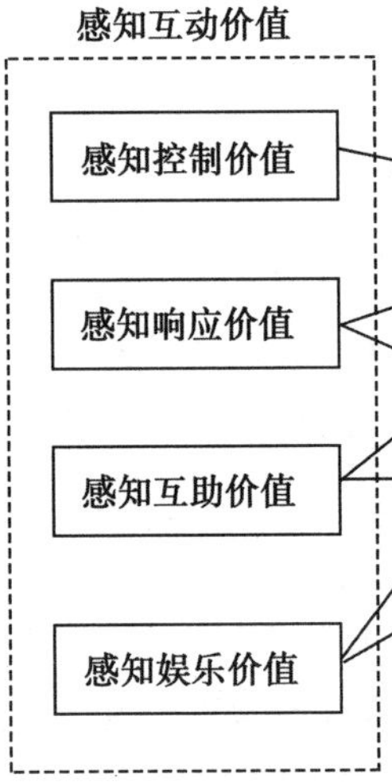

图1　理论模型

四、研究设计与数据收集

(一)问卷设计

本文对模型进行验证的数据来源为问卷调查,需要被调查者根据自身对电商直播平台的体验感知进行作答。

(二)问卷的发放与回收

本文使用在线调研平台制作问卷,问卷发放对象为观看过电商直播的消费者。最终回收296份填写完整的问卷。剔除了填写时长未达到60秒的问卷后,共获得227份有效问卷,问卷有效率为76.7%。

五、数据统计与假设检验

(一)描述性统计

本文使用 SPSS 25.0 对样本进行描述性分析,从整体来看,问卷样本符合研究需求。

(二)信度检验

本文使用 SPSS 25.0 对量表进行信度检验,分析结果显示,所有变量的克龙巴赫 α(Cronbach's α)系数都超过 0.7,且总表的 Cronbach's α 系数为 0.913,说明量表信度较高。

(三)效度检验

感知互动价值量表、快速关系量表、冲动性购买意愿量表的结构效度较好。总体量表中各题项的因子载荷都大于最低要求 0.5,均在所属的维度下,且 6 个因子的总方差解释率为 66.584%,对变量的解释程度较高。问卷结构效度较好。

(四)相关分析

相关分析结果显示,感知控制价值、感知响应价值、感知互助价值、感知娱乐价值、快速关系与冲动性购买意愿的相关系数在 0.01 水平上显著,可以进一步进行模型检验。

(五)回归分析

1.感知互动价值与快速关系的关系

感知互动价值与快速关系的非标准化回归系数为 0.742,并且其回归系数 t 检验的分析结果显著,意味着感知互动价值对快速关系有显著正向影响,假设 H2 成立。

对感知控制价值、感知响应价值、感知互助价值、感知娱乐价值与快速关系进行回归分析,具体结果如表 1 所示。模型中包含的 4 个自变量的非标准化回归系数 t 检验的分析结果均显著,假设 H1a、H1b、H1c、H1d 都成立。

表 1　感知互动价值的各维度与快速关系回归结果

		非标准化系数	标准化系数		P	VIF
		B	标准误差	Beta		
变量	（常量）	0.930***	0.239	—	0.000	—
	感知控制价值	0.157**	0.055	0.187	0.005	1.591
	感知响应价值	0.237***	0.061	0.246	0.000	1.472
	感知互助价值	0.135*	0.065	0.140	0.039	1.674
	感知娱乐价值	0.222***	0.065	0.228	0.001	1.661
拟合指标	R^2	0.399				
	调整后 R^2	0.388				
	F			36.791***		
	DW			1.798		

注：***、**、*分别表示在 10%、5%和 1%水平下显著，后同。P 值表示显著水平，VIF 表示方差膨胀系数。

2.感知互动价值与冲动性购买意愿的关系

感知互动价值与冲动性购买意愿的非标准化回归系数为 0.880，并且其回归系数 t 检验的分析结果显著，意味着感知互动价值对冲动性购买意愿有显著正向影响，假设 H2 成立。

对感知控制价值、感知响应价值、感知互助价值、感知娱乐价值与冲动性购买意愿进行回归分析，具体结果如表 2 所示。模型中包含的 4 个自变量的回归系数 t 检验的分析结果均显著，假设 H2a、H2b、H2c、H2d 都成立。

表 2　感知互动价值的各维度与冲动性购买意愿回归结果

		非标准化系数	标准化系数		P	VIF
		B	标准误差	Beta		
变量	（常量）	0.248	0.290	—	0.394	—
	感知控制价值	0.201**	0.067	0.200	0.003	1.591
	感知响应价值	0.234**	0.074	0.203	0.002	1.472
	感知互助价值	0.208**	0.079	0.180	0.009	1.674
	感知娱乐价值	0.240**	0.079	0.205	0.003	1.661

续表

		非标准化系数	标准化系数		P	VIF
		B	标准误差	Beta		
拟合指标	R^2			0.385		
	调整后 R^2			0.374		
	F			34.720***		
	DW			2.017		

3.快速关系与冲动性购买意愿的关系

如表 3 所示，快速关系与冲动性购买意愿的非标准化回归系数为 0.579，且其回归系数 t 检验的结果显著。因此，快速关系对冲动性购买意愿有显著正向影响，假设 H3 成立。

表 3　快速关系与冲动性购买意愿回归结果

		非标准化系数	标准化系数		P	VIF
		B	标准误差	Beta		
变量	（常量）	1.423***	0.269	—	0.000	—
	快速关系	0.579***	0.070	0.482	0.000	1.000
拟合指标	R^2			0.232		
	调整后 R^2			0.229		
	F			68.109***		
	DW			2.087		

4.快速关系的中介作用

本文使用三步回归法，利用 SPSS 25.0 检验快速关系的中介作用。表 4 中的模型 M1-1 再次展示了感知互动价值对冲动性购买意愿的显著正向影响。当中介变量快速关系加入模型 M1-1 中后，感知互动价值和中介变量快速关系对冲动性购买意愿仍存在显著正向影响，因此假设 H4 成立。

表 4 快速关系在感知互动价值与冲动性购买意愿中的中介作用

		非标准化系数	
		M1-1	M1-2
变量	（常量）	0.261	0.087
	感知互助价值	0.880***	0.744***
	快速关系		0.184*
拟合指标	R^2	0.384	0.399
	调整后 R^2	0.382	0.393
	F	140.510***	74.220***
	DW	2.019	2.063

表 5 中的模型 M2-1 再次展示了感知控制价值、感知响应价值、感知互助价值、感知娱乐价值对冲动性购买意愿的显著正向影响。当中介变量快速关系加入模型 M2-1 中后，感知控制价值、感知响应价值、感知互助价值、感知娱乐价值对冲动性购买意愿仍存在显著正向影响，中介变量快速关系与冲动性购买意愿仍存在显著正向影响。因此假设 H4a、H4b、H4c、H4d 成立。

表 5 快速关系在感知互动价值与冲动性购买意愿中的中介作用

		非标准化系数	
		M2-1	M2-2
变量	（常量）	0.248	0.078
	感知控制价值	0.201**	0.173*
	感知响应价值	0.234**	0.191*
	感知互助价值	0.208**	0.184*
	感知娱乐价值	0.240**	0.200*
	快速关系		0.183*
拟合指标	R^2	0.385	0.399
	调整后 R^2	0.374	0.395
	F	34.720***	29.310***
	DW	2.017	2.061

六、研究结论与管理启示

(一)研究结论

第一,电商直播中的感知互动价值的四个维度对消费者与品牌快速关系的建立具有显著正向影响,并且其影响的重要性程度为感知响应价值＞感知娱乐价值＞感知控制价值＞感知互助价值。

第二,电商直播中的感知互动价值的四个维度对消费者的冲动性购买意愿具有显著正向影响,并且其影响的重要性程度为感知娱乐价值＞感知响应价值＞感知互助价值＞感知控制价值。

第三,消费者与品牌快速关系的建立对消费者的冲动性购买意愿具有显著正向影响。

第四,快速关系在感知互动价值与冲动性购买意愿的关系中起到中介作用,是感知互动价值对消费者消费行为产生影响的内在作用机制。

(二)管理启示

结合文献梳理和实证分析结果,对直播品牌提出以下营销建议。

1.塑造高质量的直播互动

(1)增强消费者对互动过程与内容的掌控感;

(2)保证主播对消费者互动的及时响应;

(3)引导消费者对品牌进行积极的自我表露;

(4)增加直播间互动形式的趣味性。

2.以相互理解、互惠互利为原则设计品牌直播间的营销策略

如果品牌希望从消费者那里得到成功的交易作为回报,则应该提供消费者偏好和吸引力,如及时有效地响应、有趣的购物体验、促销信息等,建立快速关系。因而,品牌需要以相互理解、互惠互利为原则设计品牌直播间的营销策略。

真人同人小说的名誉权侵权认定研究

法学院法学专业　何沛闻

指导教师　原蓉蓉

【摘要】 真人同人小说是指以公众人物等现实真人为人物原型的新型创作文学,具有作者粉丝性、弱混淆性、预防侵权措施多样性、弱商业性等特征。这类小说作品具有侵犯人物原型名誉权的法律风险,问题实质在于作者创作自由与人物原型名誉权间的权利冲突。创作自由是具有公益属性的一般人格权,因此权利冲突须用利益衡量方法和公共利益优先原则来解决。在侵权的认定标准方面,真人同人小说必然符合指向性要求,是否构成诽谤须根据虚构程度来判断,构成侵权同时还要求作者客观上造成社会评价降低的损害后果、主观上违反诚实善意人的注意义务,而公众人物作为人物原型时对小说有容忍义务。

【关键词】 真人同人小说;名誉权;公众人物

一、引言

文学艺术作品创作体现了创作自由这一公民基本权利,但随着公民人格权利意识的提高,作者侵害他人名誉权的案件日益增多。真人同人小说作为以公众人物等现实真人为小说人物原型的一种新型创作文学,也愈发卷入涉嫌侵犯人物原型名誉权这一道德与法律的双重争议,如望氏后人诉《伍子胥》案、斯嘉丽·约翰逊案、洋基队球员案和肖战粉丝举报《下坠》事件等。民法典对文学作品侵害名誉权的认定规则和免责情形进行了规定,但法律规定与社会实际仍然存在一定距离,需要由学理讨论与司法裁量共同补足。学界现有文学作品对名誉权侵权认定标准研究主要从内容的违法性和作者主观恶意两方面展开,但在真人同人小说这一具体领域,仍然存在其与同人小说概念混淆、界限不清的情况,且其构成名誉权侵权的具体标准讨论较少、尚未达成共识。可见,有必要构建衡量真人同人小说是否侵犯原型人物名誉权的具体标准。

二、真人同人小说的产生背景与特点

(一)真人同人小说的含义与产生背景

真人同人小说是指以公众人物等现实真人为人物原型的新型创作文学,是“同人文化”[①]和“饭圈文化”[②]交织的产物。随着信息传播媒介不断升级,公众人物曝光度不断提升,给粉丝留下遐想的余地,饭圈开始发展;写作平台涌现,创作和发布更加便利,同人作品在我国兴起并传播。同人文化与饭圈文化相互渗透,部分粉丝出于喜爱而以公众人物为人物原型创作小说。

(二)真人同人小说的特点

想要厘清真人同人小说的法律界限,首先需要了解其特点。总的来说,真人同人小说具有作者粉丝性、弱混淆性、预防侵权措施多样性、弱商业性等特征。

第一,作者粉丝性。在同人文化和饭圈文化的影响下,真人同人小说作者大多为公众人物的粉丝。第二,弱混淆性。虽然小说以现实中公众人物公开的信息为基础,但幻想的部分才是主要内容,鲜少有读者会混淆虚构的小说人物和真实的人物原型。第三,预防侵权措施多样性。由于饭圈内部对部分小说的道德合理性时常爆发争论,作者已经形成了极高的侵权预防意识,通过对小说设置安全保障措施、更改名称、发布免责声明与事前预警等各种手段,限制小说传播范围,以免因混淆虚实而产生对人物原型的错误认识和负面评价。第四,弱商业性。目前国内真人同人小说以表达与交流喜爱的非营利目的为主,商业化程度低。

三、真人同人小说与人物原型名誉权冲突的原因及表现

真人同人小说是否构成对人物原型名誉权的侵犯是舆论争议的热点,那么为何真人同人小说具有这一法律风险?因为作者在创作时表达了其对人物原型的评价,且会影响读者在阅读后对人物原型的评价,当评价无度时则侵犯以社会评价为保护客体的名誉权。这一法律风险实质上是作者的创作自由与人物原型名誉权间权利冲突的具体表现。

---

① “同人文化”是指创作者和喜爱者围绕同人作品而形成的精神活动与产物。“同人作品”即创作者出于对原作的喜爱而对原作进行再次改编或创作产生的演绎或改编作品,包括小说、漫画、游戏等多种表现形式。

② “饭圈文化”是指明星的粉丝群体借助互联网而打破时空限制,聚集并逐渐形成纪律严明、分工明确、行动力极强的组织(“饭圈”)后产生的以其组织规则与运作形态为内容的文化。

(一)真人同人小说涉嫌侵犯人物原型名誉权原因分析

真人同人小说涉嫌侵犯人物原型名誉权这一法律风险具有作者创作行为和读者阅读感受这两方面的原因。一方面,作者的创作表达了其对人物原型的评价。作者在以人物原型为基础进行创作时必然流露出对人物原型本身的褒贬评价和好恶态度,评价无度则涉嫌侮辱,无中生有则涉嫌诽谤。另一方面,小说会影响读者,使其在阅读后产生对人物原型的评价。读者若无法分辨真实与虚构,则会产生对人物原型的负面评价或错误认识。侮辱内容会致使认识人物原型的人对其品德、才能、声望、形象等方面产生质疑;对人物原型真假掺杂的情节描写,会使得人物原型生活圈内其他不明缘由者难辨真假,认为虚假的事件也发生在人物原型的身上。

(二)真人同人小说与人物原型名誉权冲突的具体表现

法律风险实质在于作者创作自由与人物原型名誉权间存在权利冲突。冲突具体表现在:一方面,真人同人小说在现实的基础上经过充分想象和激进虚构进行再创造,体现了文学艺术创作自由。该自由保护公民在通过语言文字等形式表达情感、反映愿望、显示信念、追求美感、娱乐身心等时的自主性状态,免受不正当干涉。另一方面,名誉权保护对特定民事主体的客观社会评价,防止其受到侮辱、诽谤。因此,在保护名誉权时必然对创作自由有所侵犯。

若想解决这一权利冲突,须先厘清权利性质。名誉权是维护个人利益的民事具体人格权;而创作自由因未被明文规定入民法典,其体系定位与公私属性仍存在争议。基于一般人格权的立法意图与适用规则、创作自由的形式与价值,创作自由是具有公共利益属性的一般人格权。在体系定位上,创作自由既是宪法基本权利,又因为基于人身自由、人格尊严而产生,故可被一般人格权所涵摄。在公私属性上,基于创作自由的社会价值,其实质是具有公共利益属性的私权利。创作自由的"受益者不仅是作者,从根本上看是广大人民群众"[①],它带来了大量的精神产品,满足人民群众日益增长的精神文化需求。因此,该权利冲突在体系定位上属于同位阶的权利冲突,在解决权利冲突时无法借助权利位阶理论进行比较,而应用利益衡量方法和公共利益优先原则。

四、衡量真人同人小说侵犯人物原型名誉权的具体标准

创作自由虽因公共利益属性而在权利冲突的解决中具有一定的优先性,但由

① 莫凌侠:《论小说侵犯名誉权的民事责任》,《社会科学家》2000 年第 3 期。

于权利的相互性,“对一种权利的保护必然是对另一种权利的削弱”[①]。为更好地服务司法实践、促进纠纷解决,结合认定一般侵权行为的四要件理论、民法典关于文学作品与名誉权侵权的规定和真人同人小说的定义和特点,判断真人同人小说是否构成对人物原型名誉权的侵害应采纳以下特殊的具体标准。

(一)真人同人小说必然符合指向性要求

“以真人真事或特定人为描述对象”体现了指向性的要求,是判断文学作品构成名誉权侵权的首要与关键。结合真人同人小说的定义与特点,可知真人同人小说符合指向性。

指向性是指文学作品中的人物被社会公众知晓其所指为现实何人,且这一指向具有排他性和特定性。可以通过以下两方面进行考察:在创作行为方面,文学作品三要素即人物形象、情节经历和环境与真人基本情况是否相同或相似;在读者判断方面,如果社会公众在阅读后能够迅速联想且排他还原至该真人,则该小说符合指向性的要求。真人同人小说作为以现实真人为原型的创作文学,指向特定人。在创作行为上,作者常保留人物原型的姓名、形象、经历等要素,以其公开信息为文本基础;在读者判断上,基于作者的粉丝身份,且其在同人和饭圈文化圈内传播交流,作者与读者已达成小说人物确指现实中公众人物的共识,因此真人同人小说符合指向性。

(二)根据虚构程度来判断是否构成诽谤

侵害名誉的行为包括侮辱、诽谤等。前者较易识别;后者是指捏造或夸大事实毁损他人名誉的行为,核心是虚假表述,但由于真人同人小说的激进虚构性,认定诽谤较为困难,应根据其虚构程度来判断。根据虚构的程度,文学作品可以分为纪实文学和创作文学。前者依人物原型和既有事实创作,追求还原真实;后者虚构性更高。真人同人小说具有激进虚构性,属于创作文学,追求“艺术的真实”而非“客观的真实”,创作中的部分虚构行为原则上不构成诽谤。单纯以公众人物的真实面貌为标准去评价艺术化的人物形象不符合文艺创作“源于生活而高于生活”的创作规律。[②]

(三)造成客观社会评价降低的损害后果

名誉损害事实主要可从精神损害、社会评价降低、财产损失这三个维度进行衡量。在社会评价方面,由于公众人物本身即处于社会关注焦点与舆论风口浪尖,且

① 苏力:《〈秋菊打官司〉案、邱氏鼠药案和言论自由》,《法学研究》1996 年第 3 期。

② 参见北京市高级人民法院判决书[(2007)高民终字第 309 号]。

其应负一定容忍义务，因此社会评价下降须审慎判断。名誉是指社会不特定多数人对民事主体在品德、声望、才能、信用等方面的评价，由公众对其长期的行为表现进行评价积累而成，具有客观性。个体的主观意见不足以代表这种综合认知，且公众评价也不以被评价者意志为转移，因此判断名誉受损时应当严格限于客观社会评价。

（四）主观上违反诚实善意人的注意义务

文学作品构成名誉权侵权要求作者具有主观恶意，即其创作并非纯粹用以抒情言志、针砭时事，而是另有所图，存在侮辱诽谤的主观过错，即故意或过失。由于真人同人小说的作者粉丝性，作者通常不存在故意，最多只因对写作素材处理不当而过失侵权。过失的判断标准应以诚实善意人的注意义务为限，具体为：作者作为了解公众人物曝光于社会的品行经历者，应本着诚实善良的态度，出于文艺创作的合理真实需要，在创作中尽可能将人物贴近原型，并在特定事件上与客观事实一致。

（五）公众人物为人物原型时有容忍义务

法律对民事主体名誉的保护程度应根据民事主体的社会牵连程度而不同。根据公众人物理论，出于维护公共利益和满足公众兴趣的需要，公众人物名誉权应受一定限制。衡量真人同人小说是否侵犯人物原型名誉权时，小说人物原型为公众人物时，宜适用该理论，要求公众人物对小说负有一定容忍义务。

按照人和社会牵连程度的不同，民事主体可以分为公众人物与普通人。公众人物是指因担任社会公职或在社会公共生活中具有较高知名度，在其身上存在社会公共利益和社会公众兴趣，且常与大众传媒相联系的自然人。公众人物理论认为，基于个人得失之均衡、事关公共利益和与大众传媒联系紧密这三个原因，公众人物在面对合理限度内的新闻报道、舆论监督等公益行为时，应对其名誉权等进行一定限制。公众人物理论保护的行为应扩大至真人同人小说作者的创作行为。由于创作自由的公共利益属性，再结合解决作者创作自由与公众人物名誉权间权利冲突的利益衡量方法与公共利益优先原则，当原型人物为公众人物时，公众人物对合理限度内真人同人小说创作应负一定容忍义务。

五、结语

虽然结合真人同人小说的特点和公众人物理论，真人同人小说对人物原型名誉权构成侵权的标准较为严苛，但为更好平衡各方情感利益、维护真人同人小说的创作生态，真人同人小说作者、平台和人物原型三方须采取一定措施。作者应坚持合法适度的创作原则，避免侮辱诽谤，促进创作目的纯粹化，超出合理使用范围则须经原型授权，充分尊重原型感受，避免带来不利影响；刊登真人同人小说的平台方应提高责任意识，设置写作禁制，加强实质审查，防止损害扩大；公众人物作为人物原型应以足够的尊重和宽容允许艺术家有较大的艺术创作空间，而当创作无度导致名誉受损时，可借助法律武器来维护自身合法权益。

参考文献

莫凌侠：《论小说侵犯名誉权的民事责任》，《社会科学家》2000 年第 3 期。

苏力：《〈秋菊打官司〉案、邱氏鼠药案和言论自由》，《法学研究》1996 年第 3 期。

谭启平主编：《中国民法学》，法律出版社 2002 年版。

王福友、张雅萍：《从权利利益化视角谈公众人物名誉权保护》，《国家检察官学院学报》2013 年第 2 期。

王利明：《公众人物人格权的限制和保护》，《中州学刊》2005 年第 2 期。

杨士林：《"公众人物"的名誉权与言论自由的冲突及解决机制》，《法学论坛》2003 年第 6 期。

张红：《文学作品中的名誉权侵权责任》，《中南民族大学学报》(人文社会科学版)2012 年第 6 期。

张民安：《无形人格侵权责任研究》，北京大学出版社 2012 年版。

张新宝：《名誉权的法律保护》，中国政法大学出版社 1997 年版。

朱晓峰：《论一般人格权条款与具体人格权条款的规范适用关系》，《比较法研究》2021 年第 3 期。

S. M. Lantagne, "When Real People Become Fictional: The Collision of Trademark, Copyright, and Publicity Rights in Online Stories About Celebrities", *Journal of Law, Technology & the Internet*, vol. 6 (2016).

论我国行政机关的权力清单制度

法学院法学专业　李维浩

指导教师　汪全胜

【摘要】 我国行政机关的权力清单制度朝向建设法治政府、有限政府、阳光政府战略目标，监督和问责机制的建立是保障这一目标最终实现的关键性底线，核心问题是权力边界的确定与责任的精准落实。本文基于对近17年中央政策与31省级行政区地方权力清单的长期跟踪研究，全方位梳理我国行政机关的权力清单制度从碎片化向系统化转变的轨迹，客观分析揭示缺乏相关法律规制、权力清单规范性缺失、监督和问责机制尚未到位等共性问题，以及差异化发展中面临的区域性缺失的困境。重点从加快权力主体立法、权力清单规范化和健全监督与问责机制方面，提出优化我国行政机关权力清单制度的具体建议，并就化解各地区落实中的困境作出应对思考。

【关键词】 权力清单制度；党和国家机构的改革方案；责任制度；监督机制

一、我国行政机关的权力清单制度的现实背景与内涵界定

法治政府需要各级政府坚持依法治国，严格依法行使权力。明确权力边界，确定权力范围，这是建立法治政府的第一要义。

（一）我国行政机关的权力清单制度提出的现实背景

1.我国长期存在审批项目烦琐难办等问题

审批事项烦琐难办、权力内容边界不明等问题在我国长期存在。明确各级政府的权力内容和责任范围，保证其健康运转体现我国行政机关设立权力清单制度的必要性。

2.我国现存腐败与权力寻租现象

目前我国行政机关在一定程度上存在权力边界不清，权力寻租、暗箱运作等问题。权力清单制度对权力监管与制约，从根源上防止和治理腐败，使中国的政治生

态得到极大提高。

3.我国行政体制改革中存在“收放循环”的简政放权

我国行政体制改革经常出现“收放循环”的周期怪圈，建立我国行政机关的权力清单制度，使权力在阳光中处于公开状态，对权力进行有效规制。

(二)我国行政机关的权力清单制度内涵界定

从表达方式看，有学者提出权力清单是明确列举行政系统的行政权并成为依据的行政法文件或无行政法效力的文本[①]；从公开权力清单的流程来看，有学者认为是制定到公开最后到接受监督的过程[②]；也有学者认为是保障依法行政和公民权益的职权目录、法律依据和具体办理流程[③]。

总体上，权力清单制度是把各级行政机关和有关部门的行政权力结合起来，通过梳理统计，并以清单的形式公之于众。

二、我国行政机关的权力清单制度的实践探索与问题审视

(一)我国行政机关的权力清单制度的实践探索

1.我国行政机关的权力清单制度推行的基本进程

(1)我国行政机关权力清单制度的初步探索阶段

2005 年，邯郸市率先开展权力清单试点，把市长 93 项职权汇总编成目录，将各行政部门 2084 项职权公开。2006 年，河北省全省推行。2009 年 3 月，中组部选取四川成都市武侯区、河北成安县、江苏睢宁县作为县委权力公开透明运行的试点，首次提出权力清单公开。

(2)我国行政机关权力清单制度的统一推广阶段

2013 年 11 月，十八届三中全会提出各地方推行权力清单制度，首次以正式文件将试点地方探索上升为全国普遍要求。2014 年 2 月，60 个国务院部门的 1235 项行政审批事项向社会公开，权力清单首次在中央层面公布。

(3)我国行政机关权力清单制度的全面发展阶段

2015 年 3 月，国务院提出地方各级政府要承担制定权力清单的主体责任，监督验收下级行政事业单位制定情况。2016 年国务院试点方案发布并对目前权责

① 参见关保英：《权力清单的行政法价值研究》，《江汉论坛》2015 年第 1 期。

② 参见程文浩：《国家治理过程的“可视化”如何实现——权力清单制度的内涵、意义和推进策略》，《人民论坛 · 学术前沿》2014 年第 5 期。

③ 参见任进：《推行政府及部门权力清单制度》，《行政管理改革》2014 年第 12 期。

问题全面梳理，各部门根据工作实际来制定权力和责任清单试点方案。

2.我国行政机关的权力清单制度的运行现状

(1)我国行政机关的权力清单制度实施总体情况

截至2022年4月，31个省（自治区、直辖市）、289个市公布行政权力清单（见表1）。当前行政权力清单在省级普遍公布，市级的权力清单在80%以上，有逐渐在基层推广的趋势。

表1 地方行政权力清单制度实施数量情况及所占对应主体比重

主体	省（自治区、直辖市）	市	县（区、旗）
截至2022年地方实施权力清单制度数量（个）	31	289	2156
全国的地方政府数量（个）	31	333	2852
所占对应主体比重	100%	86.8%	75.6%

(2)省级行政权力清单制度的落实情况

各省在梳理权力类别、清单口径等方面存在差异，公布的权力事项存在明显数量差异（见表2）。其中广东省行政权力事项公布数量最多，达7761项；数量最少的是安徽省，有1712项。从各省公布权力清单的速度看，东部经济相对发达地区的权力清单公布明显提速。

表2 2014～2015年国务院和各省级行政区政府权力清单事项

	公布时间	清单名称	清单内容
国务院	2014年3月	《国务院各部门行政审批事项汇总清单》	涵盖60个有行政审批事项的国务院部门，公开各部门正在实施的行政审批事项共1235项
浙江	2014年6月	《浙江省级政府权力清单》	42家列入公布范围的省级部门共保留行政权力4236项
上海	2014年6月	《上海市权责清单》	上海市将41项权力事项纳入清单
山西	2014年7月	《山西省政府部门权力清单》	全省52个部门行政审批项目721项
四川	2014年7月	《四川省级政府行政权责清单》	省本级行政权力事项从清理后减少到5248项
福建	2014年8月	《福建省政府权责清单》	保留49个省直单位行政权力4049项

续表

	公布时间	清单名称	清单内容
吉林	2014 年 8 月	《吉林省政府部门行政权力清单》	省政府部门共有行政权力 3675 项
安徽	2014 年 10 月	《安徽省省级政府权力清单和责任清单》	75 个省级政府部门权力事项减少到 1712 项;行政审批事项从 316 项减少到 213 项
江苏	2014 年 11 月	《江苏省政府各部门行政权力事项清单》	省政府各部门保留行政权力事项 5647 项,其中,省属权力 1375 项,属地管理权力 4272 项
山东	2014 年 11 月	《山东省省级权力清单》	省级保留行政权力事项共 4227 项
广东	2015 年 1 月	《广东省人民政府部门权责清单(第一批)》《广东省人民政府部门权责清单(第二批)》	1.省直 39 个部门各类调整的职权事项共 2580 项 2.40 个省直部门,包括各要权责事项 5181 项
河北	2015 年 2 月	《河北省省政府部门行政权力清单》	省政府部门目前保留实施的行政权力共计 3995 项
湖南	2015 年 2 月	《湖南省政府工作部门权力清单、责任清单、外商投资准入负面清单及省政府核准的投资项目目录》	确定并公布涉及省政府工作部门的行政权力 3700 多项、主要职责 600 多项,外商投资禁止和限制类项目 90 多项
黑龙江	2015 年 3 月	《黑龙江省人民政府行政权力清单》	省政府常务会议审核确认了具有行政权力的 45 个部门的 3119 个权力事项
江西	2015 年 5 月	《江西省政府部门权力清单》	省政府 50 个部门梳理、清理、保留行政权力为 2853 项
广西	2015 年 6 月	《广西第一批政府部门权力清单和责任清单》《广西第二批政府部门权力清单和责任清单》	1.涉及 14 个部门的权力事项共取消、下放、转移和整合部门权力事项 1505项 2.64 个部门共清理保留权力事项 3569项

续表

	公布时间	清单名称	清单内容
辽宁	2015年7月	《辽宁省政府工作部门权责清单》	纳入的行政职权共1928项
宁夏	2015年10月	《宁夏回族自治区人民政府工作部门权力清单和责任清单》	自治区本级政府部门保留行政权力事项1941项
天津	2015年10月	《天津市政府工作部门权责清单》	53个部门保留行政许可、行政处罚、行政强制、行政征收等10大类4676项行政事项
陕西	2015年10月	《陕西省政府部门权责清单》	涉及52个省级部门的4394项行政职权
河南	2015年10月	《河南省人民政府各部门权力清单和责任清单》	39个部门的权力清单已正式印发，权力事项精简到3035项
云南	2015年11月	《云南省各级政府部门权力清单和责任清单》	直接面对公民、法人和其他组织的43个部门的行政职权6321项，与行政职权相对应的责任事项32640项
重庆	2015年12月	《重庆市行政权力清单》	目前市政府部门和有关单位共保留行政权力3709项
湖北	2015年12月	《湖北省省级权力清单》	确认依法承担行政职能的59个部门，拟保留职权事项2638项
内蒙古	2015年12月	《内蒙古自治区政府本级权力清单》	涉及自治区36个部门和单位，确定4274项自治区本级行政权力清单
北京	2015年12月	《北京市权责清单》	45个政府部门4668项权力公布

根据各省职能部门公布的行政权力事项数量（见图1），不同省份在权力事项数量上，同一类型的行政机关存在天壤之别。以各省份发改委的事权数量为例，广东最多，为213项，黑龙江仅有6项。

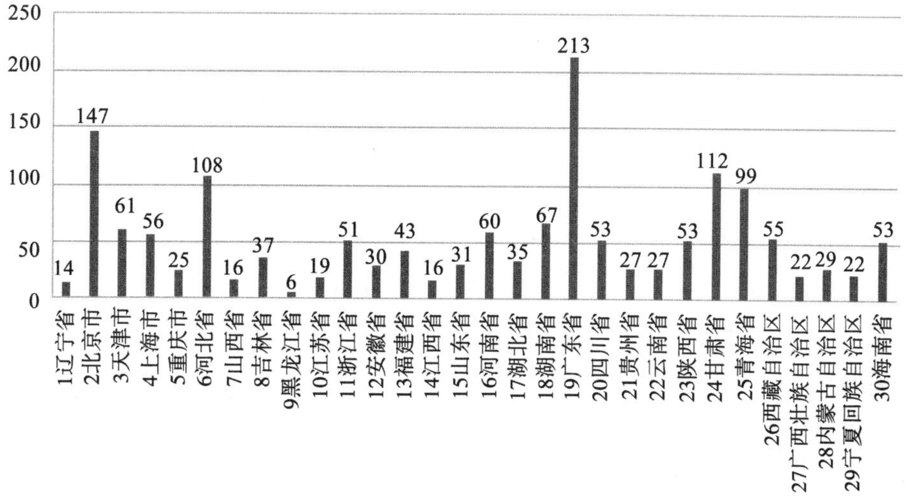

图 1　全国各省级行政区发改委行政权力公示数量

从各省公布的行政权力种类来看(见图 2),江苏、吉林、云南等 30 个省份的权力清单中,行政处罚、行政许可等占据很大比重,在 90%左右;所占比重最小的是贵州,仅 67%。

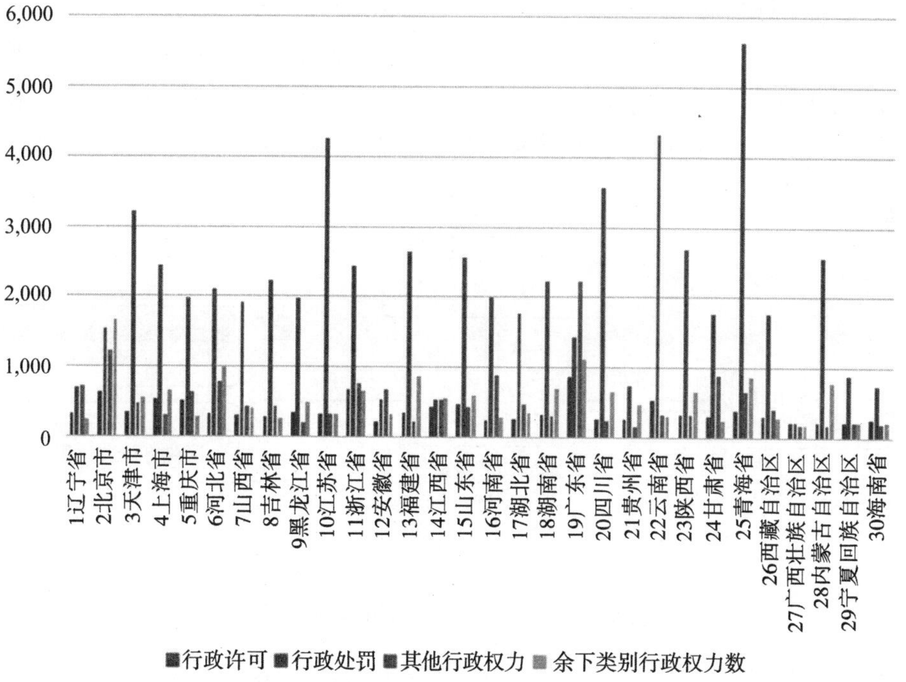

图 2　我国省(自治区、直辖市)权力清单中行政权力主要类型

(二)我国行政机关的权力清单制度面临问题的审视

目前制定主体、程序和内容不统一,公开透明度有限,监督和问责机制不够完善,我国尚未制定相关法律法规推行权力清单制度,存在滥用权力的空间。

1.我国行政机关的权力清单制度缺乏相关法律规制

各地最终发布的权力清单和责任清单,都是强制实施效力层次较低的规范文件,加之社会参与度不高,很难起到实际效果。①

行政机关违反权力清单,既要承担行政层面的责任,又要承担法律的强制约束。自然生命周期复杂、多变的经济和社会环境等都会使政策失效,需要法律保障权力清单良好运转。

2.我国行政机关的权力清单制度的规范性缺失

(1)我国行政机关的权力清单编制主体权限不足

权力清单的梳理涉及法律与相关法规,地方政府领导制定权力清单,导致其法定职权资格缺陷,出现自我授权、自我监督现象。

一些地方的权力清单以政府临时机构名义发布,如法制办等政府内设机构,既容易使权力清单的执行随意化,也导致其法律效力更加欠缺。

(2)我国行政机关的权力清单缺乏严格的编制程序

当前,中央政府的权力清单都是国务院各部门制定自己的权力清单,地方政府的权力清单由省级政府编制、汇总后公布,编制的权力清单程序非常不统一。如浙江省政府分为“三报三审三回”(见图 3),安徽省政府将权力清单编制流程分为三个阶段(见图 4)。

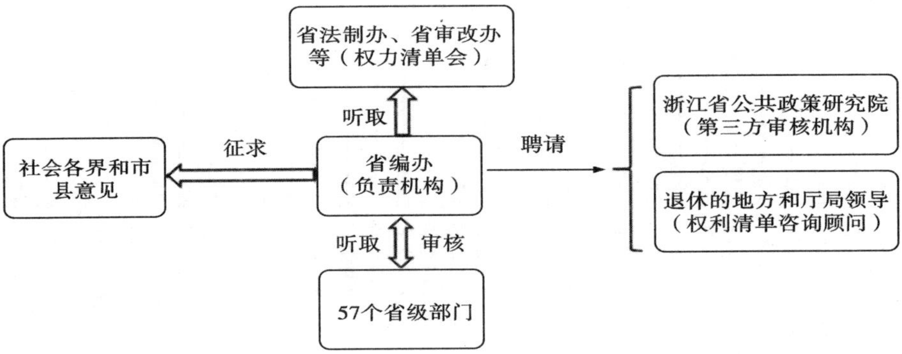

图 3 浙江省行政权力清单制定过程

① 参见南京市编办:《南京权力清单制度建设的实践与思考》,《中国机构改革与管理》2015 年第 7 期。

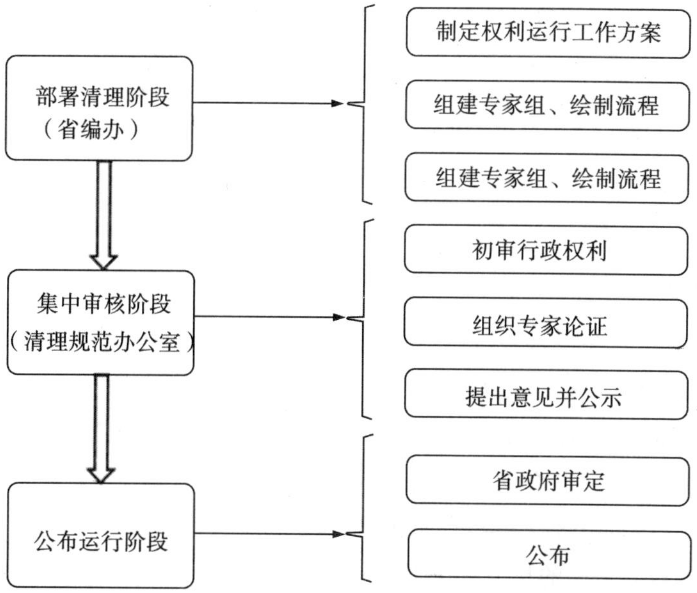

图 4　安徽省行政权力清单制定流程

(3)我国行政机关的行政权力清单的编制模式不统一

在行政权力清单的目录与分类标准方面，当前我国各地区的权力清单内容存在差异。

第一，各地公布的清单目录在标准上不统一，个别地方还存在清单目录不健全的问题(见表 3)。

表 3　广州、北京、武汉公安局行政处罚权力清单目录

	编码	职权名称	实施机关	职权依据	处罚种类	职权运行流程	责任事项	责任事项依据	监督投诉方式	备注
广州	√	√	×	√	√	×	×	×	×	√
北京	√	√	√	√	√	√	×	×	×	×
武汉	√	√	√	√	√	√	√	√	√	√

广州的行政处罚权力清单的目录内容少，缺少行政处罚的实施主体，而北京权力清单目录公布相应的流程图，武汉还公布相应监督方式。

第二，各地在行政权力的编制类型上不合理也不统一(见表 4)。

表 4 安徽省、浙江省公布的行政权力清单的行政权力类型

	行政审批	行政许可	非行政许可审批	行政处罚	行政强制	行政征收	行政裁决	行政给付	行政奖励	行政确认	行政规划	其他行政权力
广州	√	×	×	√	√	√	√	√	√	√	√	√
北京	×	√	√	√	√	√	√	√	√	√	×	√

安徽行政权力类型只有行政审批，无行政许可与非行政许可类型。而浙江行政权力类型把行政审批细化为行政许可和非行政许可审批，少了行政规划权。

3.我国行政机关的权力清单制度的相关配套制度尚未到位

公共机关在实施权力清单体制时，往往会受到理性缺失、唯利是图等因素影响，违背制定规则，妨害权利清单实施。

(1)我国行政机关的权力清单责任制度缺位

2015 年 3 月，中办、国办印发指导意见，对于不按照权力清单行使职权的单位和经办人，必须依法依纪追究相关责任人的责任[①]，目前各地普遍没有制定与权力清单制度相配套的问责制度。

一是没有明确的责任主体。有些省市虽列出与职权相关的责任内容和目标，但责任主体不明确，没有明确的主责和协同责任规定，大多都是相同的责任事项，针对性、实用性不强。二是责任界限不清。清单中各个部门交叉重合、不履行权力清单、不建立协同机制等问题存在，各部门存在推诿扯皮情况。

(2)我国行政机关的权力清单责任制度的监督机制不健全

要保证清单的中立性、公正性、科学性，最主要的是对权力清单监督与制约。监督与问责机制一是在制定权力清单的过程中进行监督，二是在权力清单公开后的权力运作中进行监督。

目前制定权力清单的主体是各级政府，其内容、程序、实施方式等由政府主导。为了对各级行政机关的权力运行监督和制约，应当由监督者制定监督标准，让权力清单制度在外部监督上有的放矢。

三、我国行政机关的权力清单制度的优化方向

在我国法制建设的基础上，逐步有序实施当地政府权力清单制度，是实现阳光

① 参见黄海华:《权力清单制度的法治价值及其实施》,《中国法律评论》2015 年第 2 期。

行政的重要措施。

(一)推动我国行政机关的权力清单制度法制化

1.从国家层面为权力清单制度立法

首先,要把权力清单制度写入立法,明确规定清单编制主体、效力权限、法律依据等内容。同时规定权力清单公布程序,各级行政机关按规定程序履行义务。

其次,明确超出权力清单范围行使权力应承担的法律后果,确定各级政府承担的法律责任。

2.完善相配套的地方性法规

地方政府根据地方性条例梳理统一的、符合法律法规的清单。省市级权力清单由省编办拟定,经本级政府修改批准后地方人大立法,再送人大常委会审核。而对县级、乡镇等没有地方立法权的政府,在制定权力清单时可报上级政府审核或备案后,由政府自行制定。

(二)规范我国行政机关权力清单的编制标准

1.确定合理合法的编制主体

地方政府梳理相应的权力,地方人大作为该级清单的制定主体,进行合法性审查并公布清单,全国人大对全国行政机关权力清单的立法进程负总责。

2.确定正当的编制程序

第一,确定合理的启动程序和清理程序,各编办、法制办制定工作方案,有行政立法权的主体清理权力清单,组织专家论证,听取和征求社会各界意见。第二,制定后完成报批程序和公布程序。制定完成后报上一级政府审核并进行合法性审查,对于不合法的退回并重新编制,经过批准后由行使相应权力的政府公布。

3.确定相对统一的编制模式

各省级行政机关权力清单统一标准后,各省级人大将其权力清单审核汇编后上报全国人大,由全国人大备案,再公布统一的权力清单。

(三)健全与我国行政机关权力清单配套的相关制度

1.完善与权力清单配套的责任制度

明确责任主体以及责任边界,落实到每个经手的负责部门,甚至具体到每个责任人。

(1)针对权力清单制定阶段的责任制度

责任清单包括法定职责、工作职责、岗位职责三个层面,明确单位和公职人员承担的职责事项以及不承担职责的处理措施。

(2)针对权力清单实施阶段的责任制度

当地政府的行政监察部门监督责任清单的执行:一是负责监督行政机关权力运行;二是职能中立,防止利益关联。①

2.建立健全行政权力清单的监督机制

充分发挥专门机关、社会公众等监督主体的功能,内外部共同监督,组成多元监督体系,确保制度顺利执行。

(1)各级人大常委会担任监督的专门机构

各级人大常委会是各级人大的常设组织,负责监管行政权力的公开透明合法运转。

(2)实现全过程监督

一是事前监督,各级人大常委会对行政权力清单的制定到公布一系列活动进行监督。

二是事中监督,行政权力清单发布后,对行政机关行为是否合法、程序是否合理、社会公众是否知情等过程进行监督。发现违背权力清单或者不公开权力清单,监督机关及时联系责任机关,启动追责程序。

三是事后监督,对权力清单进行司法审查。行政相对人因权力清单中的行政行为侵犯的合法权利而向法院起诉时,法院一并附带审查权力清单内容。

(3)充分发挥社会公众的监督作用

对于地方权力清单制定、整合、公示等环节,地方权力机关在审议时,广泛征求公众意见;在网上、电视、报纸、部门大厅等场所公布,保障公众知情权;设定公开的意见渠道,在公布后及时反馈。

四、结语

目前,我国行政机关的权力清单制度建设已取得一些阶段性成果,但随着全面深化改革的推进,前路漫漫,仍探索在途。2022 年 4 月 29 日,江苏省省政府办公厅印发修订后的《清单管理办法》,通过权力清单管理系统,各类权力清单应用平台实现数据实时共享。随着改革进入深水区,各地对权力清单制度的理解不断深化,在实践中逐步完善其相关配套制度,推动权力清单制度更加完善。

① 参见马怀德主编:《法律的实施与保障》,北京大学出版社 2007 年版,第 67～70 页。

参考文献

[美]道格拉斯·C.诺思:《制度、制度变迁与经济绩效》,杭行译,格致出版社2008年版。

C. J. Bellone and G. F. Goerl, "Reconciling Public Entrepreneurship and Democracy", *Public Administration Review*, vol. 52, no. 2 (1992).

论卞之琳的智性抒情对传统诗歌抒情的超越

文化传播学院汉语言文学专业　陈雅琦

指导教师　崔春

【摘要】 卞之琳是中国现代新诗的一位重要诗人，尤其是在“主智”诗歌发展的过程中，他作出了重要贡献。中国古代诗歌特别是晚唐诗歌对他的创作影响很大，同时他又受到西方象征主义诗学的影响，开创了“非个人化”抒情策略。其诗歌运用冷凝客观的方式表达独特生命体验，运用戏剧性的对白构建诗歌场景外化个体体验。在这种智性抒情的表达下，其诗歌有着圆融、和谐以及深刻的哲理意境，并且卞诗善于使用意象来暗示情感。卞诗的智性抒情是一种抒情策略，是对传统诗歌个人化、直接化抒情的超越。

【关键词】 卞之琳；智性抒情；冷凝；戏剧性对白；意境；意象

一、引言

卞之琳的诗歌有着独特的思维方式、抒情方式、复杂的现代意味，对于卞之琳的诗歌研究，学界产出了丰富的成果。

从共时性的研究上看，学界针对卞之琳的诗歌中的不同要素进行研究，研究方向大致分为诗歌创作的理论基础、诗歌内容、诗歌艺术技巧等。从历时性的研究上看，学界按照时间脉络研究不同时期卞诗的特征，大多数情况下从卞之琳的自编集《雕虫纪历》出发，按照其结构来从整体上把握卞诗。

本文基于学界对卞之琳丰富的研究成果，加深对卞诗抒情策略的研究。本文的研究意义首先在于分析卞之琳在1932～1937年的部分诗歌文本，进一步丰富对卞诗的解读。其次，本文基于新诗创作的理论发展过程，探讨卞之琳诗歌的“智性”成因，从内容方面加深对卞诗古典性特色研究，以及对西方象征主义诗学的借鉴，为探究现代新诗与传统诗歌之间的继承和发展关系提供了例证。最后，本文在研究“智性”成因的基础上，从卞诗的创作艺术角度切入，进一步加深卞诗的抒情方式的研究，重点关注卞诗对古典抒情传统的突破，从意象组织、戏剧化处境的建构等角度进一步加深对卞诗“智性”特征的研究，发现卞诗的智性抒情对传统抒情方式的超越。

二、卞诗中的“智性”抒情策略溯源

（一）中国古典诗词的影响

卞之琳反思了自由的口语在入诗时存在散漫风格，发现了五四以来白话诗的弊端：一方面是没有形成一种为大家所公认的新格律，另一方面是不够精炼。针对新格律的问题，卞之琳从新月派的格律主张那里找到了合适的范式。关于精炼，卞之琳从晚唐诗词中找到了答案。卞之琳认为：“不够精炼主要是属于内容问题，但也包含形式问题，特别是语言问题。”[①]卞之琳为了追求诗歌的精练，主张从中国的旧词中寻求灵感。《花间集》主要以小令和中调为主，基本没有长调慢词，这与卞之琳探索新诗创作的精炼性不谋而合。卞诗学习《花间集》以凝练的方式遣词造句，在精炼的语言当中传达更多的信息。这就要求诗歌语言的意蕴更加丰厚，在短小的词句当中传达丰富的内涵。

精练是卞之琳从形式上对古典诗词的继承，含蓄性是卞之琳对古典诗歌境界的继承。卞之琳主张学习晚唐诗人如温庭筠、李商隐的创作，将情感隐藏在其他客体之中，使诗歌有了多种阐释意味。李商隐曾创作《无题》组诗，卞之琳向李商隐学习，创作了一组《无题》现代诗。李商隐的《无题》组诗利用意象的不确定性使诗歌具有多重意味，同时在创作当中渗透了多种复杂的情绪，呈现出来的是对诗人的整个心境的透视。

（二）西方象征主义和现代主义诗学的影响

魏尔伦（Paul Verlaine）和艾略特（Thomas Stearns Eliot）是对卞之琳影响较大的两位诗人。对于诗歌的表现手法，他在创作前期吸收了前期象征派魏尔伦的“亲切”与“暗示”的观点，为象征主义诗歌本土化的发展找到了一条新的路径。“亲切”是指诗歌靠近日常生活，引起读者共鸣。“亲切”在卞诗中有两方面的体现：一是写日常事物、日常琐事；二是写个人感觉。“暗示”是指诗歌蕴含一种冷静客观色彩，卞之琳总是避开自己主观情感的渗透，转化为对他人他物的描绘，这种手法与古典诗词的“含蓄”一脉相承。

---

① 卞之琳：《对于新诗发展问题的几点看法》，《卞之琳文集》中卷，安徽教育出版社 2002 年版，第 434 页。

在诗歌的内容上，卞之琳更是受到了艾略特的影响，形成了具有中国特色的“荒原意识”。[①] 卞诗“荒原意识”产生的原因，是在大革命失败以及中国现代都市急剧转型期的大环境下，诗人更多感受到了迷茫、愁苦的情绪，这种心理激起了诗人对人生、宇宙、世间万事的思考，这种思考成为卞诗“智性”抒情的重要描写对象。卞之琳在1930～1935年创作的诗歌，既有“较多寄情于同归没落的社会下层平凡人、小人物”，又有“对祖国式微的哀愁”。[②] 卞之琳在这种“荒原意识”的引导下，在其作品中融入了独特的“智性”体验，如《西安长街》写城市的荒凉街景，以此展现社会飘零落寞的现状。这种“智性”的表达成为诗人表达时代情绪的窗口。

三、卞诗中“智性”抒情策略的形成

（一）情感表达的冷凝与深刻

卞诗智性抒情是一种区别于传统抒情的抒情策略，而这种策略的形成在于对古典诗歌抒情传统的突破。中国古典诗歌的抒情传统，大致可以归纳为“诗言志”与“诗言情”两个方面。在“诗言志”的抒情传统下，诗歌多记述现实，阐明道理，抒发志向。随着文学自觉化时代的不断发展，尤其是在魏晋南北朝时期，文学迎来了高度自觉的时代。“诗言情”逐渐成为诗歌的抒情传统，“诗言情”着眼于个人，属于“自我抒情”范畴。“诗言志”与“诗言情”这两种古典诗歌的抒情传统一直以来都朝着不同的方向发展。随着中国新诗发展，尤其是在西方象征主义诗学大量进入中国后，新诗诗人不断拓宽抒情范式：传统的“抒情”使用直抒胸臆或是借景抒情、寓情于景以及情景交融的方式。但在西方象征主义诗论影响下，诗歌要节制情绪，将情感隐藏在客观事物下冷静表达，即艾略特强调的“诗不是放纵情感，而是逃避情感，不是表现个性，而是逃避个性”[③]。这种表达与以“我”为中心的直抒胸臆的抒情诗划开了界限，划分为主情诗歌与主知诗歌两种。

在艾略特诗学的影响下，卞之琳的诗歌创作反映出诗歌由浪漫主义向现代主义的转变：卞之琳强调自己“始终只写了一些抒情诗，但是我总怕出头露面，安于在

---

① 《荒原》是艾略特的长诗，《荒原》用象征的现代的手法，对一战后的资本主义客观世界和人们的精神生活进行嘲讽和批判，表现出对西方社会的绝望和否定，深刻影响了中国20世纪30年代现代派诗人的文化心态，孙玉石称这一种文化心态为“荒原意识”，即对整体人类悲剧命运的现代性观照和对极其荒谬与黑暗的现实社会的批判意识。参见孙玉石：《“荒原”的意识》，《中国现代主义诗潮史论》，北京大学出版社1999年版。

② 卞之琳：《雕虫纪历・自序》，人民文学出版社1984年版，第4页。

③ ［英］艾略特：《传统与个人才能》，卞之琳译，《星星》2019年第2期。

人群里默默无闻，更怕公开我的私人情感”[1]。因此，卞之琳的诗作呈现出冷凝深刻的抒情品格。卞诗冷凝的品质并非缺乏情感，而是诗人在表达时对自己情感的理性控制，诗歌找到了理性表达和感性抒情的平衡点。这种平衡，得益于诗人“非个人化”的抒情风格。卞之琳的诗歌大多刻意淡化了其主体的情感突出特质，正如他在《雕虫纪历·自序》中谈到自己的创作是“用冷淡盖深挚”[2]。诗人在诗歌当中隐藏自身情绪，将诗情融入场景性的描写，隐藏了抒情主体，以客观化的书写、非放纵的节制，达到深刻隽永、令人回味的目的。

（二）意境的创新

卞之琳善于在诗歌中通过客观外物书写复杂的心境，并且通过特定的意象组合构成场景，这种创新推动了新诗诗坛象征主义诗歌从晦涩难懂走向含蓄深刻的表达。

卞之琳的意境创新具体表现在以下两个方面：一方面，他在诗歌创作中贯穿了古典诗歌的传统意象，利用传统诗歌的意象来表达普遍的情绪体验和人生哲理。另一方面，尤其是在引入古典诗歌的传统意象的基础上，他利用意象的丰富内涵使诗歌意境具有朦胧玄妙的特点。卞之琳在诗歌中使用的意象具有模糊性，诗意的表达具有不确定性和丰富性，诗歌的境界显示出浑融的特点，内容显得深刻和富有哲理。比如卞之琳的名篇《断章》：

你站在桥上看风景，
看风景人在楼上看你。
明月装饰了你的窗子，
你装饰了别人的梦。[3]

诗人用了桥、明月、窗子、楼等意象，这几个意象看似没有联系，但在卞之琳的笔下变成了一幅和谐的画面。卞之琳运用巧妙的审美构图，让这几个意象从整体上营造出了清冷之感。“桥”这一意象融入诗人建构的整体画面，它不再具有单独的意义和内涵，而是融入诗人营造的“智性”逻辑，成为诗歌场景中的一个定点，由此展开了诗人对主客体相对性的思考。同样，“明月装饰了你的窗子”，这里的明月没有固定的象征含义，只是诗歌场景的一部分。卞诗中的古典意象的象征内涵模

① 卞之琳：《雕虫纪历·自序》，人民文学出版社 1984 年版，第 3 页。
② 卞之琳：《雕虫纪历·自序》，人民文学出版社 1984 年版，第 2 页。
③ 卞之琳：《卞之琳文集》上卷，安徽教育出版社 2002 年版，第 29 页。

糊了诗歌意境呈现的层次性，能够让诗歌形成和谐意境。

四、卞诗中“智性”抒情策略的表现

（一）意象的“智性”组织

卞诗意象的“智性”组织，一方面吸收了晚唐时期五代的诗歌，尤其是特别关注李商隐、花间词以及南宋词人姜夔的创作。他在《雕虫纪历》中表示自己的“前期诗作里好像也一度冒出过李商隐、姜白石诗词以至《花间》词风味的形迹”①。卞诗强调对晚唐诗风含蓄深隐的风格继承，运用象征和暗示，因此其诗歌的审美意象变得隐晦与朦胧。

另一方面吸收了艾略特诗论中的“客观对应物”观点。中国古典诗歌的意象大多属于倾注情感的“抒情式”意象，读者可通过意象直接感受诗人情感的宣泄。而“客观对应物”认为诗歌不应该直接表达情感，而是“采取旁敲侧击，依靠与这种情思有密切关联的客观事物，引起丰富的暗示与联想”②。客观对应物超越了单纯写实和直抒胸臆的浪漫主义抒情方式，容纳了现代人丰富的情绪体验，展现深刻的人生经验与生命哲学。

首先，卞之琳将表现现代人迷惘、环境荒凉的形容放到意象上。这种对意象的“冷处理”使得诗歌带着一种“冷”色调，有一种淡淡的萧索气息，形成冷凝的智性氛围。其次，他将日常化、生活化的意象引入诗歌，通过这些意象构成场景，来传达直观的体验或是抽象的观念。在《古城的心》中，“看电灯也已经睡眼朦胧”，是诗人对现代都市的疲倦感的直观体验。在《还乡》中，诗人用常见的生活意象，以“绿带子不断的抽过去”表现时间飞逝。最后，卞诗古典意象与现代意象并存，感性与理性交织。在《尺八》中，有代表着现代文明的霓虹灯，以及飘着一缕凄凉的古香的尺八。尺八是传统文化的象征，更是异乡客乡愁的体现。卞之琳在《尺八》中，从感性的乡愁出发，思考对传统文化价值的重新界定，体现了卞之琳对传统文化的态度。卞之琳把智性思考凝练到意象当中，从感性出发，上升到理性思考，这是卞诗“智性”抒情的表现。

（二）戏剧性对白的使用

卞诗戏剧性对白可以分成戏剧性独白和戏剧性对话两类。在戏剧性独白中，

① 卞之琳：《雕虫纪历·自序》，人民文学出版社1984年版，第15页。

② 袁可嘉：《论诗境的扩展与结晶》，《论新诗现代化》，生活·读书·新知三联书店1988年版，第131页。

诗人可以对着自己说话，也可以以“我”的身份在诗歌中扮演一个角色，以“我”的口吻自述内容。如《记录》中诗人直接让“我”作为抒情主人公，在经历了一天的辛劳后挣脱了白日的枷锁，表现“我”丢掉烦闷、丢掉疲劳的快感。

如果戏剧性独白是诗人上演独角戏，那么戏剧性对话则是多个角色之间的对话。在诗歌中，不同的人物通过相互的交谈来表现深刻的体验。诗歌以问答的方式进行，通过对话创造出一个戏剧性的场面，客观表达情绪。如《水成岩》通过孩子与母亲探讨水成岩的过程，上升到对人类乃至整个宇宙的生命本质的探讨。孩子向母亲提问：“我从前也是这样的吗？”由此引发母亲对过去的怀念，进而叹息“悲哀的种子”，进入了沉思。它揭示了时间流逝、人生无常、个体在面对变化时无能为力的人生哲理，揭示了人类乃至宇宙的生命本质。

五、结语

卞之琳诗歌的“智性”抒情在现代新诗的发展中，开辟了与以“我”为中心的个人化抒情方式不同的抒情路径。从形成的原因上看，一方面，卞之琳从古典诗词，尤其从古典诗词的凝练表达中受到启发，在精炼含蓄的表达中书写丰富的体验。另一方面，卞之琳的抒情方式对古典诗词的突破是受到西方象征主义和现代主义诗论的启发，在魏尔伦和艾略特的影响下，卞之琳的诗歌以暗示的方式写抒情诗，同时以现代荒原意识对社会进行关照，因此其诗歌既是亲切的，又是含蓄的。从形成的过程上看，卞之琳通过冷凝的情感表达深刻的人生哲理，通过古典意象表达普遍的情绪体验或人生哲理，从意象的多重内涵建构“无我之境”。从表现上看，卞之琳的“新智慧诗”中的意象是以“客观对应物”来间接地传达诗人的情感。除了意象，卞之琳的诗歌还采用了戏剧性的独白和对话，表达了独特的“智性”体验。

参考文献

[英]艾略特：《传统与个人才能》，卞之琳译，《星星》2019年第2期。

卞之琳：《卞之琳文集》，安徽教育出版社2002年版。

卞之琳：《雕虫纪历》，人民文学出版社1984年版。

陈丙莹：《卞之琳评传》，重庆出版社1998年版。

陈太胜：《象征主义与中国现代诗学》，北京大学出版社2005年版。

陈希、何海巍：《中国现代智性诗的特质——论卞之琳对象征主义的接受与变异》，《中山大学学报》(社会科学版)2005年第2期。

戴皓:《论卞之琳早期诗歌艺术》,华中师范大学2006年硕士学位论文。

董燕:《论卞之琳诗歌的"非个人化抒情"策略》,安徽师范大学硕士学位论文,2007年。

贺昌盛:《从"意象"到"象征":30年代汉语象征诗学的拓展——以废名、卞之琳、何其芳的诗歌创作为例》,《江苏社会科学》2004年第3期。

江弱水:《卞之琳诗艺研究》,安徽教育出版社2000年版。

李怡:《中国现代新诗与古典诗歌传统》,中国人民大学出版社2015年版。

龙泉明、汪云霞:《中国现代诗歌的智性建构——论卞之琳的诗歌艺术》,《武汉大学学报》(人文社会科学版)2000年第4期。

罗小凤:《"亲切与暗示":卞之琳对古典诗传统的再发现》,《广西社会科学》2015年第6期。

罗小凤:《寻找"尺八":卞之琳对古典诗传统的回望》,《广西师范学院学报》(哲学社会科学版)2012年第4期。

罗振亚:《"反传统"的歌唱——卞之琳诗歌的艺术新质》,《文学评论》2000年第2期。

孙玉石:《卞之琳:沟通中西诗艺的"寻梦者"》,《诗探索》2001年第1～2辑。

孙玉石:《中国现代主义诗潮史论》,北京大学出版社1999年版。

汪东发:《论卞之琳诗歌的抒情品格》,《长沙电力学院社会科学学报》1997年第4期。

王泽龙:《论卞之琳的新智慧诗》,《文艺研究》1996年第2期。

王泽龙:《中国现代诗歌意象论》,华中师范大学博士学位论文,2004年。

王泽龙、杨柳:《论卞之琳诗歌的古典语言意识》,《河北学刊》2017年第3期。

袁可嘉:《略论卞之琳对新诗艺术的贡献》,《文艺研究》1990年第1期。

袁可嘉:《论新诗现代化》,生活·读书·新知三联书店1988年版。

张碧波、高国兴:《试论中国诗歌的抒情传统》,《学术交流》1989年第6期。

张洁宇:《"智慧之美":卞之琳诗歌的"智性化"特征》,《南都学坛》2004年第3期。

张曼仪:《卞之琳著译研究》,香港大学中文系丛书1989年版。

张枣:《现代性的追寻:论1919年以来的中国新诗》,亚思明译,四川文艺出版社2020年版。

从信息回避视角看朋友圈为何而关

——基于山东威海大学生群体的实证研究

文化传播学院新闻学专业　张紫涵

指导教师　梁艳

【摘要】 本文聚焦于关闭朋友圈或规避朋友圈信息这一现象,从信息回避视角探索山东省威海市大学生使用微信朋友圈时的信息回避行为产生机制。研究采用问卷调查法,面向山东省威海市大学生回收了544份问卷,使用认知—情感—行为意愿模型,以感知信息过载、感知隐私风险、认知冲突为自变量,以消极情绪为中介变量,以自我效能感为调节变量,以信息回避倾向为因变量。研究结果表明:感知信息过载、感知隐私风险、认知冲突对消极情绪均具有正向影响;消极情绪在三个自变量与因变量信息回避倾向中均起正向中介作用;自我效能感可以调节消极情绪对其信息回避倾向产生的负向影响。研究结果对于研究当今大学生社交网络行为具有借鉴作用,对于社交网络的发展具有启发意义。

【关键词】 信息回避;认知—情感—行为意愿模型;朋友圈;社交网络

一、前言

当今时代是一个"人人都能生产信息"的互联网群体传播时代、一个传播主体多元化的时代。无边界的网络社会充满着海量的信息,产生了信息爆炸现象。由于个人处理信息能力的有限性,有些网民会试图用信息规避来应对信息爆炸所带来的负面影响,例如关闭微信朋友圈。在广告领域,一些研究表明用户之所以在互联网上避免广告,是因为他们对广告眩晕的主动避免。[①] 在医学领域,有些人会拒

---

① 参见阮丽华、黄梦婷:《社交媒体依赖与隐私担忧对信息流广告回避影响的研究》,《广告大观》(理论版)2018年第3期;范思、鲁耀斌、胡莹莹:《社交媒体环境下一致性与社交性对信息流广告规避的影响研究》,《管理学报》2018年第5期。

绝接触某些信息,例如回避有关医疗测试结果的信息,减少产生负面情绪或减少影响愉快心情。① 本文借鉴广告回避与健康信息回避的概念,将信息规避的概念运用于山东省威海市大学生群体对于微信朋友圈的信息规避行为。

本文将探讨山东省威海市大学生的感知与认知因素对于他们在微信朋友圈里的信息规避行为的影响机制,继而进行基于信息回避视角的网络行为研究。从个体的角度来看,社交网络用户行为具有个性化特点,但从大学生群体的角度出发,大学生社交网络用户行为的特点具有普遍性。本文通过信息回避行为这一突破口,结合广告回避与健康信息回避的概念,发现大学生社交网络信息回避行为的产生机制,对于研究当今大学生社交网络行为具有借鉴作用,对于社交网络的发展具有启发意义。

二、研究方法与假设

(一)数据收集

为了测试认知—情感—行为意愿(cognition-affect-conation)模型以及提出的假设,本文设计了一份调查问卷。为了确保内容的有效性,问卷中的所有问题都来自现有的经过验证的量表,再根据本研究的实际情况进行修改。本问卷分为 7 个部分,分别测量感知信息过载、感知隐私风险、认知冲突、消极情绪、自我效能感、信息回避倾向和人口统计学因素,前 6 个部分均使用五级李克特量表来测量,1～5 分别代表“非常不认同”和“完全认同”。此次调查共发放 550 份问卷,即山东省威海市山东大学(威海)150 份,威海职业学院、哈尔滨工业大学(威海)、威海海洋职业学院、山东药品食品职业学院各 100 份,并收回有效问卷 544 份。

(二)消极情绪与信息回避倾向

大学生会寻求知识以减少焦虑,也可以通过规避信息减少焦虑。② 当大学生在获取信息时,可能会对不确定性结果产生消极情绪,如焦虑、疲劳、不满意、后悔。③ 在使用朋友圈时,为了减少消极情绪带来的情绪困扰,大学生会选择故意阻

---

① 参见张帅:《大学生健康信息规避的潜在成因探究——基于压力应对理论》,《图书馆学研究》2020 年第 14 期;陈琼、宋士杰、赵宇翔:《突发公共卫生事件中信息过载对用户信息规避行为的影响:基于 COVID -19 信息疫情的实证研究》,《情报资料工作》2020 年第 3 期。

② 参见文金书、邓小昭、付玲玲:《用户信息规避行为及其国内外研究现状浅析》,《图书情报工作》2011 年第 5 期。

③ 参见王文韬、张帅、李晶等:《大学生健康信息回避行为的驱动因素探析及理论模型建构》,《图书情报工作》2018 年第 3 期。

止或延迟获取信息或直接规避此类信息。同时，在大学生预期会产生消极情绪或已感知消极情绪时，也可能会通过信息回避行为以逃避消极情绪。因此，提出假设一：

H1：在使用朋友圈时，山东省威海市大学生的消极情绪对其信息回避倾向具有正向影响。

（三）感知信息过载、消极情绪与信息回避倾向

在社交网络环境的功能性、信息量和交流活动的过载的影响下，人们更有可能受到心理上的负面影响。[①] 既有研究也证明信息过载是一些消极情绪的关键因素，如焦虑、疲惫、遗憾、疲劳、挫败感等。[②] 网络健康信息查询的研究中发现感知信息过载会加重人们的负面情绪，造成健康焦虑。[③] 而消极情绪也是不连续使用意图和行为的重要驱动因素，即减少消极情绪是人们信息规避行为的重要因素[④]，因此人们可能会形成信息回避倾向，减少甚至停止使用社交网络。由此可推测，在使用朋友圈时，大学生如果感知信息超载，就有可能会产生疲劳、沮丧和不满情绪，从而影响他们的信息规避倾向。因此，提出假设二、假设三：

H2：在使用朋友圈时，山东省威海市大学生的感知信息过载对其消极情绪具有正向影响。

H3：在使用朋友圈时，山东省威海市大学生的消极情绪在其感知信息过载和信息回避倾向中起正向中介作用。

（四）感知隐私风险、消极情绪与信息回避倾向

在使用朋友圈时，大学生往往需要透露个人身份信息，从而不可避免会向社交平台泄露自己的隐私。披露个人信息的行为与频频爆出的社交网络隐私泄露丑闻

---

① 参见袁静、李柯：《移动社交媒体环境下用户信息焦虑行为研究进展》，《图书情报工作》2020 年第 11 期。

② T. S. Ragu-Nathan, M. Tarafdar, B. S. Ragu-Nathan and Q. Tu, "The Consequences of Technostress for End Users in Organizations: Conceptual Development and Empirical Validation", *Information Systems Research*, vol.19, no. 4 (2008), pp. 417-433; C. Maier, S. Laumer, A. Eckhardt and T. Weitzel, "Giving Too Much Social Support: Social Overload on Social Networking Sites", *European Journal of Information Systems*, vol. 24, no. 5 (2015), pp. 447-464.

③ B. Swar, T. Hameed and I. Reychav, "Information Overload, Psychological Ill-being, and Behavioral Intention to Continue Online Healthcare Information Search", *Computers in Human Behavior*, vol. 70 (2018), pp. 416-425.

④ 参见邱佳青、裴雷、孙建军：《社交网络背景下的用户信息屏蔽意向研究》，《情报理论与实践》2016 年第 11 期。

使大学生感受到其隐私遭到窥视，破坏了他们使用社交网络的舒适感[①]，从而导致焦虑、害怕等消极情绪的产生。使用朋友圈时受到的隐私威胁促使大学生不断地感知到隐私风险，导致他们形成隐私疲劳，而规避信息、不去思考则是他们所采取的一种应对策略。由此，提出假设四、假设五：

H4：在使用朋友圈时，山东省威海市大学生的感知隐私风险对其消极情绪具有正向影响。

H5：在使用朋友圈时，山东省威海市大学生的消极情绪在其感知隐私风险和信息回避倾向中起正向中介作用。

（五）认知冲突、消极情绪与信息回避倾向

矛盾的信息点容易使人们形成记忆冲突，导致他们需要使用更多的认知处理资源，以区分所需内容与无用内容，继而造成认知疲劳，对其心理状态产生负面影响。[②] 既有研究发现人们为了避免消极情绪和心理不适的产生，会有意识地规避与自我认知相冲突的信息。[③] 由此，提出假设六、假设七：

H6：在使用朋友圈时，山东省威海市大学生的认知冲突对其消极情绪具有正向影响。

H7：在使用朋友圈时，山东省威海市大学生的消极情绪在其认知冲突和信息回避倾向中起正向中介作用。

（六）自我效能感与信息回避倾向

既有研究表明，自我效能感会促使人们减少消极情绪所带来的负面影响，从而使其更多地接触信息。在寻找和接收健康信息方面，自我效能感较高的人会更有勇气和自信去获取健康信息，且更有能力获得更多、更精准的健康信息，而非害怕得知可能会造成负面情绪的健康信息。[④] 由此可见，在使用朋友圈时，自我效能感是大学生决定寻求或规避信息的关键因素。个人的自我效能感越高，其信息回避

---

① 参见张佳：《个人网络社交舒适空间的构建策略研究——以微信朋友圈为例》，《新闻研究导刊》2019 年第 21 期。

② 参见范思、鲁耀斌、胡莹莹：《社交媒体环境下一致性与社交性对信息流广告规避的影响研究》，《管理学报》2018 年第 5 期。

③ 参见 C. S. Taber and M. Lodge, "Motivated Skepticism in the Evaluation of Political Beliefs", *American Journal of Political Science*, vol. 50, no. 3 (2006), pp. 755-769；王文韬、张帅、李晶等：《大学生健康信息回避行为的驱动因素探析及理论模型建构》，《图书情报工作》2018 年第 3 期。

④ 参见张帅：《大学生健康信息规避的潜在成因探究——基于压力应对理论》，《图书馆学研究》2020 年第 14 期。

倾向越低。因此，提出假设八：

H8：在使用朋友圈时，山东省威海市大学生的自我效能感可以调节其消极情绪对其信息回避倾向产生的负向影响；自我效能感越高，信息回避倾向越低。

三、研究模型与变量

（一）信息回避倾向模型

在促使个体为了既定目标产生动机，从而产生特定行为时，认知、情感、行为意愿这三个因素是环环相扣的，并具有目标导向性。这说明了认知对情感的直接影响，从而影响个体采取某种行为的意愿。因此，本文为了论证山东省威海市大学生关闭朋友圈的信息回避行为的产生机制，将使用认知—情感—行为意愿模型，结合认知层面与情感层面来理解山东省威海市大学生关闭朋友圈的信息回避行为，探讨山东省威海市大学生的认知与情感因素对其信息回避行为倾向的影响机制。假设山东省威海市大学生的感知信息过载、感知隐私风险、认知冲突会触发他们的消极情绪，从而使他们产生信息回避行为。其中，自我效能感越高，越可以减少信息回避行为的产生。本文将感知信息过载、感知隐私风险、认知冲突对应到模型中的认知环节，并设为自变量。同时，消极情绪作为感知信息过载、感知隐私风险、认知冲突与信息回避倾向之间的中介，将被对应到模型的情感环节，被设为中介变量。而信息回避倾向则被认为是模型的行为意愿环节，为因变量。此外，本文认为自我效能感在自变量与中介变量对因变量的影响中起到调节作用，将自我效能感设为调节变量，将人口统计学指标设为控制变量。根据以上变量设置，得信息回避倾向模型（见图1）。

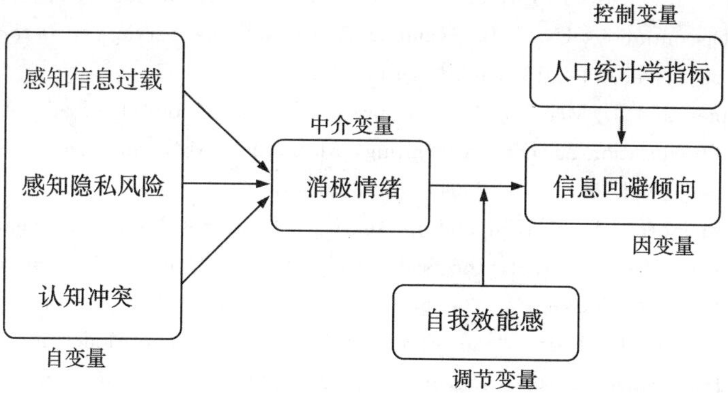

图1　信息回避倾向模型

(二)自变量

1.感知信息过载

这一变量的测量量表改编于 Y. C. Chen 等人[①]、S. Zhang 等人[②]和 M. Eppler 等人[③]的测量量表,共设计了 8 个问题,例如"朋友圈的信息和内容太多,要处理这些信息是有负担的""朋友圈海量的信息使我很难从中筛选出我需要的信息""朋友圈的信息和内容太繁杂会让我做决定时犹豫不决"等,考察调查对象因接触朋友圈信息所产生的感知信息过载的程度,Cronbach's $\alpha = 0.856$。

2.感知隐私风险

这一变量的测量量表改编于 N. K. Malhotra 等人[④]、T. Dinev 等人[⑤]和 T. Zhou[⑥] 的测量量表,共设计了 9 个问题,例如"朋友圈不经过我的同意收集了很多我的个人信息""我在朋友圈的行为会被监控""我的网络行为数据被收集可能会给我带来麻烦"等,考察调查对象因使用朋友圈所产生的感知隐私风险的程度,Cronbach's $\alpha=0.944$。

---

① Y. C. Chen, R. A. Shang and C. Y. Kao, "The Effects of Information Overload on Consumers' Subjective State Towards Buying Decision in the Internet Shopping Environment", *Electronic Commerce Research and Applications*, vol. 8, no. 1 (2009), pp. 48-58.

② S. Zhang, L. Zhao, Y. Lu, et al., "Do You Get Tired of Socializing? An Empirical Explanation of Discontinuous Usage Behaviour in Social Network Services", *Information and Management*, vol. 53, no. 7 (2016), pp. 904-914.

③ M. Eppler and J. Mengis, "The Concept of Information Overload: A Review of Literature from Organization Science, Accounting, Marketing, MIS, and Related Disciplines", *Information Society*, vol. 20, no. 5 (2004), pp. 325-344.

④ N. K. Malhotra, S. S. Kim and J. Agarwal, "Internet Users' Information Privacy Concerns (IUIPC): The Construct, the Scale, and a Causal Model", *Information Systems Research*, vol. 15, no. 4 (2004), pp. 336-355.

⑤ T. Dinev and P. Hart, "An Extended Privacy Calculus Model for E-commerce Transactions", *Information Systems Research*, vol. 17, no. 1 (2006), pp. 61-80.

⑥ T. Zhou, "Examining Location-based Services Usage from the Perspectives of Unified Theory of Acceptance and Use of Technology and Privacy Risk", *Journal of Electronic Commerce Research*, vol. 13, no. 2 (2012), pp. 135-144.

3.认知冲突

这一变量的测量量表改编于 T. Salzberger 等人①、F. Zona 等人②以及李明芳③的测量量表，共设计了 7 个问题，例如“在朋友圈看到与我持不同观点的信息会感觉不舒服”“我经常会和其他人因为某些意见不统一而产生冲突”“当我看到与我观点不一致的信息时我会觉得是我自己的问题”等，考察调查对象因接触朋友圈信息所产生的认知冲突的程度，Cronbach's $\alpha = 0.768$。

（三）中介变量

消极情绪。这一变量的测量量表改编于 D. Watson 等人④、邱林等人⑤以及 R. F. McCloud 等人⑥的测量量表，共设计了 9 个问题，例如“浏览朋友圈的一些信息和内容时，我会感到害怕”“浏览朋友圈的一些信息和内容时，我会感到焦虑”“浏览朋友圈的一些信息和内容时，我会感到恼怒”等，考察调查对象因接触朋友圈信息所产生的消极情绪的程度，Cronbach's $\alpha = 0.947$。

（四）调节变量

自我效能感。这一变量的测量量表改编于 R. Schwarzer 和 M. Jerusalem⑦ 的测量量表，共设计了 10 个问题，例如“如果我尽力去做，我是能够解决问题的”“即使别人反对我，但我仍然有办法获得我想要的”“我能冷静地面对困难，因为我信赖

---

① T. Salzberger and M. Koller, “Investigating the Impact of Cognitive Dissonance and Customer Satisfaction on Loyalty and Complaint Behaviour”, *Revista Brasileira de Marketin*, vol. 9, no. 1 (2010), pp. 5-16.

② F. Zona and A. Zattoni, “Beyond the Black Box of Demography: Board Processes and Task Effectiveness Within Italian Firms”, *Corporate Governance: An International Review*, vol. 15, no. 5 (2007), pp. 852-864.

③ 参见李明芳：《情境规范对认知失调与网购退货意愿关系的作用机理探析》，《软科学》2017 年第 12 期。

④ D. Watson, L. A. Clark and A. Tellegen, “Development and Validation of Brief Measures of Positive and Negative Affect: The PANAS Scales”, *Journal of Personality and Social Psychology*, vol. 54, no. 6 (1988), pp. 1063-1070.

⑤ 参见邱林、郑雪、王雁飞：《积极情感消极情感量表(PANAS)的修订》，《应用心理学》2008 年第 3 期。

⑥ R. F. McCloud, C. Okechukwu, G. Sorensen, et al., “Cigarette Graphic Health Warning Labels and Information Avoidance Among Individuals from Low Socioeconomic Position in the US”, *Cancer Causes & Control*, vol. 28, no. 4 (2017), pp. 351-360.

⑦ R. Schwarzer and M. Jerusalem, “Generalized Self-efficacy Scale”, in J. Weinman, S. Wright and M. Johnston, eds., *Measures in Health Psychology: A User's Portfolio. Causal and Control Beliefs*, Windsor, UK: Nfer-Nelson, 1995, pp. 35-37.

自己处理问题的能力”等,考察调查对象自我效能感的强度,Cronbach's α = 0.936。

(五)因变量

信息回避倾向。这一变量的测量量表改编于 Z. J. Yang 等人①、S. K. Lee 等人②以及 X. Li 等人③的测量量表,共设计了 10 个问题,例如“我会有选择性地看朋友圈的信息和内容”“我会关闭自己的朋友圈入口”“我会对一些朋友或一些公众号设置免打扰”等,考察调查对象对于朋友圈的信息回避倾向,Cronbach's α = 0.862。

四、研究发现

(一)描述性统计

运用 SPSS 24.0 对问卷受调查基本情况进行分析可知,性别整体情况为女性居多,出现一定的男女样本偏倚。年级分布以大三为主,其次为大四。

(二)探索性因子分析

运用探索性因子分析对变量之间的内部一致性及变量之间的区分度进行分析。本问卷主因子 1 为感知隐私风险(IPC),主因子 2 为自我效能感(GSE),主因子 3 为消极情绪(NA),主因子 4 为信息规避倾向(IAI),主因子 5 为感知信息过载(PIO),主因子 6 为认知冲突(CC)。使用同源方差检验判断是否有主因子方差贡献率大于 50%,若大于 50%说明同源方差较为严重,反之说明同源方差问题较轻。本问卷 6 个主因子最大方差贡献率仅为 33%,均小于 50%,说明问卷同源方差问题较轻。当初始特征值大于 1 时运用最大方差法对问卷进行旋转可以提取 6 个主因子,且提取 6 个主因子方差贡献率达到 80%,说明问卷之间内部一致性较好且共同性较好。使用旋转方差矩阵可以看出同时旋转方差因子载荷均大于 0.65,方差共同性均大于 0.6,即说明同一因子的内部一致性较好,同时不同变量之间的组间

① Z. J. Yang and L. Kahlor, “What, Me Worry?: The Role of Affect in Information Seeking and Avoidance”, *Science Communication*, vol. 35, no. 2 (2012), pp. 189-212.

② S. K. Lee, N. J. Lindsey and S. K. Kim, “The Effects of News Consumption Via Social Media and News Information Overload on Perceptions of Journalistic Norms and Practices”, *Computers in Human Behavior*, vol. 75 (2017), pp. 254-263.

③ X. Li, L. Liu and B. Zhang, “An Empirical Study on Social Media Users' Fatigue and Negative Behavior from the Perspective of Cognitive Load Theory: Taking WeChat for Example”, *Library Tribune*, vol. 38, no. 11 (2018), pp. 94-106.

一致性较好。

(三)验证性因子分析

运用 AMOS 24.0 对问卷进行验证性因子分析,并在本问卷内部一致性分析的基础上对问卷的可靠程度以及有效程度进行进一步分析。可以看出本问卷 6 个变量 53 个题项非标准化系数的因子载荷均在 0.7 以上,同时显著性均小于 0.01。6 个变量平均方差萃取量(AVE 值)均大于 0.5,组合信度(CR 值)均大于 0.7。SMC 指数即问卷各题项之间的相关系数范围在 0.3～0.6 之间,内容信度系数均大于 0.7。整体上问卷各个题项之间的相关性较好,信度系数较高,组合信度等指标较好,即问卷的内部一致性、可靠性较高。

(四)相关分析

运用 SPSS 24.0 对变量之间的相互关系进行研究,可以看出变量之间相关系数虽然较小但是均极度显著,即 6 个变量相互之间均正相关且显著,同时对角线均方根均大于 0.7,说明变量之间的区分度以及相关性较好。

(五)结构方程模型

运用 AMOS24.0 对变量之间的路径关系进行分析。首先,关于控制变量对因变量的影响,可以看出仅有年级正向显著影响信息回避倾向,即年级越高,威海市大学生的信息回避倾向越强。其次,关于自变量对于因变量的影响,感知信息过载($\beta = 0.119^{**}$)、感知隐私风险($\beta = 0.323^{**}$)、认知冲突($\beta = 0.232^{**}$)对信息回避倾向有正向显著影响,即当威海市大学生在接收信息时,若感知信息量过大或感知隐私安全受到威胁或产生认知冲突,其信息回避倾向会增强。再次,关于自变量对于中介变量影响,感知信息过载($\beta = 0.632^{**}$)、感知隐私风险($\beta = 0.566^{**}$)、认知冲突($\beta = 0.615^{**}$)对消极情绪有正向显著影响,表明威海市大学生的消极情绪会因信息量过大或隐私安全或认知冲突而增强,验证了假设二、假设四、假设六。最后,关于中介变量对因变量影响,消极情绪($\beta = 0.544^{**}$)对信息回避有正向显著影响,即威海市大学生的消极情绪越多,越有可能产生信息回避倾向,验证了假设一。

(六)中介效应分析

在路径结构方程模型分析的基础上,进一步对消极情绪的中介作用进行分析。关于消极情绪对感知信息过载和信息回避倾向中介效应分析,直接效应 0.119,间接效应 0.344,95%置信区间不包含 0,即消极情绪对感知信息过载和信息回避倾向中介效应显著且为部分中介。关于消极情绪对感知隐私风险和信息回避倾向中介效应分析,直接效应 0.323,间接效应 0.308,95%置信区间不包含 0,即消极情绪对感知隐私风险和信息回避倾向中介效应显著且为部分中介。关于消极情绪对认知冲突和信息回避倾向中介效应分析，直接效应 0.232，间接效应 0.335，95%置信区间不包含 0，即消极情绪对认知冲突和信息回避倾向中介效应显著且为部分中介，验证了假设三、假设五、假设七。

（七）调节效应检验

在中介分析的基础上进一步对自我效能感的调节效应进行检验，即带调节的中介，得图 2。可以看出，高低自我效能感二者斜率不平行，二者在负值区域产生交叉，说明自我效能感对消极情绪对信息回避倾向有负向调节作用且显著，验证了假设八。根据以上数据，得图 3 模型系数图。

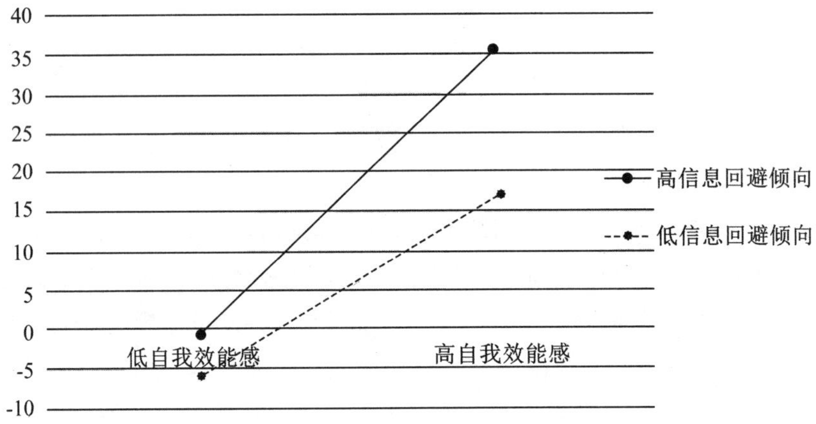

图 2　调节效应图

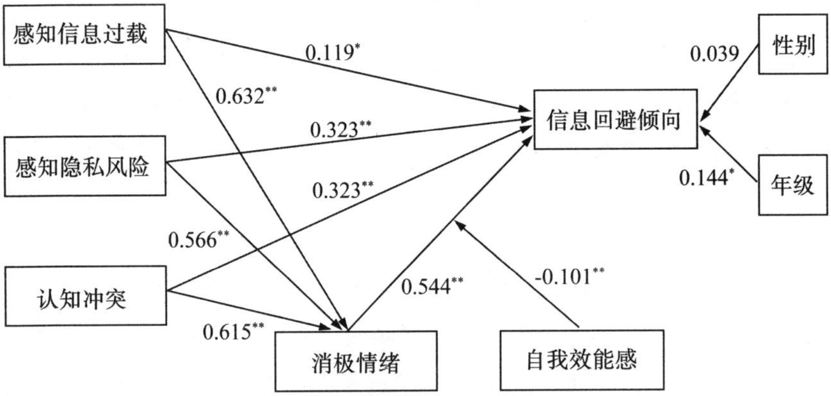

图 3　模型系数图

五、结论与讨论

当接触朋友圈信息时，在控制变量对山东省威海市大学生信息规避行为倾向的影响方面，可以看出年级正向显著影响信息回避倾向，即年级越高信息回避的倾向性越强，而性别对信息规避倾向影响很小。在自变量与中介变量的关系方面，可以看出感知信息过载（$\beta = 0.119^{**}$）、感知隐私风险（$\beta = 0.323^{**}$）、认知冲突（$\beta = 0.232^{**}$）对消极情绪均有正向显著影响。在中介变量与信息回避倾向的关系方面，消极情绪（$\beta = 0.544^{**}$）对信息回避有正向显著影响。本文通过消极情绪对于自变量感知信息过载、感知隐私风险与认知冲突分别和信息回避倾向的中介效应分析，证实消极情绪的中介效应显著且为部分中介。

同时，在没有中介变量的影响下，自变量对信息回避行为倾向也有直接影响，即感知信息过载（$\beta = 0.632^{**}$）、感知隐私风险（$\beta = 0.566^{**}$）、认知冲突（$\beta = 0.615^{**}$）对信息回避倾向均有正向显著影响。在调节变量与信息回避倾向的关系方面，说明自我效能感对信息回避倾向有负向调节作用且显著，即自我效能感越高，越有可能产生信息规避倾向。综上，本文展现了山东省威海市大学生在使用朋友圈时的网络行为特征，即感知信息过载、感知隐私风险、认知冲突、消极情绪和自我效能感通过一定的路径对信息回避倾向及行为产生影响，进而可能导致朋友圈的关闭或开启。

翻译专业本科生翻译职业身份认同及话语构建

——一项基于语料库和访谈的实证研究

翻译学院翻译专业(口译方向)　董艺蕾

指导教师　孙田丰

【摘要】 新时代下,翻译专业人才培养面临全新挑战:一方面,机辅翻译等技术的广泛运用对翻译职业认同的影响日益显著;另一方面,《普通高等学校本科外国语言文学类专业教学指南》的颁布对翻译专业本科生培养目标提出了新的要求。在此背景下,本文基于罗兹·伊万尼奇的身份构建模型,采用语料库、问卷调查和半结构访谈的量化加质性混合研究方法,深度探究了翻译专业本科生对翻译职业身份的认知、认同、话语构建及其影响因素。研究发现,翻译专业本科生对翻译职业身份具有普遍的积极认知,但仍存有部分担忧和不确定性;翻译职业身份的话语建构呈现出自传自我和语篇自我层面应用频率高,作者自我层面的职业身份建构应用频率相对较低的独特模式;积极、中立和消极三种翻译职业身份认同存在相似和不同之处,受到个体和语境因素的双重影响。本文将社会语言学理论应用于翻译身份研究中,以期为未来国内高校翻译教育提供诸如学术与职业教育相结合等教学启示。

【关键词】 翻译职业身份认同;话语构建特征;身份认同影响因素;翻译专业本科生

1. Introduction

This chapter encompasses four components of the thesis: research background, statement of problem, aim and significance, as well as a brief overview of the thesis organization.

1.1 Research Background

Identity plays an increasingly important role in people's daily life, and the popularity of research on identity construction among linguistic experts at home and abroad is growing prosperous nowadays.[①] Professional identity perception and recognition constitute significant elements of such foreign languages majors' identity as potential translators and interpreters. What is more, when it comes to research related to undergraduates of translation in the last decade, particularly after the release of *National Standards for Teaching Quality of Undergraduate Majors* (*Foreign Languages and Literature*) in 2018, studies are mainly connected to the development or evaluation of translation-related skills and abilities, and cultivation and pedagogical strategies, while seldomly go to identity perception or recognition among this group, which is an important element required for foreign languages undergraduates according to the *National Standards for Teaching Quality of Undergraduate Majors* (*Foreign Languages and Literature*).

1.2 Statement of Problem

Drawing on the aforementioned backgrounds, the current threats to the prospects of translation as a profession and the blurring of identity recognition are constituting major problems to professional translators, interpreters, and those foreign languages undergraduates as potential novice translation practitioners in the profession. In addition, based on the observation and interaction with foreign languages major undergraduates, it is found that professional identity perception and construction among this group have suffered great problems, such as having a negative perspective towards translation as a major, a blurring recognition of translation as a profession in the society, as well as great concerns about the future of translation market threatened by newly emerging artificial intelligence. In general, the perception and recognition towards translation as a profession among foreign languages undergraduates is influenced by many elements both subjectively and objectively. Meanwhile, disadvantages and problems still exist in research related to identity perception, recognition, and construction. For lack of theoretical guidance and preference for qualitative methods based on individual cases study, these pieces of research demand improving in a systematic and

① 参见官逸伦:《国内身份构建的批评性语篇分析研究综述》,《文教资料》2019 年第 30 期。

rational way.

1.3 Aim and Significance

Theoretically, the application of Roz Ivanič's identity construction model in translation identity research is an innovation in theory, combining sociolinguistic theoretical framework with translation studies. Ivanič's book, *Writing and Identity*, is intended to be multi-disciplinary, combining insights from linguistics, psychology, sociology, education, anthropology, and philosophy.①

Methodologically, a mixed research method with both quantitative and qualitative studies was adopted in this research, serving as mutual verification of the results, which could be shown in the Figure 1 below.

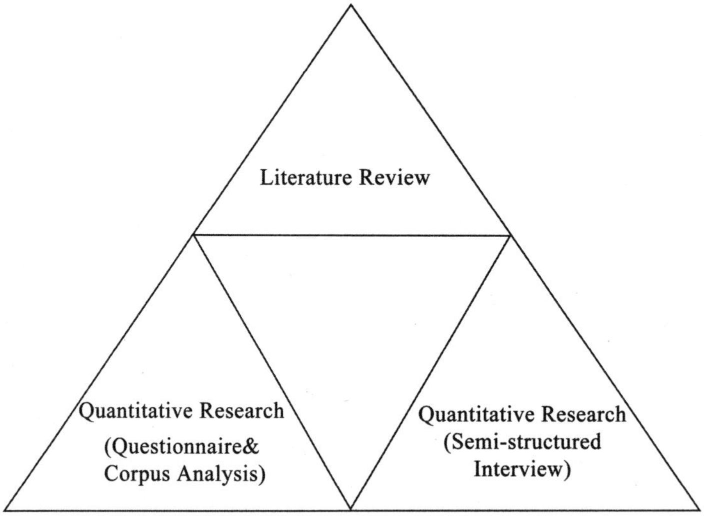

Figure 1 Methodological Triangulation Model in this Research

Pedagogically, in some degree, the exploration of translation identity recognition and construction could also provide translation courses taught among undergraduates and future occupational planning with inspirations and evidence on students' needs analysis and curriculum design.

1.4 Organization of the Thesis

This thesis consists of five chapters: introduction, literature review,

① R. Ivanič, *Writing and Identity: The Discoursal Construction of Identity in Academic Writing*, Amsterdam: John Benjamins Publishing Company, 1997.

methodology, results and discussion, and conclusion.

Chapter One is a general introduction to this research, including research background, statement of problem, aim and significance, and organization of the thesis.

Chapter Two is the literature review of translation identity, covering the concept clarification of professional identity, the sorting and synthesis of previous empirical studies on translator and interpretation identity, the illustration of Roz Ivanič 's theory of identity construction, and the putting forward of research gap and research questions.

Chapter Three presents the methodology deployed in this research, which is an integration of quantitative and qualitative study. The rationale for the mixed research methodology and detailed illustration of data collection and analysis procedures are also stated in this chapter.

Chapter Four demonstrates the results and discussion, including quantitative and qualitative findings of this research, which are translation professional identity perception, discursive construction model and characteristics, translation professional identity recognition, as well as the contributing factors.

Chapter Five is the conclusion of the whole study, summarizing the major findings, presenting pedagogical implications, and pointing out limitations and future directions of the research.

2. Literature Review

This chapter initially enumerates various understandings of the concept *professional identity* in different disciplines and studies. The following section sorts out relevant empirical studies of translation and interpretation identity from different perspectives and research strands such as identity recognition, and identity discursive construction. In addition, the theoretical framework of Roz Ivanič's for reference in this study is illustrated and interpreted in the third section. Drawing on the previous literature review, the research gap has been located and research questions in this study are thus formulated accordingly in the final section.

2.1 The Concept of Professional Identity

Recent years have seen an increasing number of studies investigating the development of translation professional competence[①], skills, and the subjectivity of translators and interpreters, but the evolution of translation professional identity among translation undergraduates as such is seldom investigated[②].

Drawing on the previous conceptualizations of professional identity from different perspectives, the author of this thesis hypothesizes that professional identity might be conceived as an image that one bears demonstrating the characteristics of a professional and how professionals perform their roles, including their perception, recognition, discursive construction, knowledge, beliefs and skills. It is a sort of changeable, mutable, and undefinable social identity and affected by the dual influences of individual and contextual factors.

2.2 The Empirical Studies of Translation Identity

In the western academia, identity studies are frequently combined with literature and translation. In China's academia, there are many empirical studies related to translation identity exploration, which are carried out from different perspectives, such as cross-cultural communication, cultural confidence and diplomacy, translation studies and so forth.

2.3 Roz Ivanič's Theory of Identity Construction

This section presents a detailed introduction of the identity construction's theoretical framework applied in the discursive construction analysis of this study put forward by Roz Ivanič, covering the four aspects of her identity construction's analysis theory and the practical modification and application of this model to this study.

2.3.1 Four Aspects of Roz Ivanič's Theory of Identity Construction

According to Ivanič's writer identity model (Figure 2), writer identity is comprised of three major components: autobiographical self, discoursal self, and self as author, which are inseparable and affected by the available possibilities for

---

① 参见封一函、方之:《自由译者职业能力的基本构成》,《上海翻译》2022 年第 2 期。

② M. Chodkiewicz, "Changes in Undergraduate Students' Conceptual Knowledge of Translation During the First Years of Translation/Interpreting-and Foreign Language-related Education", *Perspectives*, vol. 29, no. 3 (2021).

selfhood in sociocultural contexts.[①]

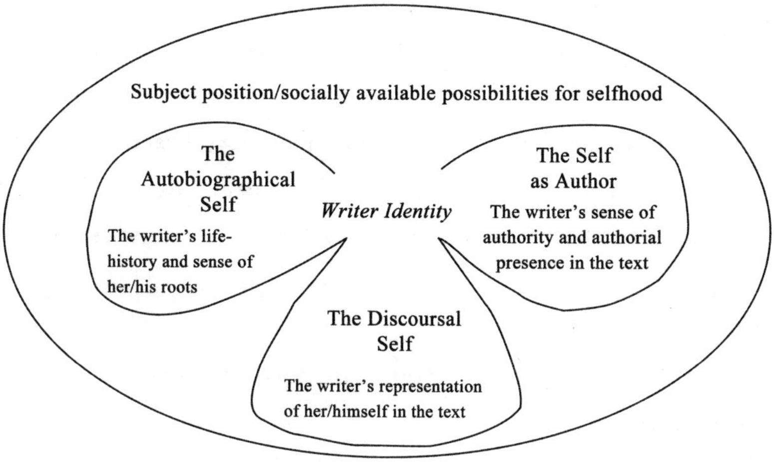

Figure 2 Four Aspects of Writer Identity

2.3.2 Modification and Application of the Model to this Study

The reasons why Roz Ivanič's theory of identity construction in academic writing is applied to the analysis of discursive construction of translation professional identity are mainly in two facets. For one thing, great similarities are shared among translation work, personal statement, and academic writing, which are various ways of discoursal constructing. For another, Ivanič's model could be considered as one of the most influential models of writer identity and is much broader than the available authorial identity models in the literature.[②]

2.4 Research Gap and Research Questions

Theoretically, studies related to identity construction seldomly apply a relatively micro writing identity theory like Ivanič's. The creative combination of translation professional identity and the discoursal construction of identity theory

---

① S. Jamshidi, S. Rezaei, M. Hassanzadeh, et al., "Development and Validation of an Authorial Identity Model and Questionnaire: A Factor Analytic Approach", *Issues in Language Teaching*, vol. 8, no.2(2019).

② S. Jamshidi, S. Rezaei, M. Hassanzadeh, et al., "Development and Validation of an Authorial Identity Model and Questionnaire: A Factor Analytic Approach", *Issues in Language Teaching*, vol. 8, no.2(2019).

in academic writing is one of the research gaps in this study. Methodologically, qualitative researches related to translation identity based on individual cases or works cover the most proportion of relevant studies, while quantitative studies are relatively rare. Therefore, the mixture of quantitative and qualitative methods applied in this study is an innovation in methodology. Practically, as a multi-disciplinary theme, identity research plays an important role in the academia at home and abroad in fields like sociology, psychology, linguistics, and so forth. At the same time, implications of identity study on pedagogical area are also worth delving into.

In the study, three specific questions are thus put forward to be answered and further interpretated:

a. What are the general translation professional identity's perception and recognition of translation major undergraduates?

b. What are the discursive construction characteristics and patterns of translation major undergraduates?

c. What are the possible factors contributing to the recognition and construction of translation identity as a profession?

3. Methodology

This chapter illustrates the research methodology of this study in detail encompassing both quantitative and qualitative methods.

3.1 Quantitative Method

For one thing, a questionnaire survey was conducted with 51 translation major undergraduates for a general and comprehensive understanding of the translation professional identity's perception.

For another, drawing on 54 personal statements, around 37,000 words in total, written by 54 translation major undergraduates, AntConc 3.5.7, a corpus analyzing tool, was applied to analyze the discursive construction of translation professional identity of these students from three aspects.

3.1.1 Participants of the Quantitative Research

There are two groups of participants in the quantitative research of this study. 51 translation major undergraduates in the School of Translation Studies of different grades in a key university located in the east part of China were involved in the questionnaire survey. The detailed information of them is shown in Table 1 below.

Table 1 Information of the Questionnaire Survey Participants

Attribute	Classification	Number of Participants	Ratio (%)
Gender	Male	10	19.6
	Female	41	80.4
Grade	Junior	3	6.0
	Senior	48	94.0
Years of Translation Study	Two	2	4.0
	Three	6	12.0
	Four	43	84.0
Parents' Occupation	Education	12	23.5
	Worker	11	21.6
	Agriculture	7	13.7
	Government	4	7.8
	Business	13	25.5
	Other	4	7.8
Work Experience	Yes	27	53.0
	No	24	47.0
Training Experience	Yes	23	45.1
	No	28	54.9
Internship Experience	Yes	39	76.5
	No	12	23.5

The participants in the corpus-based analysis research are two classes as parallel cohorts which are all together 54 junior undergraduates majoring in translation and interpretation in the School of Translation Studies from 2018 of the same university for discursive construction of professional identity research. Table 2 below demonstrates detailed information of the participants in the study.

Table 2 Information of the Discursive Construction Research Participants

Attribute	Classification	Number of People	Ratio (%)
Gender	Male	10	19.0
	Female	44	81.0
Major	Translation	27	50.0
	Interpretation	27	50.0
Translation Study Years	Four	46	85.0
	Three	8	15.0
Language Proficiency (TEM 4 Certificate)	Excellent	13	24.0
	Good	27	50.0
	Fair	12	22.2
	Failed	1	1.9
	Did not Take	1	1.9

3.1.2 Construction of the Corpus

The detailed information about the construction of Corpus P is demonstrated in Table 3 below, concerning the name, collecting time, means of collecting of the corpus, as well as the genre, number of collected discourses, and number of the valid discourses.

Table 3 Information about the Corpus

Attributes	Elaboration
Name of the Corpus	Corpus P (Personal Statement)
Time of the Collection	The Autumn Semester in 2021
Means of Collection	Provided by participants' professor as an assignment
Genre of the Discourses	Personal Statement
Number of the Collected Discourses	54
Number of the Valid Discourses	54

The denoising process of the collected data unfolds as Figure 3 shows.

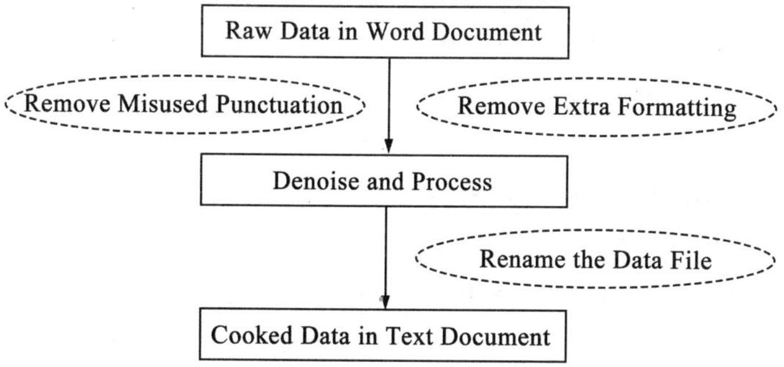

Figure 3 Procedures on Denoising the Data

3.1.3 Analytical Scheme of the Corpus

The analytical framework of the discourses in the corpus is based on the identity construction theory put forward by Roz Ivanič. Quantitative research is conducted from the following three aspects, which are respectively autobiographical self, discursive self, and authorial self.

3.1.3.1 Autobiographical Self

The writer's identity of autobiographical self will be obvious when it comes to the writer's origin, life history, events in his/her life, and "their way of representing these experiences to themselves which constitutes their current way of being" ①. The representation of autobiographical self in the discourses can be shown like sentences with first-person pronouns and contents about the author's origins and experiences such as family and childhood memory, student working, sports training, and growing stories, which can show the autobiographical identity of the author. Essentially, it answers the questions of *who am I*, *what did I do*, and *where am I coming from* and the core of this aspect is actually a process of finding oneself and identity construction.

3.1.3.2 Discursive Self

Discursive self is an ideal person established in the discourse ②. It is constructed by social interaction which means that the writer-reader relationship will influence how the writer portrays himself/herself in the act of writing. At the

① R. Ivanič, *Writing and Identity: The Discoursal Construction of Identity in Academic Writing*, Amsterdam: John Benjamins Publishing Company, 1997, p. 24.

② R. Ivanič, *Writing and Identity: The Discoursal Construction of Identity in Academic Writing*, Amsterdam: John Benjamins Publishing Company, 1997, p. 25.

same time, it can also be constructed and represented by some rhetoric devices like simile and metaphor to show their ideal identities.

3.1.3.3 Authorial Self

Self as author or authorial self concerns the writer's authorship in representing contents in academic writing .[①] The representation of authorial self to some degree has relation with the writing style of this discourse and different presences of the author. For example, some undergraduates may write the personal statement in a more casual and oral way, while others would prefer a much more formal and academic style. During the process of wording and sentencing, an authorial self of the writer's identity could be demonstrated between the lines. From the analysis of expressing styles in the discourses, the authors' way of writing and expressing, and different professional presences are demonstrated between the lines.

Table 4 Analytical Scheme Based on Roz Ivanič 's Identity Construction Model

Classification	Representation in the Discourses	Key Words for Explanation
Autobiographical Self	Sentences with first-person pronouns and the author's past experiences	Origin, Life History, Previous Events
Discursive Self	The author's future proposals and goals, personality and quality, and credibility in skills and abilities	Ideal Person, Professional Goal
Authorial Self	Writing style and different professional presences	Wording and Sentencing; Presence

3.1.4 Design of the Questionnaire

In the process of the quantitative research of this study, one questionnaire is well designed for the purpose of pure academic research study concerning translation professional identity's perception of translation major undergraduates.

3.1.5 Procedures of Quantitative Data Analysis

This section introduces the procedures of two parts of quantitative data analysis in this study, including the process of questionnaire survey data analysis as well as the process of Corpus P (Personal Statement) data analysis.

---

① R. Ivanič, *Writing and Identity: The Discoursal Construction of Identity in Academic Writing*, Amsterdam: John Benjamins Publishing Company, 1997, p. 23.

3.1.5.1 Process of Questionnaire Survey Data Analysis

Three procedures are related to the questionnaire survey data analysis, which unfold as Figure 4 shows.

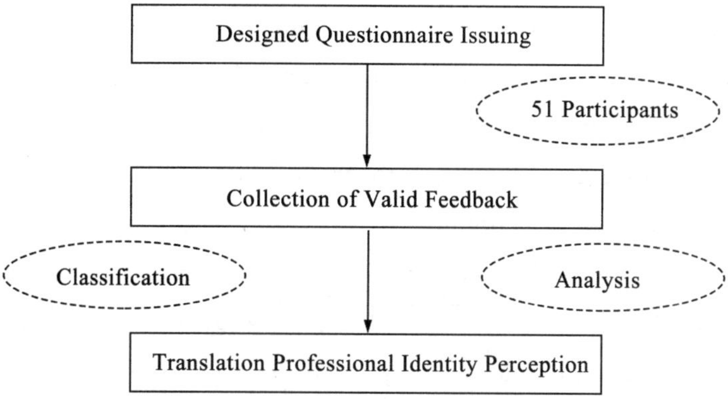

Figure 4 Process of Questionnaire Survey Data Analysis

3.1.5.2 Process of Corpus P Data Analysis

The procedures of Corpus P data analysis in the quantitative research could be divided into the following three steps and unfolded as Figure 5 below shows.

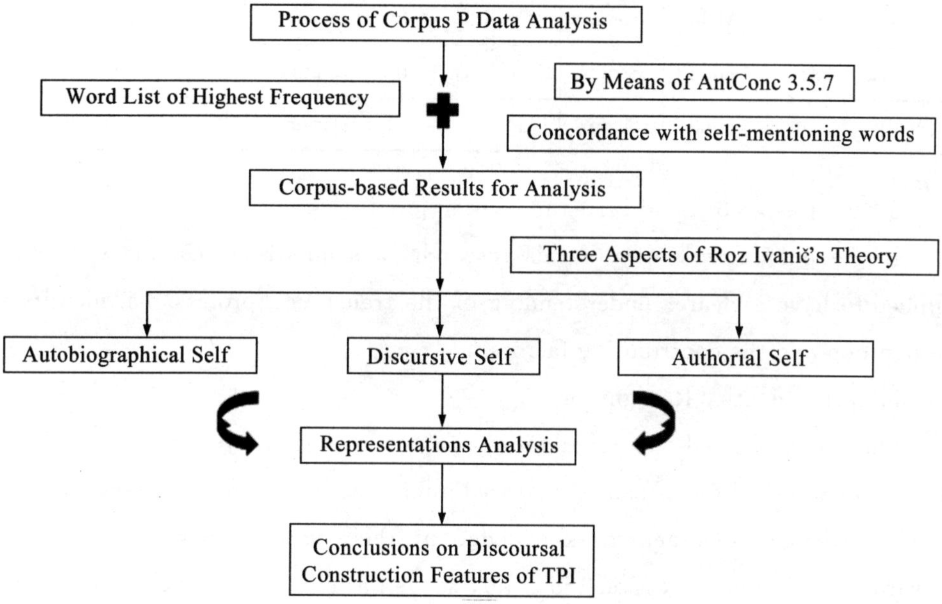

Figure 5 Process of Corpus P Data Analysis

3.2 Qualitative Method

Via the semi-structured interview, a more detailed overlook of translation professional identity recognition's and contributing factors among translation major undergraduates could be achieved from the aspect of possibilities of selfhood supported by the theoretical framework of Roz Ivanič's identity construction model, which would provide cultivation of professional ability of translation major undergraduates with theoretical and empirical support.

3.2.1 Interviewees Selection

For a better representativeness and diversity of the outcome of this semi-structured interview, three students of different gender, personality, future professional plan, as well as academic pursuit are chosen as interviewees in this qualitative study. The basic information of three interviewees is listed as follows and shown in Table 5 below.

Table 5 Information of the Three Interviewees in the Semi-Structured Interview

Name	Age	Gender	Grade	TEM 4	Undergraduate Major	Postgraduate Major
Francis	22	Male	Senior	Good	Interpretation	Economics
Rebecca	22	Female	Senior	Excellent	Interpretation	Interpretation
Shelly	21	Female	Senior	Good	Translation	Linguistics

3.2.2 Design of Semi-Structured Interview

In the qualitative study of this research, a semi-structured interview was applied to have a clearer understanding of the translation professional identity's recognition and the contributing factors.

3.2.2.1 Identity Recognition

Questions related to translation professional identity's recognition are designed and asked in the semi-structured interview. Through this interview with three participants, a general knowledge of their various views or attitudes towards translation professional identity, as well as similarities and differences in perspectives could be found out.

3.2.2.2 Possibilities of Selfhood-Case Study

Ivanič points out that the author's identity is constructed by the first-person pronoun *I* in the process of realizing the possibilities of selfhood in the social and cultural environment of writing, which includes three aspects of the writer in actual writing: a writer's autobiographical self, discoursal self, and self as an author.

This aspect is represented via the author's social environment, growing experiences, and even the activities he or she participated in. Therefore, in order to get a more detailed information about the three interviewees, open-ended questions related to their future professional plans and factors contributing to the formation of such profession views were set and asked during the interview.

3.2.3 Procedures of Qualitative Data Analysis

First, similarities and differences about the perspectives towards translation professional identity's recognition should be identified through the answers to the questions in the semi-structured interview. Second, finding out the factors and reasons contributing to the perspectives of profession plan and outlook is also a significant part in the process of qualitative data analysis. Last but not least, combined with the personal statements written by the three interviewees, the uniqueness of each person on their growing background, education circumstances, and activities they were involved in are analyzed so as to have a much clearer understanding of the different views to translation professional identity.

4. Results and Discussion

This chapter, consisting of the main part of the dissertation, mainly focuses on the results and discussion of the whole research. It first presents the quantitative findings of this research, covering outcome of the questionnaire survey and analysis of the Corpus. Through quantitative research, translation major undergraduates' translation professional identity's perception and discursive construction features are figured out. In the second part of this chapter, qualitative findings are presented with the outcome of semi-structured interviews, during which translation professional identity's recognition and contributing factors are sorted out.

4.1 Quantitative Findings of Translation Professional Identity's Perception and Discursive Construction

Quantitative findings of this research are demonstrated in two parts which are respectively translation professional identity's perception from analyzing the outcome of the questionnaire survey as well as translation major undergraduates' discursive construction characteristics of translation professional identity from the analysis of Corpus P in three aspects.

4.1.1　Perception Features of Translation Professional Identity

According to the results of questionnaires, a general conclusion of their translation professional identity's perception could be drawn clearly. The outcome of the questionnaires and reflected translation professional identity's perception features are presented as follows.

As the questionnaire was set for the participants to answer questions by choosing the degree that could represent their agreement or disagreement of the ten statements, a rational classification of the proportion of different attitudes in the outcome is of great necessity.

Table **6**　Criteria of the Perception Judgment

Perception Judgment	Criterion Proportion
Positive	"Strongly Agree"+ "Agree"≥80%
Relatively Neutral	"Neutral"≥20%
Relatively Negative	"Strongly Disagree"+ "Disagree"≥20%

Based on such a criterion of the perception judgment, when it comes to statements like *translation or interpretation is a self-fulfilling profession*; *translation or interpretation is a respectable profession*; *translator or interpreter can be affected by lots of factors in the near future, for example, AI threat, and globalization of languages*; *translation or interpretation is a highly demanding profession*, most students chose *strongly agree* and *agree* out of their perception. The detailed data of the previous four statements are shown in Table 7.

Table **7**　Ratio Distribution of the Statements Gaining Relatively Positive Judgment

Option	Number of Participants	Ratio
Strongly Agree	77	37.75%
Agree	96	47.06%

continued

Option	Number of Participants	Ratio
Neutral	19	9.31%
Disagree	10	4.90%
Strongly Disagree	2	0.98%
Valid	204	

The data shows that translation undergraduates generally hold a positive attitude towards translation professional identity. In their perception, translation or interpretation as a profession is self-fulfilling and respectable, showing great recognition and respect to this profession. At the same time, common sense is born in their mind that it is never an easy thing to be a qualified and even excellent translation worker for it is a highly demanding profession which suffers from various threats like artificial intelligence.

However, statements like *translation or interpretation is a well-being profession*; *translation or interpretation is a profitable profession*; *translator or interpreter is needed in a large numbers in today's society*; *translation or interpretation is a tiring profession*; *you want to be a translator or interpreter as your future profession or do relevant part-time job*; and *you are proud of your major in translation and interpretation*, gained above 20 percent in neutral votes, showing a relatively neutral perception towards translation professional identity. The detailed data of the previous six statements are shown in Table 8.

Table **8** Ratio Distribution of the Statements Gaining Relatively Neutral Judgment

Option	Number of Participants	Ratio
Strongly Agree	53	17.32%
Agree	123	40.20%
Neutral	93	30.39%
Disagree	28	9.15%

continued

Option	Number of Participants	Ratio
Strongly Disagree	9	2.94%
Valid	306	

Drawing on the data showing above, a relatively large number of students have given a neutral and vague perception to these statements. After an examination of these statements, it could be found that these statements mainly focused on the feelings of being a translation worker, status quo of the current translation market, recognition of translation as a major, and willingness to delve into the field of translation in the future. It demonstrates the facts that due to the gap between the academic environment in the college and the professional world, translation major undergraduates do not have a very clear idea towards the details of translation as a profession, such as the current social demands of translators and interpreters and the basic salaries and allowance of this profession, as well as the feelings of being a translator in the workplace.

Additionally, the highest against rate of over 20 percent went to statements "translation or interpreter is needed in large numbers in today's society", and "you want to be a translator or interpreter as your future profession or do relevant part-time job". The detailed data of the two statements are shown in Table 9.

Table **9**　Ratio Distribution of the Statements Gaining Relatively Negative Judgment

Option	Number of Participants	Ratio
Strongly Agree	16	15.69%
Agree	29	28.43%
Neutral	35	34.31%
Disagree	17	16.67%
Strongly Disagree	5	4.90%
Valid	102	

This shows translation undergraduates' general concerns towards the future translation market and professional development. Therefore, these two statements gained the highest against rate, presenting the worries toward the current translation market and doubts about the choice of being a professional translation worker in the future.

4.1.2 Discursive Construction Characteristics of Translation Professional Identity

This section in the first place presents the discursive construction characteristics of TPI among translation major undergraduates, during which three aspects of Roz Ivanič's Identity Construction Model in academic writing, namely, autobiographical self, discursive self, as well as authorial self respectively are applied for corpus-based analysis in the 54 participants' personal statements. In the second place, comparisons of the TPI discursive construction features from the three self-identity aspects are demonstrated and further discussed.

4.1.2.1 Discoursal Construction Features of TPI Analysis from the Aspect of Autobiographical Self

When it comes to autobiographical self analyzing, all sentences with six first-person pronouns, *I*, *My*, *Me*, *We*, *Our*, *Us*, are statistically selected and collected, showing the discoursal construction features of translation professional identity of this aspect.

Based on the function of concordance in AntConc 3.5.7, there are totally 2,815 sentences with the aforementioned first-person pronouns, and the detailed distribution information is listed as Table 10 shows.

Table **10** Detailed Distribution Information of Sentences with Six First-Person Pronouns

	I	My	Me	We	Our	Us	Total
Number	1,511	929	259	56	48	12	2,815

The detailed information on the representations of autobiographical self in the discursive construction of translation professional identity is listed as Table 11 shows.

Table 11 Representation of Autobiographical Self in the Discursive Construction of TPI

Representations	I	My	Me	We	Our	Us	Total	Ratio (%)
Education Experience	246	180	14	5	2	4	451	35.96
Interest and Habits	168	95	15	2	1	0	281	22.41
Growing Background	92	24	5	1	3	2	127	10.13
Activities	60	25	8	6	7	1	107	8.53
Study Programs	86	9	7	2	1	1	106	8.45
Family	12	37	7	0	0	0	56	4.47
Internship Experience	36	5	3	0	1	0	45	3.59
Student Work	32	4	1	0	1	0	38	3.03
Training Programs	19	3	2	0	1	0	25	1.99
Scientific Research Activities	18	0	0	0	0	0	18	1.44
Total	769	382	62	16	17	8	1,254	100

First of all, education and previous interest and habits enjoy the highest frequency in application, covering respectively 35.96% and 22.41% of the total sentences. This demonstrates the primary role of education experience and interest and habits played in the construction of one's identity. Education received since childhood has an important influence on building a student's future professional identity. Similarly, students' interest and habits also have a vital impact on their future professional development.

Second, the application of growing background (10.13%), participated activities (8.53%), as well as study programs (8.45%) in the discoursal construction of TPI is also of a relatively high frequency, showing the great impact of these elements on the construction of one's identity. Drawing on a person's growing experience, we can predict the shaping effects of these typical activities on the student's ability, character, as well as personality, which is closely related to the future career development.

Third, from the above tables, it could be found that representations like family (4.47%), internship experience (3.59%), and student work (3.03%) are also important elements used by translation major undergraduates in their personal statements for discoursal construction of their identity.

In summary, past experiences have shaped the personality, beliefs, abilities and various characteristics of one's identity, which are frequently applied in personal statements written by translation majors, covering about 44.55% of total self-mentioning sentences, for a clearer discoursal construction of TPI.

4.1.2.2 Discoursal Construction Features of TPI Analysis from the Aspect of Discursive Self

Drawing on the function of concordance in AntConc 3.5.7, there are totally 1,050 sentences with discursive-self representations applied in the 54 personal statements for a better construction of TPI. The detailed information on classification of discursive-self representations in the discursive construction of translation professional identity is listed as Table 12 shows.

Table 12 Representation of Discursive Self in the Discursive Construction of TPI

Representations	I	My	Me	We	Our	Us	Total	Ratio (%)
Future Research Proposal	239	122	63	0	0	0	424	40.38
Study Ability	133	127	11	3	2	0	276	26.29
Translation Ability	51	55	14	4	0	1	125	11.9
Personality	72	24	8	0	0	0	104	9.9
Scientific Research Performance	36	26	4	9	9	0	84	8
Future Professional Plan	10	11	0	0	0	0	21	2
Translation Professional Development	8	7	1	0	0	0	16	1.52
Total	549	372	101	16	11	1	1050	99.99

First, of the 1,050 sentences constructing TPI from discursive self, 40.38 % refer to future research proposals, showing the fact that research proposals are frequently put forward by the author of a personal statement whose main purpose is to apply for MA program such as Master of Translation and Interpretation (MTI) as a future identity recognition. From undergraduates' future research intention and proposal, students' interests, potentials, as well as abilities can be explored for the construction of potential TPI.

Second, personal study (26.29%) and translation ability (11.9%) also serve as an element with high-frequency application in discoursal construction of possible translation professional identity. As translation undergraduates, the construction of potential TPI has close connection with qualified and even outstanding translation and study abilities which are essential qualities of an excellent translation worker.

Third, the fifth representation of discursive self applied in the construction of TPI is personality (9.9%) which is a significant element in the construction of identity. Various personalities and characteristics, like serious, curious, persistent and so forth, are bricks jointly constructing the personality-facet of translation professional identity.

In conclusion, when constructing TPI from discursive self, translation majors have a strong intention to construct their potential TPI persona via putting forward future research proposals. Besides, qualified study and translation abilities and various shining personalities can also demonstrate the features of potential TPI.

4.1.2.3 Discoursal Construction Features of TPI Analysis from the Aspect of Authorial Self

Drawing on Word List in AntConc3.5.7, 25 notional words with highest frequency appearing in the Corpus P are collected as Table 13 demonstrates.

Table 13 Top Twenty-Five Notional Words in the Corpus

Word	Frequency	Rank
Translation	433	1
English	363	2
University	263	3
Study	227	4
Research	191	5
Chinese	162	6
School	162	7

continued

Word	Frequency	Rank
Knowledge	144	8
Language	134	9
Shandong	130	10
Learning	123	11
Studies	107	12
Academic	103	13
Courses	99	14
Interpretation	97	15
Major	94	16
Practice	94	17
Foreign	92	18
Ability	91	19
Skills	89	20
Professional	88	21
China	87	22
Culture	87	23
Time	85	24
Undergraduate	85	25

From the word list showing above, several elements are found out to be closely connected with the identity construction of translation major undergraduates in discursive construction. First, academia-related words, like *university* (263), *study* (227), *research* (191) and *academic* (103) present the student identity constructed in discourses, which could be regarded as the most important or primary identity among translation undergraduates. Second, by using words like *translation* (433), *interpretation* (97), and *major* (94), the identity as translation major is demonstrated between the lines. Finally, words related to foreign language learning, such as *English* (363), *language* (134), *foreign* (92), and *culture* (87), construct a clear identity as foreign languages learners.

Table **14** Identity Constructed by the Top Twenty-Five Notional Words

Classification of Words	Word	Identity
Academia-related	University, Study, Research, School, Knowledge, Learning, Studies, Academic, Courses, Undergraduate	Student
Profession-related	Translation, Interpretation, Major, Practice, Ability, Skills, Professional	Translation Major
Foreign Language-related	English, Language, Foreign, Culture	Foreign Languages Learner

In general, *student* (47.50%), *translation major* (31.14%), and *foreign languages learner* (21.35%) are three main identities constructed by translation major undergraduates in their personal statements based on Word List of Corpus P analysis. When it comes to discoursal construction of TPI, 2815 sentences with six first-person pronouns, *I*, *My*, *Me*, *We*, *Our*, *Us*, were examined again for the different presences of the author appeared in the context. The detailed information of the 170 sentences showing relevant presences of the author is listed as Table 15 shows.

Table **15** Presences of Identity Constructed from the Perspective of Authorial Self

Presences	I	My	Me	We	Our	Us	Total	Ratio (%)
Translator Presence	92	35	11	4	1	1	144	84.71
Writer Presence	10	4	0	0	1	0	15	8.82
Student Presence	9	0	0	0	0	0	9	5.29
Speech Deliverer Presence	2	0	0	0	0	0	2	1.18
Total	113	39	11	4	2	1	170	100

From the data shown above, two discoursal construction features of translation professional identity from the perspective of authorial self are summarized as follows.

In the first place, after a general comparison of the quantity, it is obvious to find out that the number of sentences constructing identity from the aspect of authorial self is few, and at the same time, the identity constructed is few and vague. It demonstrates the uncertainty and lack of confidence of translation major undergraduates towards their future profession development.

In the second place, among the 170 sentences constructing professional identity from the perspective of authorial self, translation professional identity is of the highest frequency to be constructed, covering 84.71 % of the total sentences. It can show the fact that although the discoursal construction of professional identity from this aspect is of relative shortage, translation professional identity is relatively sufficient, to some degree demonstrating the expectation and recognition of translation major undergraduates towards translation as a profession.

4.1.2.4 Comparison Analysis of the Discoursal Construction Features of TPI's Three Self

First of all, from the perspective of frequency of the three self's aspects in discoursal construction of TPI in personal statements written by translation undergraduates, autobiographical self is applied with the highest frequency (44.55%). The application of discursive self is also of a pretty high frequency (37.30%). However, authorial self is applied with a much lower frequency compared to the previous two self's. It initially demonstrates that when constructing translation professional identity in discourses, translation major undergraduates tend to use their past experiences, like education experience, previous interest and habits, growing background etc. to shape their TPI discursive identity.

Second, during the application of discursive self in the discoursal construction of TPI, future research proposal (40.38%), study (26.29%) and translation ability (11.9%), and personality (9.9%) are frequently applied representations, showing their strong academic pursuing motivation, abilities and skills, as well as precious qualities to the tutors in postgraduate school. These are also important elements in the discoursal construction of translation professional identity.

Last but not least, the last self, authorial self (6.04%), is used with the lowest frequency, showing the uncertainty and shortage of confidence of translation major undergraduates towards potential translation professional identity as well as the lack of understanding of translation related works and writing genres. This could also provide future translation education in undergraduate period with inspiring implications.

4.2 Qualitative Findings of Translation Professional Identity Recognition and Contributing Factors

Major qualitative findings of translation and interpretation professional identity recognition are found out through the analysis of semi-structured interviews with three students majoring in translation and interpretation. Based on the qualitative analysis of the outcome of the semi-structured interviews, differences and similarities can be found related to translation professional identity recognition as well as contributing factors, which are shown in the following two sections.

4.2.1 Recognition of the Translation Professional Identity

Three kinds of perspectives towards TPI recognition could be identified through the analysis of answers from three interviewees, which are basically positive identity, neutral identity, and negative identity. Two tables, Tables 16 and 17, were made for a better and clearer understanding of the translation professional identity's recognition of this interview.

Among the three interviewees, Rebecca had a positive attitude towards translation professional identity and held the strongest sense of recognition.

Example 1: *Basic translation market seems to be saturated, while high-end translation talents are still scarce and there is room for exploration.*

(Rebecca's interview)

As a student who is going to further her study as a postgraduate majoring in interpretation, she points out that she would choose to be a translator or interpreter as her future profession, at least in the beginning of her profession road, and she has the willingness to delve herself into the pursuit of advanced interpretation skills during her postgraduate study.

Example 2: *Translation and interpretation will serve as a springboard for my career and open doors to many possibilities. If there is an opportunity, I would like to develop into a high-end translation talent.*

(Rebecca's interview)

Shelly held a neutral attitude towards translation professional identity. She acknowledged the social value brought by translation work in the cultural, economic, technological world. According to her professional schedule, she had the intention to be a translator as a part-time job out of her personal interest, but she preferred to be a professor in a college or do some academic research in the future.

Example 3: *I am willing to work as a part-time interpreter, but would prefer to be an academic or a teacher in the future as my profession.*

(Shelly's interview)

However, the only male interviewee, Francis, showed a negative attitude towards translation professional identity. He does not want to be a translator as his profession because in his opinion, talents in a specific field could replace translators to a large degree.

Example 4: *I do not want to be an interpreter at all. From the professionals, you can find one who is good at English to undertake most of the translation work, but the translator is completely impossible to replace the professionals.*

(Francis' interview)

Table 16 Identity Recognition of the Three Interviewees

Name	Recognition Type	Words towards TPI Recognition
Francis	Negative	Stratified, Unpromising, Low Bars for Admittance
Rebecca	Positive	Flexibility, Far-sightedness, Concentration
Shelly	Neutral	Solid Translation Ability, Wide-ranging Knowledge, Great Cultural Ability

Similarities and differences in perspectives towards translation professional identity's recognition could be found in Table 17.

Table 17 Similarities and Differences on TPI Recognition of the Interviewees

Classification	Specific points
Similarities	Weakness and strong points of human translators
	Intention to combine English with other fields
	Views towards translation market
Differences	Words describing translation as a profession

4.2.2 Factors Contributing to Translation Professional Identity's Recognition

Professional identity is influenced by many factors, including internal psychological characteristics, such as job burnout, self-efficiency, mental needs and career aspirations, and environmental factors, such as employment, workload, social support and workplace violence. Based on the analysis of answers from three interviewees to the questions in the semi-structured interview script, main factors contributing to TPI could be listed as follows and a general review and classification of all considered contributing factors are clearly demonstrated as Table 18 shows.

Table 18 Contributing Factors of Translation Professional Identity's Recognition

Classification of Factors	Specific Factors	Explanation of Factors
Individual Factors	Basic Attributes Factors	Age, Major, Student Identity
	Lifestyle Factors	AIO (Activity, Interest, Opinion)
	Psychological Factors	Mental Needs, Personality
Contextual Factors	Cultural Factors	Core Culture of the Nation, Sub-culture, Like Nationality, City, Geographical Area
	Social Factors	Family, Reference, Social Market, Social Opinions
	Education Factors	Education in College, Courses, Training Programs

In conclusion, based on the contributing factors to translation professional identity's recognition drawn from the analysis of semi-structured interviews, a formula reflecting this relationship could be summarized as:

$$IR = f(I, C)$$

In the above formula, *IR* refers to identity recognition, *I* refers to individual factors, covering the basic attributes, lifestyle, and psychological status of the author, and *C* stands for contextual factors, including cultural, social, and educational factors. The formula clearly explains the relationship between identity recognition and the contributing factors, which means that translation professional identity recognition is influenced by two main factors, respectively individual factors and contextual factors.

5. Conclusion

The chapter is to present the major findings and discussions of this study investigating translation major undergraduates' translation professional identity. What is more, pedagogical implications, limitations of this study, as well as future directions of the research will be elaborated.

5.1 Summary of Major Findings

First, on the one hand, translation major undergraduates generally hold a positive perception towards translation professional identity and consider it as a self-fulfilling and respectable profession. On the other hand, owing to the highly demanding career requirements and other threats to be faced, concerns towards whether they can become qualified translators are prevalent.

Second, from the perspective of autobiographical self, previous experiences have a shaping effect on the personality, beliefs, abilities and many other qualities of one's identity, which is used in the personal statements written by translation majors with a high frequency for a much clearer discoursal construction of translation professional identity. When constructing TPI from the angle of discursive self which are also applied in a high frequency, translation majors have a strong tendency to construct their possible TPI persona by their future research proposals as well as their qualified studying and translating abilities. However, the last self, authorial self, is used with the lowest frequency, showing the uncertainty and shortage of confidence of translation major undergraduates towards potential translation professional identity as well as the lack of understanding of translation related works and writing genres.

Third, three kinds of perspectives towards translation and interpretation professional identity's recognition could be identified through the analysis of answers from three interviewees, which are basically positive identity, neutral identity, and negative identity.

Last but not least, factors contributing to TPI recognition have been drawn from the detailed analysis of semi-structured interviews and a formula $IR = f\ (I,\ C)$ representing the relationship between identity recognition and contributing factors is drawn from the analysis.

5.2 Pedagogical Implications

First, relevant translation and interpretation courses should pay much more attention to the combination and incorporation of practice and theoretical input as well as academic field and professional market in the current translation teaching curriculum to bridge the gap between theoretical knowledge and practice.

Second, tutors in college are expected to encourage students majoring in translation and interpretation to involve themselves into various related activities on their major, such as academic studies, scientific research programs, and language related competitions.

Third, social environment and social prospective of translation and interpretation as a profession worth mentioning and clarifying in translation related courses, during which average salary, potential for development, opportunities to get acquaintance with outstanding people, and self-fulfillment and professional value are supposed to be included for these are factors considered by graduates when pursuing a future profession.

5.3 Limitations of this Study

First, theoretically, Roz Ivanič's discoursal construction model is initially applied to academic writing for the construction of writer's identity, so the adjustment to the current theoretical model worth considering more deeply.

Second, during the questionnaire survey part, limited number of issues related to translation professional identity's perception are addressed in the questionnaire.

Last but not least, due to the lack of experience in corpus analysis, the integration of quantitative research of 54 discourses with the identity construction model put forward by Roz Ivanič was not closely connected enough.

5.4 Suggestions for Future Research

First, future translation professional identity studies could combine with other identity construction models for theoretical and methodological innovation.

Second, apart from undergraduates majoring in translation and interpretation, students majoring in other fields, postgraduate students of relevant major, as well as professional translators and interpreters could also be researching targets on this issue.

Third, the relationship between undergraduates' translation professional identity and language or translation study is also worth considering and exploring.

Last but not least, a diachronic study of changes of the perspectives of the same students towards translation professional identity after postgraduate period or some other critical moments is also meaningful and impressing for the progress making in this area.

Bibliography

封一函、方之:《自由译者职业能力的基本构成》,《上海翻译》2022 年第 2 期。

高月:《英语专业硕士论文文献综述部分立场语块的使用和身份构建研究》,辽宁师范大学 2020 年硕士学位论文。

官逸伦:《国内身份构建的批评性语篇分析研究综述》,《文教资料》2019 年第 30 期。

韩萌、吴任钢:《跨性别者性别身份的心理评估和社会学观点》,《中国性科学》2021 年第 2 期。

教育部高等学校外国语言文学类专业教学指导委员会:《普通高等学校本科外国语言文学类专业教学指南(上)——英语类专业教学指南》,外语教学与研究出版社 2020 年版。

A. J. Runcieman, *The Identity of the Professional Interpreter*, Singapore: Springer Nature Singapore Pte Ltd, 2018.

A. R. Abasi, N. Akbari and B. Graves, "Discourse Appropriation, Construction of Identities, and the Complex Issue of Plagiarism: ESL Students

Writing in Graduate School", *Journal of Second Language Writing*, vol. 15, no. 2 (2006).

C. F. Liu, "Translator Professionalism in Asia", *Perspectives*, vol. 29, no. 1 (2019).

C. S. Pollali and M. Sidiropoulou, "Identity Formation and Patriarchal Voices in Theatre Translation", *Journal of Pragmatics*, vol. 177, no. 5 (2021).

J. Crossley and P. Vivekananda-Schmidt, "The Development and Evaluation of a Professional Self Identity Questionnaire to Measure Evolving Professional Self-identity in Health and Social Care Students", *Med. Teach*, vol. 31, no. 12 (2009).

K. Hyland and P. Tse, "Evaluative that Constructions: Signaling Stance in Research Abstracts", *Functions of Language*, vol. 12, no. 1 (2005).

K. Y. F. Cheung, J. Elander, E. J. N. Stupple, et al., "Academics' Understandings of the Authorial Academic Writer: A Qualitative Analysis of Authorial Identity", *Studies in Higher Education*, vol. 43, no. 8 (2016).

M. Bucholtz and K. Hall, "Identity and Interaction: A Sociocultural Linguistic Approach", *Discourse Studies*, vol. 7, no. 4-5 (2005).

M. Chodkiewicz, "Changes in Undergraduate Students' Conceptual Knowledge of Translation During the First Years of Translation/Interpreting-and Foreign Language-related Education", *Perspectives*, vol. 29, no. 3 (2021).

M. Cronin, *Translation and Identity*, London & New York: Routledge, 2006.

P. Deters, *Identity, Agency and the Acquisition of Professional Language and Culture*, London: Bloomsbury Continuum International Publishing Group, 2011.

R. Ivanič, *Writing and Identity: The Discoursal Construction of Identity in Academic Writing*, Amsterdam: John Benjamins Publishing Company, 1997.

S. Jamshidi, S. Rezaei, M. Hassanzadeh, et al., "Development and Validation of an Authorial Identity Model and Questionnaire: A Factor Analytic Approach", *Issues in Language Teaching*, vol. 8 , no. 2 (2019).

V. Joynes, "Defining and Understanding the Relationship Between Professional Identity and Interprofessional Responsibility: Implications for

Educating Health and Social Care Students", *Advances in Health Sciences Education: Theory and Practice*, vol. 23, no. 1 (2018).

Y. Luo, "Translator's Positioning and Cultural Transfer with Reference to the Book and the Sword", *Language & Communication*, vol. 53, no. 3 (2017).

评价理论视角下《人物》人物报道中的社会性别建构

翻译学院英语专业　苏紫乔
指导教师　赵鹍

【摘要】 社会性别的概念兴起于20世纪60年代。在此之后，社会性别的概念与不同的学科产生了交叉，大大丰富了相关学科的研究内容。语言与社会性别的相关研究便是其中的范例。为了研究社会性别在人物专访中的体现，本文以IAC旗下的杂志《人物》作为研究对象，在其“名人新闻”栏目中选择了50篇文章进行分析。在评价理论的视角下，本文利用语料库检索工具AntConc对所选文本进行定量分析，从文本的词频、部分词语的搭配等角度对文本内隐含的社会性别进行解读。研究中发现，《人物》中的人物专访文章在报道不同性别人物的时候存在着对其社会性别的建构：男性通常被塑造成主动的、能动的、可成长的对象；而女性则被塑造成静态的、感性的、被鉴赏的对象。

【关键词】 社会性别建构；评价理论；语料库文体学；《人物》

1. Introduction

1.1 Background of the Research

The study of language and gender has for a long time been a field of common interest for feminist, linguistic, and social psychology. In the 1960s, with the development of the Second-wave Feminism, there was a debate between "Sex Determinism" and "Gender Constructivism" in the field of gender and identity studies. During this special period, the concept of gender was gradually brought into the focus of relevant studies.

Gender has been subject to criticism and questioning from viewpoints both within and outside feminism and has been challenged by various thoughts.

Though there are still a lot of opinions on "what is gender" or "what constitutes the concept of gender", it is now generally accepted that gender is a cultural construction and the differences in roles, behaviors, thoughts, and emotional characteristics between males and females have developed through social practices.

Since the 1990s, the concept of gender has been widely applied to studies on both language and gender. Studies that are conducted under the gender constructivism have broken away from the obstructions of stereotypes set by traditional research based on sex determinism, broadened the horizons for subsequent research, and revealed the agency and complexity of gender and social identity, and the impact of gender differences on language selection and identity construction.

1.2 Significance of the Research

Because of the agency of gender and the reciprocal relationship between gender and social culture, we can get a deep understanding of gender construction in society by analyzing the gender construction reflected in articles in the mainstream media. *People* is an American weekly magazine that specializes in "Celebrity" column and human-interest stories. It has a wide readership both in the US and the other parts of the world, so to a certain extent, it can represent the values of the mainstream media of America. This thesis will focus on articles in the "Celebrity" column of *People* to interpret how the mainstream media in the US construct gender.

The agency of gender also means that gender is dynamic and variable. Hence, understanding the status quo and influence factors of gender construction in nowadays society can provide alternative ideas for advancing the process of assisting disadvantaged groups in society and liberating implicit social resources.

1.3 Organization of the Thesis

To make a better illustration of the gender construction in articles of *People*, this thesis is divided into five chapters.

The first chapter is the introduction of this study, which is combined with the background and significance of this study.

The second chapter is the literature review, collecting previous research on gender construction, appraisal theory, and corpus stylistics, organizing the development of relevant concepts and theories, and making comments on the achievements and insufficiency of the previous research.

The third chapter is the methodology, including the basic information of research objects and the process of the quantitative study from constructing corpora to collecting data. The data collection contains three parts: word frequency distribution, collocations of specific words, and the keyword-in-context format of specific words.

The fourth chapter is the gender construction embodied in the "Celebrity" column of *People* under the perspective of appraisal theory. This section shows the analysis of data collected in the third chapter and from the data's four features about the gender construction in *People* are raised.

The fifth chapter is the conclusion part. It includes the main findings of this study, its limitations, and the further research plan.

2. Literature Review

2.1 Gender Construction

2.1.1 Overview

2.1.1.1 Gender and Sex

With the rise of feminist thinking, the concept of gender emerged, developed, and gradually attracted widespread attention. Most scholars in China believe that the concept of gender was formed during the Second-wave Feminism in the middle of the last century. The kernel of gender came from Simone de Beauvoir's famous monograph on feminism, *The Second Sex* (French: *Le Deuxième Sexe*). ①In *The Second Sex*, Beauvoir proposed that "A girl is taught to be a woman and her 'feminine' destiny is imposed on her by society."② For the first time, gender was distinguished from sex in a macro level of sexology.

Inspired by Beauvoir, subsequent scholars began to delve deeper into the relationship between sex and gender. Ann Rosamund Oakley was one of the

① 参见刘霓:《社会性别——西方女性主义理论的中心概念》,《国外社会科学》2001 年第 6 期。

② S. de Beauvoir, et al., *The Second Sex*, London: Vintage Books, 2015.

scholars who tried to make a clear distinction between gender and sex at the earliest. She defined gender as "the socially constructed masculinity or femininity through social, cultural and psychological influences" ①. At that time the study of gender was still based on sex determinism and there was a dichotomy between sex and gender.② It was necessary to find a new theoretical basis to break the dichotomy. The new theoretical basis was gender construction.

2.1.1.2 Gender Construction

Sun Mingzhe generalized the formation of the concept of gender construction in his research: "After the dichotomy between gender and sex was uncovered, a new issue, that the biological features of sex were challenged, was raised. At this time, the concept of 'gender constructivism' was raised." ③

To deconstruct the dichotomy between gender and sex, later scholars attempted to find social factors which shaped gender. In *Gender Trouble: Feminism and the Subversion of Identity*, Judith Butler clarifies that gender is not only the meaning that culture inscribes to the existing sex. Gender must also point to a productive mechanism that the sex itself can establish.④ In *Gender Trouble*, Butler also expounds her views on Gender Constructivism: Gender is a reflection of contextualization rather than a metaphysical gender identity and gender originates from some acquired psychological traits shaped by the external environment.⑤

The construction of gender is subject to several constraints, such as traditional gender ideologies and power relations.⑥ As theories related to gender continue to develop, the hierarchy and power relations reflected in the concept of gender are gradually revealed. Feminists in the field of literature have studied the

---

① 梁艳春:《娜塔莉·泽蒙·戴维斯史学思想研究》,社会科学文献出版社 2019 年版。

② 参见王丽:《女性、女性意识与社会性别》,《中国文化研究》2000 年第 3 期。

③ 孙明哲:《"gender"革命与性别建构论的两种形态》,《浙江社会科学》2020 年第 12 期。

④ 参见 Judith Butler, *Gender Trouble: Feminism and the Subversion of Identity*, New York: Routledge, 2006;范譞:《"社会性别"概念的确立与解构》,《学海》2019 年第 5 期。

⑤ 参见孙明哲:《"gender"革命与性别建构论的两种形态》,《浙江社会科学》2020 年第 12 期。

⑥ 参见陈薇:《语言对社会性别身份的建构——关于语言和性别研究的再思考》,《外语研究》2014 年第 2 期。

literal discourses and found that females exist as the "Other" in a male-centered world.① Liao Yiqing has studied the implicit gender identity in fashion discourses for many years and found that fashion discourses illustrating females are full of reactive appreciation contents, reflecting that females are not just the passive objects of males' appreciation, but that females' value in the fashion world is also derived from males' reactions. The implication of females' role in the fashion discourses shows the "objectification" of females.②

Gender is dynamic. It is in a relationship of mutual shaping and consolidation with the existing social order. Gender is not a set of characteristics, a variable, or a role, but the product of a dynamic society.③ As a powerful ideological device, gender can legitimize and reinforce the inequalities based on sex. Conversely, as long as gender is dynamic and can be shaped, it can also be changed. Investigating how gender is changed and what causes the changes in gender is the aim of much feminist research. In the analysis of micro-texts in the new media age, Sun Guirong finds that the "attraction narration" embodied in micro-texts, such as microblog literature, has similarities with the "effeminate" discourse, which is characterized by sincerity and humility, and that the popularity of micro-texts is to some extent an indication of the loosening of the dichotomy between gender and sex in today's society.④

2.1.2　Gender Construction in Specific Discourses

Three factors, which are necessary for the construction of gender and the impact of gender on individuals, can be concluded from previous studies. Those factors are Language, Gender, and Individuals (Figure 1). Language contributes

---

① 参见刘霓:《社会性别——西方女性主义理论的中心概念》,《国外社会科学》2001 年第 6 期。

② 参见廖益清:《评判与鉴赏构建社会性别身份——时尚话语的批评性分析》,《外语学刊》2008 年第 6 期;廖益清:《时尚话语中的隐性社会性别身份:以小句过程类型分析为例》,《中国外语》2019 年第 3 期。

③ 参见 C. West and D. H. Zimmerman, "Doing Gender", *Gender and Society*, vol. 1, no. 2 (1987); 武艳华:《社会性别等级视角论女性与动物的关系》,《重庆科技学院学报》(社会科学版)2010 年第 12 期。

④ 参见孙桂荣:《新媒体时代的碎片性微文本及其社会性别分析》,《山东师范大学学报》(人文社会科学版)2019 年第 3 期。

to the construction of gender and how gender is constructed can be reflected in individuals.

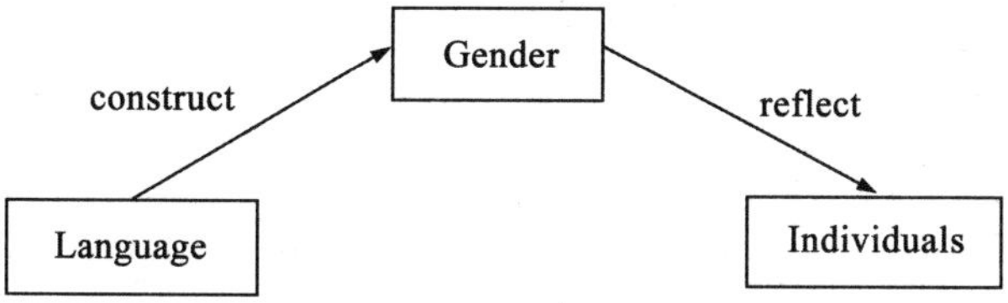

Figure 1　Three Factors in the Process of Gender Construction

According to the relationship of the three factors, most available related studies integrated with gender and language can be classified into two types.

One is studies on how language constructs gender and what kind of gender is constructed. Theses of this orientation tend to select third-person discourses from a particular field, such as advertisement discourse① and fashion discourse②. Under the perspective of gender constructivism, researchers place more emphasis on the practical and dynamic nature of gender and on that gender is subsequently constructed and reconstructed through social practices, and people reconcile social relations as well as construct gender identity through the language.③ Liao finds that the relationship between language and gender construction coincides to some extent with Halliday's systematic functional linguistics, and critical discourse analysis is often applied to research integrated with gender and language. Most of these studies are based on the theory of pragmatics and semantics and focus on the interaction between gender and social hierarchy.④

The other one is to explore how an established kind of gender construction is reflected in individuals or how people will behave with the impact of an established kind of gender construction. Researches from this perspective are

---

① 参见张青:《女性商品广告中的男性形象研究》,《青年记者》2012 年第 35 期;王晴锋:《戈夫曼论性别广告:基于仪式与框架的分析视角》,《妇女研究论》2018 年第 4 期。

② 参见廖益清:《评判与鉴赏构建社会性别身份——时尚话语的批评性分析》,《外语学刊》2008 年第 6 期;廖益清:《时尚话语中的隐性社会性别身份:以小句过程类型分析为例》,《中国外语》2019 年第 3 期。

③ 参见刘卫红:《社会性别与身份认同的语言建构》,《江西社会科学》2014 年第 7 期。

④ 参见廖益清:《时尚话语中的隐性社会性别身份:以小句过程类型分析为例》,《中国外语》2019 年第 3 期。

relatively less than those of the former one. They tend to select discourses written in the first person, such as dialogues of men and women① or statements in variety shows②, to find the detailed embodiment of gender construction in individuals.

2.2 Appraisal Theory

2.2.1 Overview

Appraisal theory was developed by James Robert Martin and Peter Robert White based on Halliday's systemic functional linguistics. In the monograph, *The Language of Evaluation: Appraisal in English*, Martin and White elucidated what the appraisal is, what the appraisal system contains, and how the appraisal system works.③ According to Martin and White, the appraisal is concerned with the interpersonal in language, with the subjective presence of writers or speakers in texts as they adopt stances towards both the material they present and those with whom they communicate. The appraisal theory is developed for this issue.

2.2.2 Theoretical Framework of Appraisal Theory

The appraisal itself is regionalized as three interacting domains, which are "attitude", "engagement" and "graduation". Attitude is concerned with our feelings, including emotional reactions, judgments of behavior, and evaluation of things. Engagement deals with sourcing attitudes and the play of voices around opinions in discourse. Graduation attends to grading phenomena whereby feelings are amplified and categories blurred. Then each of those domains can be divided into several regions respectively. An overview of appraisal resources is illustrated in Figure 2.

---

① 参见袁园:《社会性别与言语打断模式》,《考试周刊》2011年第4期。

② 参见姜雯嘉:《"她综艺"中女性对社会性别话语的颠覆与迎合——以〈我家那闺女〉为例》,《新闻传播》2020年第12期;张朋歌:《我国女性网络脱口秀节目的话语权表达研究》,河南大学2016年硕士学位论文。

③ J. R. Martin and P. R. R. White, *The Language of Evaluation: Appraisal in English*, New York: Palgrave Macmillan, 2005.

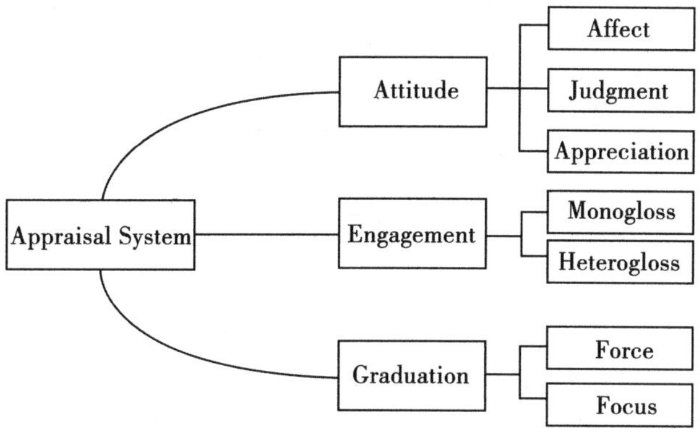

Figure 2　An Overview of Appraisal Resources

Supported by the graduation meaning and engagement meaning, attitude meaning is the kernel of appraisal theory. It can be used for discourse analysis and is somewhat abstract and systematic.① According to *The Language of Evaluation*, attitude is a system of meanings for mapping feelings as they are constructed in English texts, which involves three semantic regions (Figure 3).

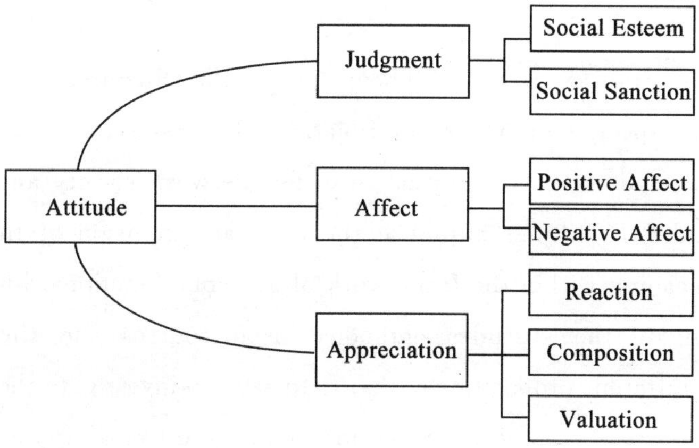

Figure 3　Three Semantic Regions of Attitude

"Affect" is concerned with registering positive and negative feelings. Based on the division of positive and negative feelings, the affect region can be elaborated on from five more dimensions: behavioral surge or mental state, direct

① 参见张荆欣、伍思静:《评价理论视域下香水广告语篇对比研究》,《东北师大学报》(哲学社会科学版)2018 年第 3 期。

reaction or indirect mood, low or media or high degree, intention or reaction, and (un)happiness or (in)security or (dis)satisfaction.

"Judgment" deals with attitudes towards behaviors, which we admire or criticize, praise or condemn. Generally, judgments can be divided into those dealing with "social esteem" and those oriented to "social sanction". Judgments of esteem have to do with "normality", measuring how unusual someone is, "capacity", evaluating how capable they are, and "tenacity" assessing how resolute they are; judgments of sanction have to do with "veracity", which is how truthful someone is, and "propriety", that is how ethical someone is.

"Appreciation" involves evaluations of semiotic and natural phenomena, according to how things are valued or not in a given field. In other words, appreciation shows our evaluations of "things". In general, appreciation can be divided into our "reactions" to things, their "composition", and their "value". When we make appreciation, we are considering whether things catch our attention or please us, whether they are balanced or complex, and how valuable things are to us.

2.2.3 Application of Appraisal Theory in Specific Discourses

From the perspective of systematic functional linguistics, language is a kind of social practice and there is a mutual influence between society and language. J. R. Martin and P. R. White's appraisal theory is an extension of the study of interpersonal meaning within the framework of systemic functional linguistics. It aims to investigate the attitudes embodied in discourses and the speaker's involvement in different propositions, that is to say, to investigate the evaluative meaning of discourse.① Appraisal theory focuses on the use of appraisal sources by language users or discourses' authors to express their attitudes, emotions, opinions, and positions in discourses.②

Since the advancement, appraisal theory has shown a strong application

① 参见廖益清:《评判与鉴赏构建社会性别身份——时尚话语的批评性分析》,《外语学刊》2008年第6期。

② 参见庞康博、庞家乐:《评价理论视角下科技新闻报道中介入资源分析——以〈中国日报〉和〈纽约时报〉对华为5G报道为例》,《现代商贸工业》2022年第7期。

orientation. Liu Shizhu collated research related to appraisal theory in China from 2000 to 2009①, involving research on different types of discourses such as journalistic discourse, literary works, book review discourse, courtroom discourse, and scientific texts②. Liu's research review is sufficient to prove the wide applicability of appraisal theory to different kinds of discourses.

There are relatively few examples of the application of appraisal theory to gender-related research. Some scholars studied the dressing discourse under appraisal theory and found that different kinds of gender were constructed for males and females in discourses of this kind. Wearers with masculine gender identity are given an active status; they have their judgment and they value the functions of clothing and the social status they got from the clothing. While wearers with feminine gender identity are given a passive status. They are objectified and appreciated and they wear clothes mainly to please others.③

2.3 Corpus Stylistics

2.3.1 Overview

Corpus stylistics is an integration of corpus methods and stylistics theories. Corpus stylistics provides a new way to interpret speeches, writing, and forms of expression of discourses by using the tool of the corpus, intending to find the interrelationship between patterns of language use and discourses interpretation.④

From the perspective of Corpus Stylistics, research can be conducted with methods integrated with qualitative and quantitative approaches. The application of the quantitative approaches to the investigation of literary style can make the conclusions more objective, more scientific, and more convincing.⑤ Fischer

---

① 参见刘世铸:《评价理论在中国的发展》,《外语与外语教学》2010 年第 5 期。

② 参见庞康博、庞家乐:《评价理论视角下科技新闻报道中介入资源分析——以〈中国日报〉和〈纽约时报〉对华为 5G 报道为例》,《现代商贸工业》2022 年第 7 期;肖洒、黄曼:《法庭话语性别研究述评》,《东岳论丛》2019 年第 8 期。

③ 参见梁频:《态度资源对媒体服饰语篇中社会性别的建构》,《文学界》(理论版)2012 年第 9 期;梁静:《媒体服饰话语态度资源的社会性别身份建构》,《黑龙江教育学院学报》2015 年第 7 期。

④ 参见朱玲佳:《基于语料库的小说文体学研究综述》,《校园英语》2018 年第 26 期。

⑤ 参见刘泽权、王梦瑶:《多变量方法在文学风格考察中的应用——以〈老人与海〉为例》,《外语电化教学》2017 年第 5 期。

Starcke extracts and analyzes the semantic domains of keywords and high-frequency word clusters in *Pride and Prejudice* and made a new interpretation of the characterization in the work.

2.3.2 Studies of Corpus Stylistics on Specific Discourses

For a long time, emotion has been marginalized in the domain of stylistics. Corpus stylistics can provide approaches better applied to the emotion of discourses. Huang summarizes three major developments in stylistic approaches to emotion ("experimental studies of real readers' emotional responses", "corpus studies of patterns and effects of emotion representation", and "theoretical studies that integrate emotion and stylistics"), among which "corpus studies of patterns and effects of emotion representation" focuses on the integration of corpus comparison and stylistic analysis.① "Corpus studies of patterns and effects of emotion representation" is a good example of combining quantitative methods and stylistics theory, but there are still some problems: firstly, the emotion of a text is sometimes derived from the frequency and distribution of words, which means that it will be difficult to identify directly through the texts; secondly, the narration context in a text is difficult to observe, so researchers may overlook the relationship between emotion and narrative structure.

Relatively few researches on gender are conducted from the perspective of corpus stylistics. Liao deconstructs the implicit gender identities in fashion discourse through a comparative study of covert appraisal meanings provoked by different process types in male and female fashion reporting.② In Liao's research, she used the corpus search tool to complete the quantitative parts and provide data support. A study by Liu Xuyang, compared with Liao's, is more direct.③ It takes the corpus as the research object, counting and analyzing the adjectival collocations of "boy" and "girl" in Corpus of Contemporary American English (COCA) to demonstrate the distinct gender differences that exist in American

① 黄荷:《文体学视角下的情感研究》,《外国文学》2020 年第 5 期。

② 廖益清:《时尚话语中的隐性社会性别身份:以小句过程类型分析为例》,《中国外语》2019 年第 3 期。

③ 刘旭阳:《美国社会性别差异语义学之管窥:基于当代美国英语语料库的"Boy"和"Girl"搭配形容词描写》,《天水师范学院学报》2017 年第 1 期。

society.

2.4 Conclusion

Though gender construction is always a hot topic in feminism-related studies, researches integrated with gender construction and languages are relatively rare, and most of these researches focus on how languages construct gender and what kind of gender construction is embodied in languages. This thesis will pay attention not only to the relationship between language and gender but also to the relationship between gender and individuals, which is how an established gender construction affects individuals.

Appraisal theory is an effective perspective from which researchers analyze the implication of discourses. However, the appraisal theory proposes a large system, including three domains (attitude, engagement, and graduation) and several subdomains. Thus, appraisal theory will not be applied in this study as a whole. As attitude shows the emotional reactions, the judgment of behavior, and the evaluation of things, this research will be mainly conducted from the perspective of the attitude domain.

Corpus stylistics provides a method combining qualitative and quantitative approaches, which can make results more objective, more scientific, and more convincing. This study takes the advantage of this method and the process of quantitative study will be given a detailed description in Chapter Three.

3. Methodology

3.1 Research Objects

3.1.1 Brief Introduction of *People*

People is an American weekly magazine that specializes in "Celebrity" column and human-interest stories and has a wide readership both in the US and the other parts of the world. In 2009, the magazine already had a readership of 46.6 million. *People* had had the largest audience of any American magazine since the first issue. Even in 2018, it fell to the second place, but still had a readership of 35.9 million and a circulation of about 3.5 million in America. Now in two typical social networking services, Twitter and Facebook, *People* has 7.7 million and 8.7 million followers respectively. Therefore, to a certain extent, it can represent the voice of the mainstream media of America.

3.1.2 Brief Introduction of Selected Articles

This research will analyze 50 articles from the "Celebrity" column of *People*. Among those 50 articles, 25 articles are about male protagonists and the rest 25 are about females. Table 1 shows the basic information about the protagonists of these articles. To make the analysis results more concise, in all tables of this thesis, "Male" is replaced with "M" and "Female" is replaced by "F".

Table 1 Basic Information about the Protagonists of the Selected Articles

No.	Hero/ Heroine	Gender	Prof.	No.	Hero/ Heroine	Gender	Prof.
1	Cheslie Kryst	F	Miss USA	1	Louis C. K.	M	singer
2	Elizabeth	F	queen	2	Jon Batiste	M	singer
3	Natasha Lyonne	F	actress	3	Silk Sonic	M	singer
4	Rihanna	F	singer	4	Lenny Kravitz	M	singer
5	Jennifer Lopez	F	singer	5	Lil Nas X	M	singer
6	Michelle Yeoh	F	actress	6	Milo Ventimiglia	M	actor
7	Vanessa Hudgens	F	actress	7	Travis Barker	M	singer
8	Drew Barrymore	F	actress	8	Billy Crystal	M	actor
9	Sienna Miller	F	actress	9	Rob Gronkowski	M	football player
10	Sheryl Lee Ralph	F	actress	10	James Marsden	M	actor
11	Kourtney Kardashian	F	model	11	Glen Powell	M	actor
12	Farrah Abraham	F	actress	12	Kidd Creole	M	singer
13	Miranda Lambert	F	singer	13	Nehemiah Persoff	M	actor
14	Madonna L. C.	F	singer	14	Bruce Willis	M	actor
15	Tate McRae	F	singer	15	Jake Gyllenhaal	M	actor
16	Billie Eilish	F	singer	16	Virgil Abloh	M	singer
17	Jessie J Slams	F	singer	17	Kanye West	M	singer
18	Megyn Kelly	F	actress	18	Nate Bargatze	M	comedian
19	Miranda Lambert	F	singer	19	David Hyde Pierce	M	actor

continued

No.	Hero/ Heroine	Gender	Prof.	No.	Hero/ Heroine	Gender	Prof.
20	Carrie Underwood	F	singer	20	Jimmie Allen	M	singer
21	Amarachi Chinonso	F	singer	21	George Perris	M	singer
22	Chrissy Teigen	F	singer	22	Elton John	M	singer
23	Amala R.Z. Dlamini	F	singer	23	Joshua Bassett	M	singer
24	Lady Gaga	F	singer				

For a better comparison of the gender construction in the same background, 10 articles, including 5 articles with heroes and 5 articles with heroines, are of the same theme, the 2022 Grammy Awards. Table 2 shows the basic information about the protagonists of these articles.

Table 2 Information of Protagonists in Articles of the 2022 Grammy Awards

No.	Hero/ Heroine	Gender	Prof.	No.	Hero/ Heroine	Gender	Prof.
1	Carrie Underwood	F	singer	1	Louis C.K.	M	singer
2	Amarachi Chinonso	F	singer	2	Jon Batiste	M	singer
3	Chrissy Teigen	F	singer	3	Silk Sonic	M	singer
4	Amala R.Z. Dlamini	F	singer	4	Lenny Kravitz	M	singer
5	Lady Gaga	F	singer	5	Lil Nas X	M	singer

3.1.3 Prerequisites for Selected Articles

The selected articles are qualified for three prerequisites:

Firstly, to show the latest tendency of gender construction in the magazine, all articles are issued after March 1st, 2022. Secondly, there is only one protagonist in every article. As the length of every article is limited, if the whole article is focused on only one hero or heroine, it will be easier to collect effective illustrations. Thirdly, every article contains both direct and indirect speeches. Direct speeches tell readers how the protagonist thinks while indirect speeches, to some extent, present the standpoints of authors and the magazine. Personal thoughts show the gender construction represented in individuals and the standpoints of authors and the magazine shows what kind of gender they are trying to construct.

3.2 Research Instrument

This study is a combination of qualitative and quantitative analysis. The quantitative analysis part is completed with the help of the corpus search tool AntConc[①] (4.0.6). AntConc is a freeware corpus analysis toolkit for concordancing and text analysis developed and published by a Japanese Scholar Laurence Anthony. It is featured three main functions, concordance, word lists, and keywords.[②] AntConc is widely used as the instrument in research of disciplines like corpus linguistics and corpus stylistics. In the analysis process, this study searches and sorts out the data of word frequency distribution, keywords-in-context, and collocations of some specific words to interpret the gender construction embodied in the selected articles.

3.3 Data Collection

3.3.1 Monolingual Corpus Construction

To facilitate this research, four monolingual corpora are constructed. The 50 articles were firstly integrated into two separate texts according to the sex of the protagonists. In this thesis, the two texts will be separately named with the "male text" and the "female text". And the corpora the "female text" and the "male text" are constructed based on those two texts.

To further investigate the differences in gender constructions of males and females under the same background, 10 Grammy-Award-related articles were organized into two texts separately according to the sex of the protagonists, which are named with the "male text-G" and the "female text-G". The corpora the "female text-G" and the "male text-G" are constructed based on those two texts above.

Table 3 shows the basic information about the four corpora.

---

① https://www.laurenceanthony.net/software/antconc/.

② 王春艳:《免费绿色软件 AntConc 在外语教学和研究中的应用》,《外语电化教学》2009年第1期。

Table **3** Basic Information of Corpora

NO.	Corpus	Gender	Characters	Articles
1	female text.txt	F	75,969	25
2	female text-G.txt	F	14,539	5
3	male text.txt	M	79,604	25
4	male text-G.txt	M	12,136	5

3.3.2 Results of Data Collection

(1) Word Frequency Distribution

Searching and finding out how many times a specific word is presented in the text is one of the main functions of AntConc. Also, the word frequency list can show a lot of implicit information. So this research firstly searches the word frequency of the four corpora.

The results of those four corpora are as follows: the "female text" has 2581 lines, the "female text-G" has 729 lines, the "male text" has 2660 lines, and the "male text- G" has 737 lines.

Considering the frequent use of function words like "the" and that most words are not used frequently, this research only collects the frequency of those real words used no less than 20 times (Freq.⩾20) in the female text and the male text and words with a frequency of no less than 10 in the female text-G and the male text-G.

Table 4 is the list of word frequency distribution in the female text.

Table **4** Frequency Distribution of Real Words in the Female Text (Freq.⩾20)

Rank	Freq	Type	NormFreq	Rank	Freq	Type	NormFreq
1	284	I	21175.067	20	28	get	2087.683
2	239	she	17819.863	20	28	told	2087.683
3	232	her	17297.942	23	27	his	2013.123
4	111	you	8276.171	23	27	news	2013.123
5	89	people	6635.848	25	25	awards	1864.002
6	80	my	5964.808	25	25	feel	1864.002

continued

Rank	Freq	Type	NormFreq	Rank	Freq	Type	NormFreq
7	79	said	5890.248	25	25	their	1864.002
8	50	like	3728.005	28	23	added	1714.882
9	49	time	3653.445	28	23	look	1714.882
10	47	me	3504.324	28	23	new	1714.882
11	46	has	3429.764	28	23	says	1714.882
12	40	we	2982.404	28	23	singer	1714.882
13	38	have	2833.284	33	22	think	1640.322
14	33	album	2460.483	34	21	family	1565.762
14	33	best	2460.483	35	20	can	1491.202
14	33	show	2460.483	35	20	know	1491.202
17	32	life	2385.923	35	20	love	1491.202
17	32	year	2385.923	35	20	make	1491.202
19	31	he	2311.363	35	20	miss	1491.202
20	28	first	2087.683	35	20	never	1491.202

Table 5 is the list of word frequency distribution in the male text.

Table **5** Frequency Distribution of Real Words in the Male Text (Freq.⩾20)

Rank	Freq	Type	NormFreq	Rank	Freq	Type	NormFreq
1	268	I	19000.354	24	27	music	1914.215
2	210	he	14888.337	24	27	your	1914.215
3	200	his	14179.369	27	26	back	1843.318
4	97	people	6876.994	27	26	life	1843.318
5	91	you	6451.613	27	26	new	1843.318
6	65	my	4608.295	27	26	role	1843.318
6	65	we	4608.295	31	25	love	1772.421
8	60	says	4253.811	31	25	our	1772.421
9	55	have	3899.326	33	24	she	1701.524

continued

Rank	Freq	Type	NormFreq	Rank	Freq	Type	NormFreq
9	55	said	3899.326	33	24	years	1701.524
11	50	has	3544.842	35	23	actor	1630.627
11	50	like	3544.842	35	23	can	1630.627
13	49	me	3473.945	35	23	day	1630.627
14	43	they	3048.564	35	23	told	1630.627
15	41	him	2906.771	39	22	first	1559.731
16	39	time	2764.977	40	21	free	1488.834
17	35	family	2481.39	40	21	marsden	1488.834
17	35	year	2481.39	40	21	two	1488.834
19	32	had	2268.699	43	20	could	1417.937
20	30	album	2126.905	43	20	film	1417.937
20	30	awards	2126.905	43	20	her	1417.937
22	29	best	2056.009	43	20	news	1417.937
22	29	grammy	2056.009	43	20	perris	1417.937
24	27	get	1914.215	43	20	show	1417.937

Table 6 is the list of word frequency distribution in the female text-G.

Table **6** Frequency Distribution of Real Words in the Female Text-G (Freq.≥10)

Rank	Freq	Type	NormFreq	Rank	Freq	Type	NormFreq
1	65	I	24913.76	11	14	thank	5366.041
2	45	she	17247.988	12	13	awards	4982.752
3	35	her	13415.102	12	13	grammys	4982.752
3	35	you	13415.102	14	13	like	4982.752
5	28	my	10732.081	15	12	album	4599.463
6	21	people	8049.061	15	12	doja	4599.463
7	19	sza	7282.484	15	12	performance	4599.463

continued

Rank	Freq	Type	NormFreq	Rank	Freq	Type	NormFreq
8	17	me	6515.906	18	11	gaga	4216.175
9	15	best	5749.329	18	11	underwood	4216.175
9	15	grammy	5749.329	20	10	back	3832.886

Table 7 is the list of word frequency distribution in the male text-G.

Table **7** Frequency Distribution of Real Words in the Male Text-G (Freq.⩾10)

Rank	Freq	Type	NormFreq	Rank	Freq	Type	NormFreq
1	27	his	12616.822	9	13	our	6074.766
2	23	I	10747.664	10	12	Sunday	5607.477
3	21	album	9813.084	10	12	year	5607.477
3	21	grammy	9813.084	12	11	me	5140.187
5	20	he	9345.794	13	10	are	4672.897
6	18	awards	8411.215	13	10	best	4672.897
6	18	we	8411.215	13	10	my	4672.897
8	15	people	7009.346				

The analysis of word frequency in this thesis hereafter will base on the four tables of word frequency distribution.

(2)Collocation of Personal Pronouns

Because the "Celebrity" column includes several direct quotations of protagonists, it is not surprising that the frequency of "I" in both texts is the highest within the range of frequency of all real words. Given that the texts of the *Celebrity* column are written from the perspective of the contributors, the frequency of third personal pronouns occupies a high position in both tables, such as "she" and "hers" in the female text and "he" and "his" in the male text. Personal pronouns will not exist alone. There are always words of action or description following personal pronouns and by analyzing these words we can get some effective information.

In the tables of word frequency distribution, the personal pronouns are used quite often in all texts. The pronoun "I" and the third personal pronouns with the same-sex direction of the protagonists ("he" in the male text and "she" in the female text, for example) take the top place on those lists. It is noticeable that the frequency of the third personal pronouns with the other sex direction of the protagonists ("he" in the female text and "she" in the male text, for example) show how the protagonists see persons of the other sex.

So this research collects data of personal pronouns "I", "he" and "she" in the female text and the male text and thus makes the following two tables (Tables 8 & 9).

Words in the following tables are ranked with MI score as the primary keyword and T-score as the secondary keyword.

Table 8　Collocation of Personal Pronouns (I, He, and She) in the Male Text

Object	Collocate	Effect(MI)	Effect(T)	Object	Collocate	Effect(MI)	Effect(T)
I	m	2.91	6.716	I	like	1.548	3.29
I	want	2.637	3.026	I	my	1.258	2.91
I	feel	2.589	3.335	I	have	1.219	2.736
I	think	2.27	2.629	I	was	0.962	3.674
I	always	2.074	2.641	I	that	0.711	2.778
I	didn	2.048	2.515	I	the	−0.557	−3.942
I	know	1.948	2.457	I	on	−1.313	−5.353
I	could	1.881	2.726				
he	elevated	4.333	1.646	he	thought	2.555	2.196
he	wine	4.333	1.646	he	how	1.748	2.628
he	continues	3.748	1.851	he	says	1.748	3.846
he	furnish	3.07	1.97	he	said	1.721	3.661
he	gay	2.578	2.355	he			
she	perfect	6.877	1.83	she	deeply	5.877	1.39
she	choice	6.877	1.402	she	changed	5.877	1.39
she	hears	6.877	1.402	she	her	3.555	1.39

continued

Object	Collocate	Effect(MI)	Effect(T)	Object	Collocate	Effect(MI)	Effect(T)
she	married	5.877	1.402				

Table 9 Collocation of Personal Pronouns (I, He, and She) in the Female Text

Object	Collocate	Effect(MI)	Effect(T)	Object	Collocate	Effect(MI)	Effect(T)
I	guess	3.241	2.19	I	know	1.826	2.781
I	enjoying	3.089	2.647	I	really	1.775	3.244
I	used	2.756	2.694	I	don	1.772	2.55
I	grateful	2.563	2.627	I	just	1.558	3.793
I	could	2.521	3.405	I	have	1.453	2.977
I	say	2.379	2.679	I	so	1.308	2.796
I	feel	2.121	3.693	I	like	1.298	3.025
I	needed	2.089	2.295	I	my	1.167	3.419
I	here	1.978	2.36	I	this	0.993	2.815
I	think	1.952	3.146	I	her	−1.295	−6.501
she	depth	3.488	1.822	she	could	2.003	2.373
she	brings	3.225	1.997	she	says	1.965	2.975
she	hudgens	2.319	2.261	she	said	1.644	4.511
he	hurt	6.435	1.977	he	fine	5.698	2.402
he	skiing	6.435	1.398	he	boots	5.435	1.382
he	skis	6.435	1.398	he	okay	5.435	1.382
he	tired	6.435	1.398	he	since	4.698	1.665
he	apparently	6.435	1.398	he	he	4.481	3.821
he	skier	6.435	1.398	he	his	3.265	2.195

The index Mutual Information ("MI" in the previous tables) is used to measure the strength of mutual attraction between nodal words and collocated words, with a higher MI indicating that the two words are more likely to occur in the same context. A negative MI means that these two words are mutually exclusive in the same context. The index T-score (T in the previous tables) is also a statistical parameter and can help to find significant collocations of the nodal word. When MI and T-score of a word are both relatively high, that word can be considered to be a significant collocation of the nodal word.

(3)KWIC of Specific Words

Table 10 shows the KWIC format of "he" in the female text.

Table **10** KWIC Format of "He" in the Female Text

Left Context	Hit	Right Context
husband] Doug [Brunt] saying, "Thatcher's hurt. He's fine. He's fine.	He'	s fine. But he's hurt, and he has
a call from [husband] Doug [Brunt] saying, "Thatcher's hurt.	He'	s fine. He's fine. But he's hurt,
trip in Montana. "Thank God he's okay," she began."	He'	s a good skier. He's been skiing since
he's okay," she began. He's a good skier.	He'	s been skiing since he was really little. He
Thatcher's hurt. He's fine. He's fine. But	he'	s hurt, and he has to go to the
family was on a ski trip in Montana. "Thank God	he'	s okay," she began. "He's a good skier
his skis on; he had on his ski boots. Again	he'	s only 8. It was the end of the day,
reminded myself that I had to be the parent. That	he	was depending on me and Doug, and we had
scan to see if the bleeding has stopped," she added.	He	was in pain. We really didn't want to
skier. He's been skiing since he was really little	He	was on an advanced run and did the run

continued

Left Context	Hit	Right Context
Thatcher was then transferred to " a more serious" hospital, where	he	was placed in the ICU. Kelly was told his
He's a good skier. He's been skiing since	he	was really little. He was on an advanced run
s only 8. It was the end of the day, and	he	was tired, and apparently he didn't have the
end of the day, and he was tired, and apparently	he	didn't have the strength to make the climb
this run."" And he did that," she said of Thatcher."	He	didn't have his skis on; he had on
chic in a black blazer over a white button-down.	He	accesorized his look with a white fringe bucket hat
to handle it all themselves.""They had a good time,"	he	added. " They just romanced and got married. Elvis performed
all had iPhones, taking pictures and videos from every angle,"	he	contimued. "I don't know if they were the
the cave to "take a break on this run." "And	he	did that," she said of Thatcher. "He didn't
her husband. Once inside the ambulance, Thatcher told her that	he	fell 10 feet "and landed on some rocks." She said
that's necessary to get into this little cave, and	he	fell." She recalled, "I get a call from [husband]
said of Thatcher." He didn't have his skis on;	he	had on his ski boots. Again he's only 8.
s fine. He's fine. But he's hurt, and	he	has to go to the hospital to get checked
from the book of Genesis, which loosely translates to "and	he	kissed." All of her ink is located on the

continued

Left Context	Hit	Right Context
Queen, 95, last met with Charles, 73, on Feb. 8, two days before	he	received his diagnosis. The royal heir was at Windsor
no one should feel ashamed of needing some help sometimes,"	he	said. "And I think Chrissy's done a good
that—kissing and hugging. They barely came up for air!"	he	said. "They just seemed totally in love." Per Frierson,
onscreen husband Frank (played by William Allen Young) reveal that	he	secretly had a son, Dorian. For years, Frank had
the movies with the likes of a 'Tom Cruise', and	he	should kiss me." Ralph's attempt to break into
Kourtney made their way back to their hotel room when	he	suggested that they get married. Though Kourtney was shocked
spirits on a night where I truly missed my friend—	he	would have been so happy that in 2022 everyone stood

Table 11 shows the KWIC format of "she" in the male text.

Table 11　KWIC Format of "She" in the Male Text

Left Context	Hit	Right Context
Thee Stallion's verse on his song "Dolla Sign Slime."	She'	was like, "Wow, this all comes together. Your album.
like, "Yeah, this is my baby, huh?" As a joke,	she'	was like, "Yeah, you should do a pregnancy shoot."
Julia. With Lancashire now stepping into the role, Pierce believes	she'	was a perfect choice because she "embodied" all that
you." Allen cited his grandmother Bette in particular, noting that	she'	was strong enough to raise four children on her

continued

Left Context	Hit	Right Context
sing."" It was a crime that in the first film,	she'	s in a movie musical and you have Idina
And it's not easy seeing a spouse decline. But	she'	s trying to keep it together for him." As
women who spoke out about C.K. to the *Times*.	She	said C.K. "asked if we could go to
officially say "I do." "It's not called fake married!"	she	said on Jimmy Kimmel Live Wednesday. "There was no
That has something to do with our intuition that how	she	approached cooking is how we should approach all of
Kardashian honored the late designer on her Instagram Story, which	she	captioned, "You changed the world" beneath a broken heart
must on some level, identified deeply with Julia. I know	she	deeply admires her. "The first three episodes of Julia
in a movie musical and you have Idina Menzel, and	she	doesn't sing a note, " Marsden adds. "We've
the role, Pierce believes she was a perfect choice because	she	embodied" all that Julia represented. "Sarah embodied this character
was strong enough to raise four children on her own."	She	figured it out. So I got it easy. I'
song 'Set Me Free,' but every time she hears it,	she	goes, "Only you can set yourself free," he says."
It's not a mimic, it's not an imitation.	She	has found the essence of who this woman is.
she loves the song 'Set Me Free'," but every time	she	hears it, she goes, ' Only you can set yourself

continued

Left Context	Hit	Right Context
and meditation, with helping him find his footing." My therapist,	she	loves the song 'Set Me Free,' but every time
attitude about food. She put public television on the map.	She	modeled the idea of a modern, independent woman. And
is. I don't want to speak for her, but	she	must on some level identified deeply with Julia. I
the biographical series: "Julia Child changed our attitude about food.	She	put public television on the map. She modeled the
announcing his retirement. "Emma is especially grateful for the daughters	she	shares with Bruce," the source says. "Everyone is focused
Alan Menken ... I can't say too much about what	she	sings, but original music, I'll say." "So all
opens at 8 o'clock." After Kimmel tried to confirm that	she	wanted to get married "for real " but couldn't,

Keywords-in-Context (KWIC) format shows how words and phrases are commonly used in a corpus of texts. There are "he's" in the female text and "she's" in the male text and the third personal pronouns with the other sex direction may show how the protagonists see persons of the other sex. Results of the KWIC search can make it clear how these personal pronouns are used in the texts. So this research searches the KWIC results of "he" in the female text and "she" in the male text and makes the above 2 tables (Tables 10 & 11).

4. The Gender Construction in the *Celebrity* Column of *People*

4.1 Plots of Heroines Complicated by Males

There are inevitably social relations of protagonists involved in the articles of the "Celebrity" column, so we can see personal pronouns referring to the other sex in both the female text and the male text. However, it is interesting to note that pronouns "he" (NormFreq 2311.363) or "his" (NormFreq 2013.123), which refer to males, appear much more frequently in the female text than pronouns "she" (NormFreq 1701.524) or "her" (NormFreq 1417.937), which refer to females, appear in the male text. The differences in frequency of personal pronouns show that males are involved more frequently in the female text than females in the male text (Tables 4 & 5).

What kind of gender construction do these differences reveal? To find answers to this question, this research makes the KWIC search for "he" or "she" in the female text and the male text respectively (Tables 10 & 11). After removing some meaningless results, the implicit gender construction of these texts is revealed.

Firstly, the twist of the fate of heroines is complicated by males. In other words, big news which can infect females' careers or public image is exposed to readers through the mouths of males. For example, in an article about Kourtney Kardashian, when Kardashian is mentioned as getting married, instead of using Kardashian as the subject of the description, the article shifts the perspective and reveals the news through her boyfriend Scott Disick: "After a night of drinking, Disick and Kourtney made their way back to their hotel room when he suggested that they get married." The same is true of another article about a black actress Sheryl Lee Ralph, whose child is also disclosed to the public through the words of her onscreen husband: "However, she left the show after five years, following a dramatic plot twist that saw her onscreen husband Frank (played by William Allen Young) revealed that he secretly had a son, Dorian."

Secondly, the value of females is represented by the actions of males. In the article about Sheryl Lee Ralph being fired from a TV pilot, she emphasizes that she should not be sacked by words: "Everybody knew I was a beautiful, talented Black girl and I should be in the movies with the likes of a 'Tom Cruise', and he should kiss me." This is the defense of her career as an actress. While instead of showing her acting skills, she justifies her value with her sexual attraction to males (Tom Cruise). Here, she embodies her value in the act of a male's kissing. In the process of appreciation, Sheryl Lee Ralph is considering how valuable she is to males. This embodiment of value is consistent with the traditional construction of gender, that females are constructed as the "other" to be admired.

Those depictions of females are the judgment of authors, editors of *People*, and even the public. From the perspective of the judgment dealing with social esteem, the authors evaluate the capacity of females. Females are constructed as passive images. They are not capable of controlling their fates and lives so they need males, the active subjects, to complete females' plots.

4.2 The Otherization of Females

The otherization of females is frequently discussed in feminist-related studies. Essentially, the otherization of females is an unequal power relationship between females and males.① The unequal power relationship also exists in the realm of the mass media. Females rarely feature in "important" stories, and media coverage rarely addresses females' work, achievements, situations, or needs. In mainstream events about politics, economics, and society, males are at the center of coverage, while females are the main focus of coverage on topics of lifestyle and consumption. Generally speaking, females are seldom covered, and if they are, they are often covered in a "trivialized" or distorted manner.②

For news reports, the headlines are the most concise representation of the main content. Table 12 collates the headlines of the 10 articles about the 2022 Grammy Awards.

Table **12** Titles of Ten Articles about 2022 Grammy Awards

Gender	Title
M	Louis C.K. Wins 2022 Grammy for Comedy Album, 5 Years After Admitting to Sexual Misconduct
M	Jon Batiste Wins Album of the Year for We Are at 2022 Grammys: It's More Than Entertainment for Me
M	Silk Sonic Wins Record of the Year Grammy for 'Leave the Door Open': We Call That a Clean Sweep

① 聂焱:《当代女性的社会处境——被物化的他者》,《读书》2012 年第 12 期。
② 严利华、石义彬:《女性主义视域中的大众传媒批判》,《当代传播》2009 年第 3 期。

continued

Gender	Title
M	Lenny Kravitz Brings His Signature Rock-Star Style to the Grammys in Sheer Silver Chainmail Top
M	Lil Nas X Includes Video Footage of His ‘Montero’ Detractors in 2022 Grammys Performance
F	Carrie Underwood Tears Up as She Calls Grammy-Winning Album ‘Greatest Project’ She's Been Part of
F	SZA Explains Why She Was on Crutches at the 2022 Grammys: “I Fell Out of Bed”
F	Chrissy Teigen Shares Adorable Selfie with Luna and Miles from Inside the 2022 Grammys
F	Doja Cat and SZA Deliver Emotional Speech After ‘Kiss Me More’ Wins at the 2022 Grammys: ‘Big Deal’
F	Lady Gaga Wore ‘Beautiful’ Dress Designed by Her Sister Natali Germanotta to 2022 Grammys

Articles about male singers are often directly named with the fact that he has won the award, for example, “win 2022 Grammy for...” “wins album for...” “wins record for...”, or even a comment on the fact of “winning” itself, such as “a clean sweep”. However, in the articles about the female singer, the headlines contain terms that are quite irrelevant to the awards, such as “selfie”, “emotional speech” and “beautiful dress”. When males and females are in the same context and have similar occupations, for male singers, people will pay more attention to the fact that “he won the award”, while for female singers, the focus shifts from the events to the individuals. People judge her clothing, her appearance, and her selfie on social media.

When authors and editors are organizing those headlines, they are judging the behavior of “winning the awards” of those protagonists. They are judging how capable those protagonists are and whether the protagonists deserve those awards. The differences in the focuses of the headlines show that females are believed to be irrelevant with achievements and awards. Because of the irrelevance, the headlines and texts of female-centered articles avoid the crucial point. Moreover, those headlines show the appreciation of females. People pay more attention to their dressing, making-up, and social media which are tightly related to individuals, rather than to their works or albums. In other words, what a female does is not important to the public, but being a female is valuable to the public.

The shift of judgment focus implies the implicit gender constructions: firstly, the correlation between males and achievements is stronger than that between females and achievements; secondly, females are naturally the appraisal objects in the appraisal system so even in the same context, the emphasis of appraisal will unconsciously shift from "what females do" to "females themselves" and "characteristics associated with females".

4.3 Males and Females are Given Different Characteristics

Liao's research has found that males are often portrayed as dynamic and active, while females are static, emotional, and passive. Such gender images are also reflected in articles of this study.①

It can be concluded from Tables 8 & 9 that, in the female text, words that strongly co-occur with the pronoun "I" include "guess", "enjoying", "grateful" and "m" (I'm) successively, whereas in the male text, the collocations that are strongly related to "I" are "I'm", " I want", "I feel", "I think", etc. It can be induced that, females are often collocated with emotive words and are portrayed as sensual. Even though verbs with active connotations do appear in the table of collocation of the pronoun "I", the correlation between these verbs and the pronoun "I" in the female text is weaker than the correlation between the same or similar verbs in the male text and the pronoun "I".

When males and females are in the same context, the 2022 Grammy Awards, the ways these protagonists show their thanks are different in degree of directness. It is worth noting that the frequency of "thank" (NormFreq 5366.041) in the female text-G is much higher than the frequency of "thanks" (NormFreq 467.29)/ "thanks" (NormFreq 934.579) in the male text-G (Table 13).

① 廖益清:《时尚话语中的隐性社会性别身份:以小句过程类型分析为例》,《中国外语》2019 年第 3 期。

Table **13** Frequency of Thank(s) in the Female Text-G and the Male Text-G

Gender	Rank	Freq	Type	NormFreq	Gender	Rank	Freq	Type	NormFreq
F	1	14	thank	5366.041	M	1	2	thanks	934.579
F	2	0	thanks	0	M	2	1	thank	467.29

The KWIC search for thanks/thank of the female text-G and the male text-G reveals that all thanks are used for direct expressions of gratitude at the 2022 Grammy Awards, such as "Thank you, everybody. Thank you to my family, my team." and "Thank you all. I'm glad you made it back." (Table 14)

Table **14** KWIC Format of Thank(s) in the Female Text-G and the Male Text-G

Gender	Left Context	Hit	Right Context
F	my whole life," the "Juicy" singer joked. "Thank you, everybody.	Thank	you to my family, my team, and I wouldn'
F	my whole life," the "Juicy" singer joked."Thank you, everybody.	Thank	you to my family, my team, and I wouldn'
F	the epitome of talent." SZA then added, "Thank you Doja,	thank	you to my mama, thank you to God, and
F	of talent." SZA, 31, then gave her input, "Thank you Doja,	thank	you to my mama, thank you to God, and
F	then added, "Thank you Doja, thank you to my mama,	thank	you to God, and thank you all. I'm
F	her input, "Thank you Doja, thank you to my mama,	thank	you to God, and thank you all. I'm
F	incredible, you're the epitome of talent."SZA then added,"	thank	you Doja, thank you to my mama, thank you
F	re the epitome of talent." SZA, 31, then gave her input, "	Thank	you Doja, thank you to my mama, thank you

continued

Gender	Left Context	Hit	Right Context
F	thank you to my mama, thank you to God, and	thank	you all. I'm glad you made it back
F	thank you to my mama, thank you to God, and	thank	you all. I'm glad you made it back
F	performances, and for your devotion to music," she added."And	thank	you for that standing ovation! You truly lified my
F	younger sibling's New York-based design house, Topo Studio."	Thank	you to @ topostudiony for hand making this beautiful for
F	fast piss in my whole life," the "Juicy" singer joked."	Thank	you, everybody. Thank you to my family, my team,
F	fast piss in my whole life," the "Juicy" singer joked."	Thank	you, everybody. Thank you to my family, my team,
M	need it the most," Batiste said. "I'd like to	thank	God. I just put my head down and I
M	nominated against Nate Bargatze (The Greatest Average American), Lewis Black (	Thanks	for Risking Your Life), Lavell Crawford
M	than 80 women who accused Harvey Weinstein of sexual misconduct."And	thanks	so much to our industry for once again telling

While such direct expressions of gratitude are almost invisible in the male text-G. When males are on the podium, they tend to speak about their achievements or how they attain their achievements, rather than just showing their gratitude. For example, Jon Batiste wins "Album of the Year". In the articles about Batiste, the author records: "It's more than entertainment for me. It's a spiritual practice, and there are so many people that went into making this album." It is hard and worthless to work out whether Batiste has showed his thanks for the crowd directly or not, but in that article, the author just abstracts such a sentence rather than record his direct expressions of gratitude, which implies the judgment of authors and *People*, that males are less sensual.

To some extent, different ways of showing gratitude can be evidence for the previous conclusion, that females are more emotional. As all words in the articles are reorganized and polished by authors, articles are the presentation of authors' judgment, so these females are even constructed to be emotional.

4.4 Males and Females are Given Different Identities

Gender-specific words in the articles play a significant role in gender construction, so this thesis tabulates the frequency of words related to the "domestic identity" and the "professional identity" in both the male text and the female text. In female-centered articles, words that express females' domestic identities such as "mother" and "wife", and words that point to the reproductive function of females, such as "pregnancy", are more frequently mentioned than words with similar connotations in male-centered articles (Table 15).

Table **15** "Domestic Identity" Words in the Female Text and the Male Text

Source	Freq	Type	NormFreq	Source	Freq	Type	NormFreq
Female Text	21	Family	1565.762	Male Text	35	Family	2481.39
Female Text	18	Mom	1342.082	Male Text	13	Wife	921.659
Female Text	17	Pregnant	1267.522	Male Text	12	Child	850.762
Female Text	14	Baby	1043.841	Male Text	7	Husband	496.278
Female Text	12	Mother	894.721	Male Text	7	Kids	496.278
Female Text	10	Children	745.601	Male Text	6	Father	425.381
Female Text	10	Son	745.601	Male Text	6	Children	425.381
		Average	1086.447143			Average	871.0184286

It can be inferred that the domestic identities of females as "wives" and "mothers" receive more attention than those of males as "husbands" and "fathers".

In contrast, the frequency of "professional identity" words in the male text is higher than that in the female text (Table 16). The dissimilarity in word frequency reflects the different gender construction in the articles of *People*. From the basic information of protagonists in Chapter Three, we know that they are almost characters in the entertainment circle. Society pays more attention to a female's domestic identity rather than to her professional achievements. A female is in the service of her family, her "pregnancy" and "family members" are more important than her careers, awards, and work, whereas the opposite is true for males.

Table **16** "Professional Identity" Words in the Female Text and the Male Text

Source	Freq	Type	NormFreq	Source	Freq	Type	NormFreq
Female Text	33	album	2460.483	Male Text	30	album	2126.905
Female Text	33	show	2460.483	Male Text	30	awards	2126.905
Female Text	25	awards	1864.002	Male Text	29	grammy	2056.009
Female Text	23	singer	1714.882	Male Text	27	music	1914.215
Female Text	18	grammy	1342.082	Male Text	23	actor	1630.627
Female Text	15	music	1118.401	Male Text	20	show	1417.937
Female Text	12	career	894.721	Male Text	20	film	1417.937
Female Text	11	actress	820.161	Male Text	15	career	1063.453
Female Text	2	film	149.12	Male Text	11	celebrity	779.865
		Average	1424.926111			Average	1614.872556

The gender construction about identities articulated above is more evident in texts where males and females are in the same scene. In Tables 6 & 7, it can be found that the frequency of words related to "career and awards", such as awards (NormFeq 4982.752), grammy (NormFreq 4982.752) and album (NormFreq 4599.63), is generally higher in the male text-G than in the female text-G, while personal pronouns occupy the top of word frequency distribution list of the female text-G.

The features in the female text-G and the male text-G mentioned before indicate that, when they are in the same context, males' identities of "creators", "singers" or "artists" are given more attention, while for females, they are focused as just "females" and "family members".

5. Conclusion

5.1 Major Findings

From the perspective of appraisal theory, this study uses the corpus search tool AntConc to investigate the word frequency, collocation, and KWIC of 50 articles of "Celebrity" column from *People* and finds that there is an implicit gender construction.

First, those articles show a general gender construction of females and males. They are constructed as specific images: females are portrayed as static, emotional, and appreciated, while males are portrayed as active, dynamic, and growable. Females are domestic and always combine words related to the family but in male-centered articles, words about occupations and achievements are used more frequently than those words in female-centered articles.

Second, the authors' judgment is presented in those articles and there are shifts in the focus of judgment in those articles. In male-centered articles, authors concentrated their judgment on the awards, works, achievements, and events of the protagonists. However, in female-centered articles, the focus of judgment shifts from the detailed objects to the protagonists themselves. When females are awarded prizes, articles say more about their appearance, clothing, and pictures on social media.

5.2 Limitations and Further Research

The limitations of this study are mainly about the research objects and methodology. Because of the limited time, the articles selected for this study are of a relatively small quantity. Also, all the articles are selected randomly, and the prerequisites are relatively roughly made, so whether those articles are qualified for this study needs further testing. Moreover, the AntConc is used mainly for the quantitative parts. The following analysis is conducted just based on the data and the researcher's judgment influences the results greatly.

Thus the research will continue mainly by increasing the number of selected articles and applying more techniques to the analysis of the connotation of words.

Bibliography

陈薇:《语言对社会性别身份的建构——关于语言和性别研究的再思考》,《外语研究》2014 年第 2 期。

范譞:《“社会性别”概念的确立与解构》,《学海》2019 年第 5 期。

黄荷:《文体学视角下的情感研究》,《外国文学》2020 年第 5 期。

姜雯嘉:《“她综艺”中女性对社会性别话语的颠覆与迎合——以〈我家那闺女〉为例》,《新闻传播》2020 年第 12 期。

梁静:《媒体服饰话语态度资源的社会性别身份建构》,《黑龙江教育学院学报》2015 年第 7 期。

梁频:《态度资源对媒体服饰语篇中社会性别的建构》,《文学界》(理论版)2012 年第 9 期。

梁艳春:《娜塔莉·泽蒙·戴维斯史学思想研究》,社会科学文献出版社 2019 年版。

廖益清:《评判与鉴赏构建社会性别身份——时尚话语的批评性分析》,《外语学刊》2008 年第 6 期。

廖益清:《社会性别的批评话语分析述评》,《外语教学》2008 年第 5 期。

廖益清:《时尚话语中的隐性社会性别身份:以小句过程类型分析为例》,《中国外语》2019 年第 3 期。

刘霓:《社会性别——西方女性主义理论的中心概念》,《国外社会科学》2001 年第 6 期。

刘世铸:《评价理论在中国的发展》,《外语与外语教学》2010 年第 5 期。

刘旭阳:《美国社会性别差异语义学之管窥:基于当代美国英语语料库的“Boy”和“Girl”搭配形容词描写》,《天水师范学院学报》2017 年第 1 期。

刘卫红:《社会性别与身份认同的语言建构》,《江西社会科学》2014 年第 7 期。

刘泽权、王梦瑶:《多变量方法在文学风格考察中的应用——以〈老人与海〉为例》,《外语电化教学》2017 年第 5 期。

聂焱:《当代女性的社会处境——被物化的他者》,《读书》2012 年第 12 期。

庞康博、庞家乐:《评价理论视角下科技新闻报道中介入资源分析——以〈中国日报〉和〈纽约时报〉对华为 5G 报道为例》,《现代商贸工业》2022 年第 7 期。

孙桂荣:《新媒体时代的碎片性微文本及其社会性别分析》,《山东师范大学学报》(人文社会科学版)2019 年第 3 期。

孙明哲:《"gender"革命与性别建构论的两种形态》,《浙江社会科学》2020 年第 12 期。

王春艳:《免费绿色软件 AntConc 在外语教学和研究中的应用》,《外语电化教学》2009 年第 1 期。

王丽:《女性、女性意识与社会性别》,《中国文化研究》2000 年第 3 期。

王晴锋:《戈夫曼论性别广告:基于仪式与框架的分析视角》,《妇女研究论丛》2018 年第 4 期。

武艳华:《社会性别等级视角论女性与动物的关系》,《重庆科技学院学报》(社会科学版)2010 年第 12 期。

肖洒、黄曼:《法庭话语性别研究述评》,《东岳论丛》2019 年第 8 期。

严利华、石义彬:《女性主义视域中的大众传媒批判》,《当代传播》2009 年第 3 期。

袁园:《社会性别与言语打断模式》,《考试周刊》2011 年第 4 期。

张荆欣、伍思静:《评价理论视域下香水广告语篇对比研究》,《东北师大学报》(哲学社会科学版)2018 年第 3 期。

张朋歌:《我国女性网络脱口秀节目的话语权表达研究》,河南大学 2016 年硕士学位论文。

张青:《女性商品广告中的男性形象研究》,《青年记者》2012 年第 35 期。

朱玲佳:《基于语料库的小说文体学研究综述》,《校园英语》2018 年第 26 期。

C. West and D. H. Zimmerman, "Doing Gender", *Gender and Society*, vol. 1, no. 2 (1987).

J. R. Martin and P. R. R. White, *The Language of Evaluation: Appraisal in English*, New York: Palgrave Macmillan, 2005.

Judith Butler, *Gender Trouble: Feminism and the Subversion of Identity*, New York: Routledge, 2006.

S. de Beauvoir, et al., *The Second Sex*, London: Vintage Books, 2015.

Stanley E. Fish, "What Is Stylistics and Why Are They Saying Such Terrible Things about It?", in S. Chatman, eds., *Approaches to Poetics*, New York: Columbia University Press, 1973.

“双减”背景下小学校园“延时服务”空间的创新与设计研究

艺术学院环境设计专业　漆嘉玲

指导教师　张剑

【摘要】 在国家推行“双减”①后，“四点半”难题成为热点教育问题和民生问题。对此，各校纷纷推出“延时服务”。如何使小学校园空间设计更好地满足教育理念变革和“延时服务”课程的需求，实现教育形式和教育空间的相互融合，为小学生提供适用性和创新性的小学校园“延时服务”空间，成为亟待解决的问题。本文在“双减”背景下，通过实地考察、观察分析、问卷调查等研究方法总结小学校园“延时服务”空间现存的问题，探讨小学校园“延时服务”空间的功能需求，对小学校园“延迟服务”空间进行重新定位。最终，提出小学校园“延迟服务”空间的创新与设计方法，包括注重空间竖向设计和构建学习型景观，为学生提供多尺度的学习和活动空间，实现传统的室内课堂向室外空间延伸，使学生的课程内容、活动形式和社交机会变得更加多元。同时，引入5G智慧化“关爱”系统，为“延时服务”的高效实施提供保障。

【关键词】 “延时服务”空间；竖向设计；学习型景观；智慧服务管理空间

一、引言

“双减”出台后，学校回归主场地位，教育更趋理性，学生和家长的压力得到有效缓解，但也伴随着一些新问题的出现。其中，热点问题就是“四点半”难题。孩子放学时间与家长下班时间冲突，家长无法接送孩子和辅导课后作业。于是，由政府和学校共同推出“延时服务”，在校内开展作业辅导和素质提升的课程。

当前我国“延时服务”的实施尚处于探究阶段，“延时服务”空间设计方面的相

① 双减，在中国教育领域中指要有效减轻义务教育阶段学生过重作业负担和校外培训负担。

关探究和实例几乎空白。国家和相关从业人员关注更多的是“延时服务”覆盖率、内容和制度等，但“延时服务”空间的建设程度决定了“延时服务”能否高效地实施，原校园空间远远不能满足“延时服务”的需求。本文根据小学校园“延时服务”空间现状，总结空间现存问题，明确其功能和新需求，对其进行重新定位，并探索出一套适应“延时服务”课程内容和小学生健康成长需求的实用性与创新性空间设计方法，为全国小学“延时服务”空间建设提供新思路。

二、小学校园“延时服务”空间现状调研与分析

本调研以株洲市小学为研究对象。目前，株洲市拥有小学 358 所，全市小学校园总占地面积 5.563×10^6 m²，在校学生共计 299408 人。[①] 城区参加“延时服务”的小学生人数达到 62%，参加“延时服务”的小学教师达到 83%。[②]

通过实地考察，发现各校“延时服务”空间改造力度不够，只是在原校园空间基础上，重新定义空间功能。现将调研中发现的“延时服务”空间问题汇总如下：

(1)学校空间布局过于紧凑。除新开发区小学外，市区大多数小学属于传统的水平分区式紧凑型社区小学，占地面积在 5000～8000 m² 之间，被高密度居住区包围。

(2)大多数校园空间布局形式单一。大多数学校的布局只是简单地按照功能划分成教学区与活动区(见图 1)，区域之间联系不密切，造成学习区域与集体活动区域严重分离。

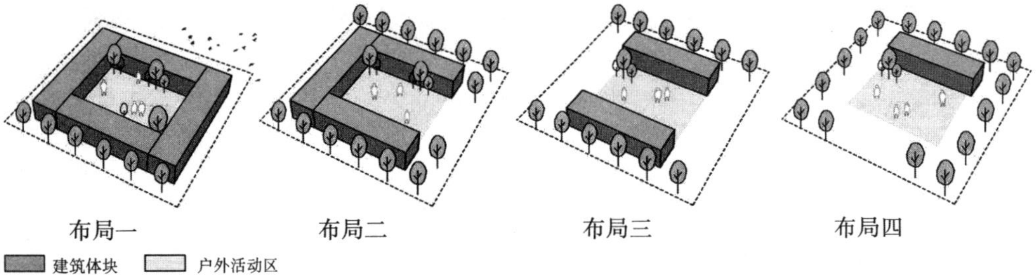

图 1 小学空间布局形式

① 参见株洲市教育局：《株洲教育概况》，2022 年 10 月 28 日，http://jyj.zhuzhou.gov.cn/c5388/20201028/i1606682.html。

② 参见阳锡叶：《株洲课后服务：寻找平衡点，叫好又叫座》，2021 年 8 月 12 日，http://moment.rednet.cn/pc/content/2021/08/12/9774656.html。

(3)空间功能形式单一,缺乏中尺度公共空间。教室灵活度不够,所有教室线性排列,室内面积和可容纳人数固定,不符合"延时服务"学生自主选择课堂的原则,基本还停留在一班选一课。学生的室内活动空间只有教室和教室外的走廊,户外活动空间只有塑胶跑道和操场等大尺度公共空间,中尺度公共空间严重缺失。

(4)景观空间建设不足。当前,各学校景观设计手法基本一致,只通过简单的植物种植和没有特点的雕塑来实现校园的生态环境优化和视觉美化,景观空间整体缺少特色性、趣味性和科普教育性。合理的景观设计不仅可以优化校园环境,还可与教学内容相结合,实现教学系统的优化,促使课堂形式多样化,形成良性循环。

(5)配套服务管理空间建设不完善。当前很多学校的服务管理只停留在制度上,忽视了服务管理空间对学校"延时服务"有效实施的决定性作用。

三、小学校园"延时服务"空间需求调研与分析

为了更加全面地了解现在小学校园"延时服务"空间的需求,采用问卷的形式开展调查研究。最终,收集有效问卷503份。以下为详细调查数据。

503份有效问卷中,家长填写270份,教师填写38份,小学生填写116份,其他人士填写79份(见图2)。其中270名家长中有80%是在17:00以后下班(见图3),有80%希望自己家小孩参加"延时服务"(见图4)。并且在希望自己家小孩参加"延时服务"的家长中,有53.33%希望"延时服务"持续到17:00,40%希望"延时服务"持续到18:00(见图5)。可见"延时服务"需求量较大,且所需服务时间较长。

在小学校园"延时服务"空间设计满意度调查中,有47.06%的受访者表示设计一般,只有8.82%的受访者表示非常满意(见图6)。在"延时服务"上线后,70%的受访者表示学校为提供更好的"延时服务",对学校进行了适量改造(见图7),但大多数校园空间改造只是通过设立宣传栏和展示窗等方式,改造后的空间仍不能满足"延时服务"的真实需求。

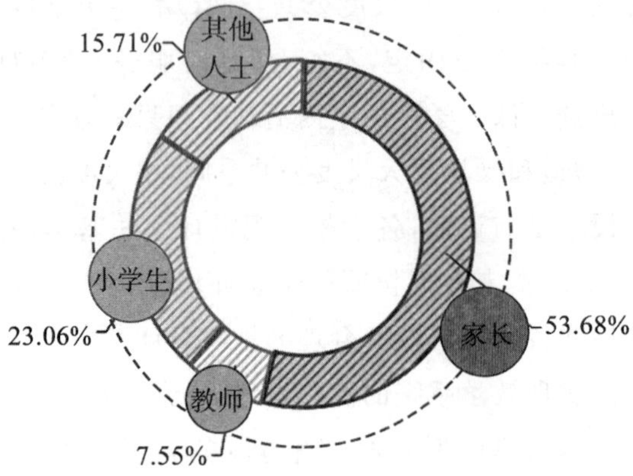

图 2　参与问卷人群人数占比

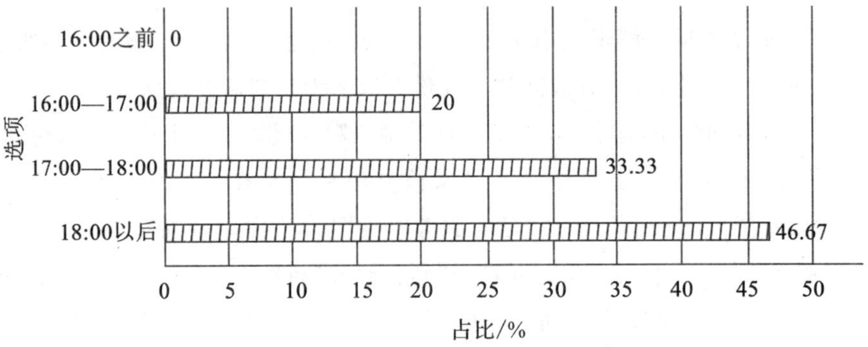

图 3　家长下班时间统计

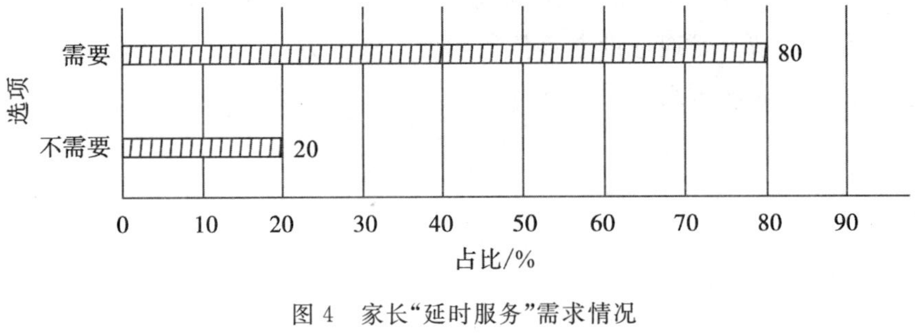

图 4　家长“延时服务”需求情况

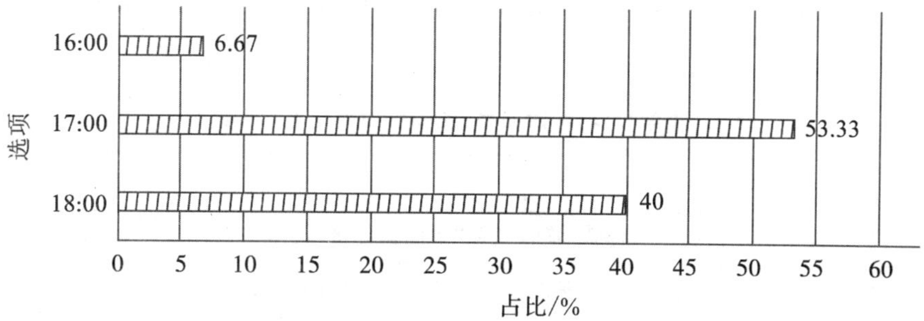

图 5 “延时服务”家长理想结束时间统计

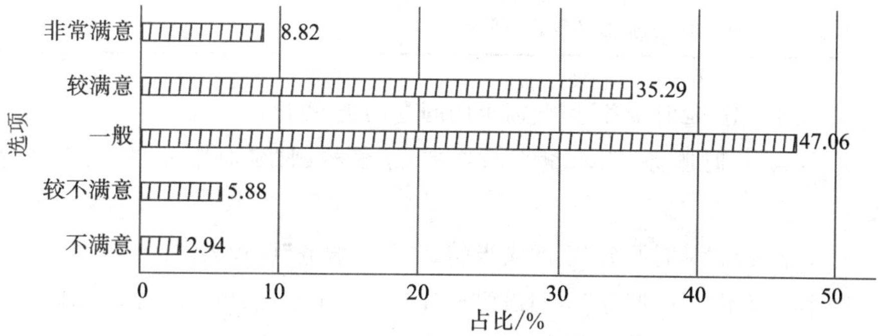

图 6 小学校园“延时服务”空间设计满意度

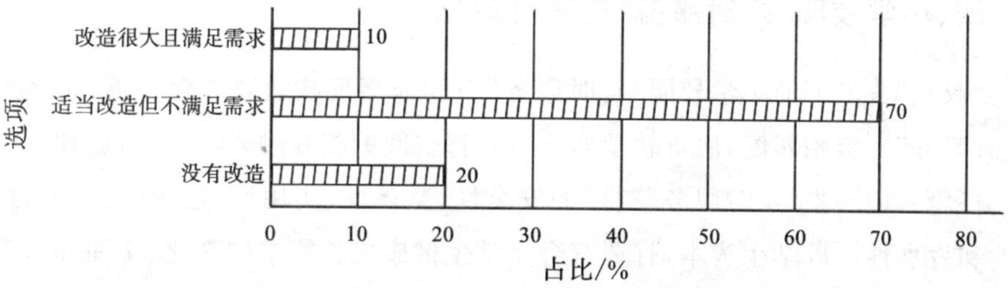

图 7 小学校园“延时服务”空间改造情况

小学校园“延时服务”空间各项需求调查结果显示，86.68%的受访者对现在的小学校园“延时服务”空间是否需要进行改造的评分为 5 分，一致认为原校园空间不能满足“延时服务”多元化需求。第 2 题和第 3 题中，91.18%的受访者给予了 5 分评价，表示非常希望小学校园“延时服务”空间在设计上充分考虑不同年龄段小学生的需求和“延时服务”课程的需求。第 4 题中，67.65%的受访者给予了 4 分的评价，受访者普遍认为校园户外空间是小学生参加“延时服务”的重要场地，加强校园景观建设能为学生提供优美的环境、接近自然的机会，增添学习乐趣。第 5 题中，94.11%的受访者给予了 4 分及以上分数，表示希望学校尽快加强服务管理空间建设，完善相关配套设施。表1为小学校园“延时服务”空间各项需求平均评分表。

表1　小学校园“延时服务”空间各项需求平均评分表

问卷项目	项目平均得分
第1题：您是否觉得现在的小学校园“延时服务”空间需要进行改造？	5
第2题：您是否希望“延时服务”空间考虑不同年龄段小学生的需求？	5
第3题：您是否希望“延时服务”空间考虑“延时服务”课程需求？	5
第4题：您是否希望学校加强校园景观建设？	4
第5题：您是否希望学校加强服务管理空间建设？	5

综上，通过对“延时服务”空间需求的问卷调查，得出以下观点：

(1)小学“延时服务”需求量不断增加，小学校园“延时服务”空间需要尽快升级。

(2)小学校园“延时服务”空间应当满足“延时服务”课程需求。

(3)小学校园“延时服务”空间需要充分考虑学生心理、生理和行为需求。

(4)服务管理空间建设是“延时服务”有效实施的保障。

四、小学校园“延时服务”空间再定位

“双减”背景下的小学校园“延时服务”空间应当反映教育理念变革，与多元化“延时服务”内容相匹配，注重教学形式与教育空间的相互融入，营造开放和互动的教学环境。应增强“延时服务”空间的安全性、整体性、实用性、趣味性、艺术性、教育性和发展性。以学生为本，打造符合小学生健康成长需求的文化、交往和共享空间，促进教师与学生、学生与学生之间相互交流与沟通。通过合理化空间设计，为学生创造出轻松学习和快乐成长的“延时服务”空间，达到学习和娱乐兼顾的效果。

五、小学校园“延时服务”空间设计方法

(一)构建多尺度教学与活动空间

1.注重竖向设计，构建多尺度活动空间

大多数传统校园采用水平分区方式划分空间，活动区域和教学区域彼此分离，联系不密切，学生活动空间不足，而竖向设计的重叠校园通过合理改造竖向空间来创造更加多样和高效的教学和活动空间。首先，合理利用地下空间，将一些采光要

求较低的空间，如运动场馆、车库和设备用房置于地下。其次，将公共活动空间布置在楼层内院，采用多层地面的开放空间策略，提高楼层中学生参与活动的可达性。再次，充分利用平屋顶空间，设置多样的屋顶活动空间，如低层露台和屋顶花园等。最后，有效利用楼梯空间和户外空地，为学生创造更多的停留活动空间，如阶梯观演空间和阅读交往空间等。[①] 竖向设计的重叠校园通过充分利用和改造地下空间、空中庭院和屋顶平台，实现公共空间去中心化，让活动区域和教学区域彼此重叠，同时又可以实现互不干扰。[②]

2.打破固化教室限制，构建灵活教室

原教室受到“编班制”教学模式的限制，以固定式的线性排列为主，外连窄长走廊。然而，“延时服务”是让学生进行自主选择课程，服务人数具有不确定性，同一课程可能出现多个班的同学选择或者选课人数过多的情况，这导致教学用地严重缺失。因此，这种固定面积和使用人数的固化式教室无法满足“延时服务”的需求。面对这种情况，可以采用将多个教室编成组的方式来布置灵活教室。平时按照原来班制用隔音推拉板分隔单独使用，“延时服务”期间则根据具体选课内容和人数选择性打开隔音推拉板，实现合班教学。除此之外，可以在走廊设置趣味书屋、风采宣传栏、座椅接水站和种植阳台等，为学生的课间提供多样的活动场所。[③]

（二）构建学习型景观

1.学习型景观概念

当前，“延时服务”空间依然以室内为主，但有向室外转移的趋势。长时间在室内学习和活动容易引发肥胖、视力下降和注意力不集中等一系列生理和心理问题。学习型景观是指打破传统教学空间格局和内外教学空间的界限，将传统的室内课堂延伸至室外空间，并且根据学生心理、生理和行为需求，建设学习和活动的户外空间，为学生提供一个“生长”的校园空间（见图 8）。[④] 校园景观不再只是简单地美化环境，而是从教育、生态、美学和文化等宏观层面去考虑校园景观，用发展的眼光去审视景观空间的学习教育功能，让学生的课程内容、活动形式和社交方式变得更

① 参见临界工作室：《重叠校园：莲花小学校园设计》，2021 年 3 月 24 日，https://www.gooood.cn/the-overlapped-campus-lianhua-primary-school-china-by-remix-studio.htm。

② 参见药志伟：《当代城市小学活动场所竖向空间设计研究》，湖南大学硕士学位论文，2016 年。

③ 参见临界工作室：《重叠校园：莲花小学校园设计》，2021 年 3 月 24 日，https://www.gooood.cn/the-overlapped-campus-lianhua-primary-school-china-by-remix-studio.htm。

④ 参见杨凡：《小学校园户外学习型景观设计研究》，福建农林大学硕士学位论文，2017 年。

加多元。

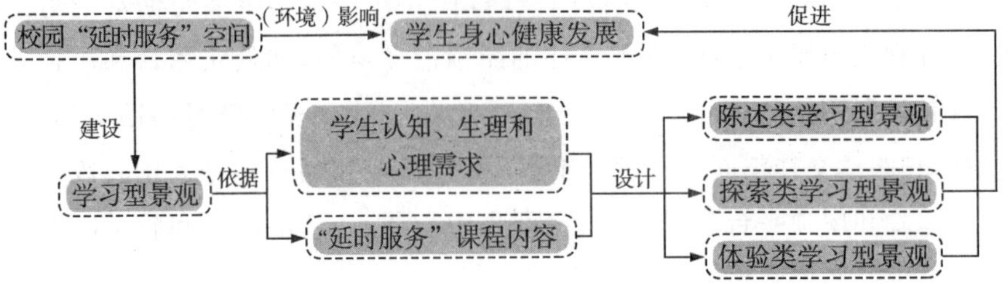

图 8 学习型景观内容

2.学习型景观分类

"延时服务"空间中的学习型景观是将"延时服务"内容与景观设计相结合,赋予户外空间学习功能。基于"1+X 延时服务"(见图 9),可以将学习型景观分为陈述类、探索类和体验类三大类,下面将对这三种类型分别进行概述。

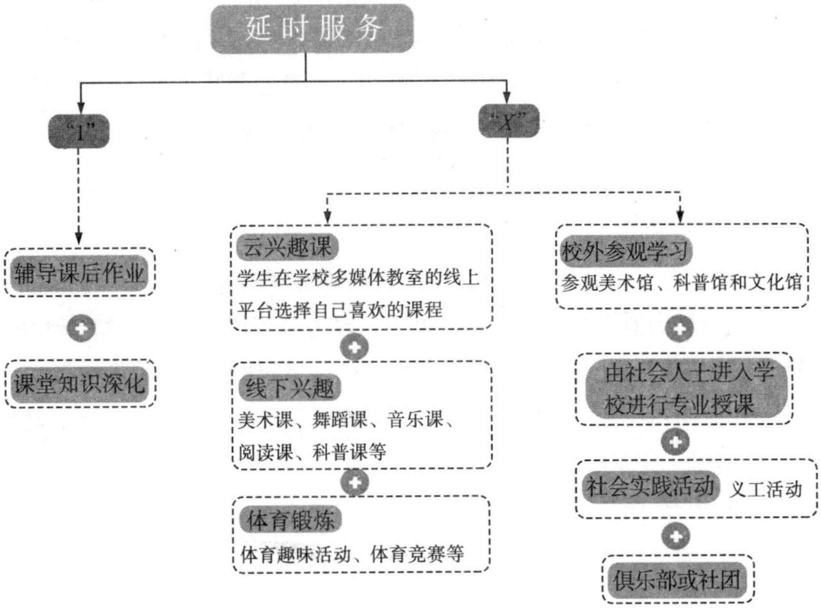

图 9 "延时服务"内容总结

(1)陈述类学习型景观。陈述类学习型景观是将课本里的知识点与景观联系起来,通过图片、文字和模型等方式融入学校景观。[①] 学生可以在校园环境中更加

① 参见付茂政:《学习型景观介入小学校园户外空间设计研究》,中国矿业大学硕士学位论文,2014 年。

直观地感受抽象的知识点，获得实践和独立思考的机会。基于语文课本可以进行提取识字、识植物和课本情景再现等活动。对于识字活动，可以通过汉字互动装置或活字印刷术来增加识字的乐趣。小学语文课本中共有 54 篇课文涉及植物相关的知识，可以通过植物设计来给校园景观空间赋予科普性。① 其他学科也可以通过在户外空间配备相关实践装置进行游戏和实践教学(见图 10)。

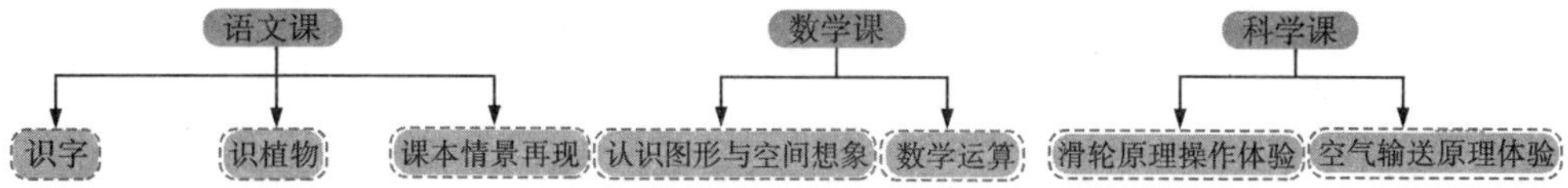

图 10　陈述类学习型景观转换举例

(2)探索类学习型景观。接受学习是一种被动学习，通过这种学习方式，学生可以在短时间内接收大量系统的知识，但增加了学生学习的被动性和依赖性，不利于培养学生的探索精神。探索类学习型景观就是在接受学习的基础上，通过景观空间设计为学生创造一个自己去发现、去探索的学习空间，让学生在探索的过程中潜移默化地学习知识(见图 11)。

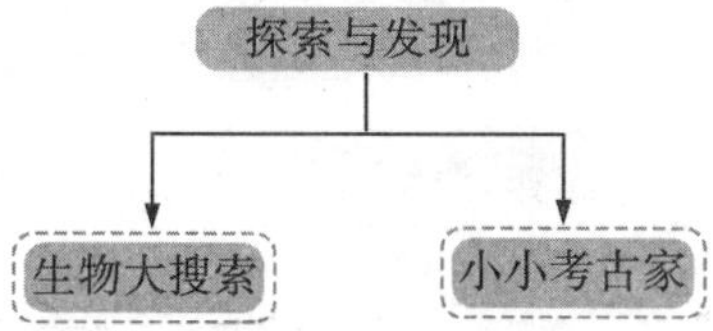

图 11　探索类学习型景观转换举例

(3)体验类学习型景观。在陈述类学习型景观中也提到过“体验”，但体验类学习型景观是指在校园中构建体验社会生活的空间，让学生认识实物、学习规则和品尝艰辛等，最终达到提高学生生活技能的目标(见图 12)。小学课本中也不乏与现实生活息息相关的知识，如数学课中的买卖运算、科学课中的农耕种植、品德与社会课中的交通规则等，然而课本中的虚拟图片无法让学生真实感受。

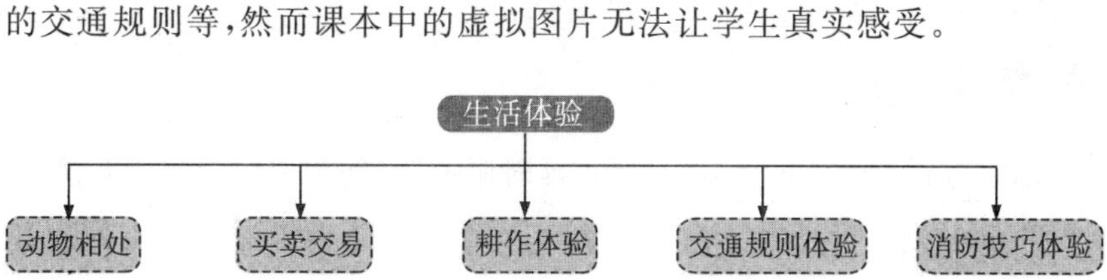

图 12　体验类学习型景观转换举例

① 参见陈逸文：《基于户外课堂的小学校园植物景观设计研究》，湖南农业大学硕士学位论文，2019 年。

(三)建设智慧服务管理空间

学校除了升级服务管理制度外,还需要增设和完善服务管理空间,确保“延时服务”的有效实施。在服务管理空间中可以联动引入5G智慧化“关爱”系统(见图13),上线智慧校园APP,广泛使用移动互联网、人工智能和远程操控等技术,构建数字化和智慧化服务管理空间。其中,5G智慧化“关爱”系统包括智慧学习系统、智慧服务系统和智慧管理系统三个板块,其中智慧学习系统包括智慧课堂和学习论坛。在“延时服务”空间中,学生可以通过学习手表进行学习讨论,也可以扫描科普二维码或智能使用手册来进行学习。智慧服务系统主要包括“延时服务”预约、“延时服务”情况反馈和接送时间预约等。智慧管理系统包括体温监控、自动化消毒、视频监控和紧急报警铃等,通过智能化管理保障师生在“延时服务”空间中的安全。

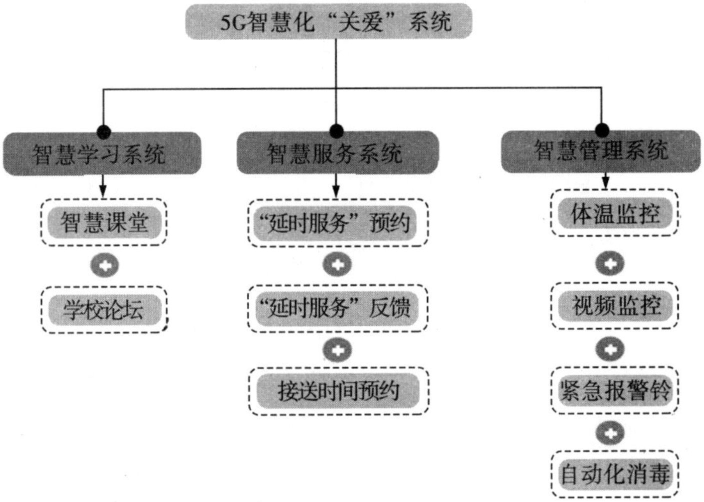

图13 5G智慧化“关爱”系统

六、结论

本文以“双减”背景下的小学校园“延时服务”空间为研究对象,以小学校园“延时服务”空间的创新设计方法为主要研究内容。首先,对株洲市具有代表性的小学进行调研,发现大多数学校只是在原校园空间开展“延时服务”,存在教学及活动用地不足和配套服务管理空间建设不完善等问题。同时,设计调查问卷,对调查结果进行数据分析后发现小学“延时服务”需求量不断增加,但“延时服务”空间的满意度一般,受访者普遍认为“延时服务”空间升级应当满足“延时服务”课程需求、学生需求和服务管理需求三个方面。基于以上内容,本文对小学校园"延时服务"空间进行再定位,力求打造反映教育理念变革、与多元化"延时服务课程"相匹配、注重教学形式与教育空间的相互融入的小学"延时服务"空间。最终,提出具有适用性和创新性的小学校园"延时服务"空间设计方法。首先,注重竖向设计,构建多尺度的教学与活动空间。其次,打破固化教室限制,构建灵活教室,实现教室大小由课程内容和上课人数决定。再次,结合"延时服务"课程内容构建学习型景观,将传统的室内"延时服务"延伸至室外空间。最后,完善服务管理空间,并引入 5G 智慧化"关爱"系统,为"延时服务"的高效实施提供保障。

藏与露

——基于含蓄美学特征的白酒包装设计

艺术学院视觉传达设计专业　程凯悦

指导教师　张传涛

【摘要】 含蓄美是包装上一个重要的审美特征。而白酒包装作为酒的重要构成部分，承担着传递产品信息、构建品牌形象的重任，是具有代表性的物质文化的载体，其造型和色彩更是彰显了美学特征。目前，我国白酒包装设计存在过度重视产品产权、包装手法粗放、本土化不足、不具有代表性、缺乏美感等问题。为了突破这一困境，本文立足白酒包装含蓄美的表现手法，从结构、色彩、笔韵、纹饰、内涵多角度解析，并对应提出具有针对性的策略，使白酒包装设计可以从中华优秀传统文化中汲取营养，提炼跨界元素，让艺术、感官、言语化为符号，进而推动中国白酒包装设计产品向更具民族风貌的方向发展，提高国际竞争力。

【关键词】 白酒包装设计；含蓄美学；视觉符号

一、引言

白酒作为中国具有代表意义和传承价值的饮品，随着历史的发展，具有独特的文化价值。而白酒包装作为白酒的互动产业，在方便运输、保护产品与促销功能之外，还具有传播中国传统文化的特殊意义，它是酒的艺术文化载体。然而这种传统文化在西方审美的对立冲突下，逐渐变得概念化、同质化，甚至在“刺激消费”的商业需求下，设计行业更加萎靡不前，这些困境都对现代白酒包装设计提出了新要求。当前形势下，白酒包装设计应从结构、色彩、纹饰等方面融入中国古典美学，重新定位产品包装，打造独属于中国人的含蓄美学表达方式；将设计依附于中华文化，扎根传统，推陈出新，使白酒包装焕发新的光彩。

二、本论

白酒包装主要从两方面体现美感：一是作品形式，主要由作品的材质、造型、色彩、纹饰等要素构成；二是作品意境，主要指作品传递的情感内涵。从某种意义来说，白酒包装通过形式美构建意境美，形神兼备，达到创作者与消费者一见知心、引为同调的效果。白酒通过包装来展现文化底蕴与企业格局，达到雅俗共赏的目的。

含蓄内敛是先秦理性精神的结晶，深刻融入中华民族的文化之中。白酒包装在符合不同时期的造物技巧的同时，也承载着民族思想与时代特色。因此，现代化白酒包装设计应在含蓄美学观的影响下与现代设计手法相结合。

（一）白酒包装含蓄美的表现手法

白酒包装的含蓄美主要有以下几种表现手法。

1.因借体宜——白酒包装中的虚实相生

漏窗是传统园林建筑中的一种装饰性空窗，它既可做窗户，透过光影，展现流动的自由美，又可做画框，融合内外之景。

藏与露是含蓄美学表现手法中虚实结合思想在中国园林建筑中的运用，通过空间布局，让园林生气盎然。这种虚实结合的思想适用于中国艺术的方方面面：中国画家讲究“计白当黑”，如喜欢只画一个角落的“马一角”①，常采用虚实结合的表现手法给予观赏者以神游的空间；中国戏曲舞台也同样善用“虚空”，如用手势配合音乐来表演的《刁窗》，虚幻与真实交加。

图1　某种酒的外包装

现代白酒包装通过运用园林中的漏窗技巧，可以达到疏密自然、错落有致的效果；通过运用空间光影，可以展现虚实结合的效果。疏密在平面布局和位置经营上相辅相成，形成韵律感与空间感。如图1所示的外包装，就运用了漏窗的手法，通过外部结构，让白酒的生命力在虚空中自由生长；而通过不同光影下的变换，实与虚交融渗透，使得包装与内部相得益彰。

白酒包装造型中的藏与露、虚与实，是含蓄美学的虚实相生表现手法，也是一种赏析法则。

---

① 指南宋绘画大师马远。

2.贲象穷白——白酒包装中的平淡素净

生活中常有两种美感，靡丽与素净。六朝人的四六骈文讲究华丽辞藻的雕饰，这是一种美，但朴素的美往往被认为是艺术的最高境界。而这种本色的美，正暗藏含蓄美学。

白贲出自《易经》中的“贲卦”，包含丰富的美学思想。白色代表纯洁质朴。白色的光包含所有颜色，是质地本身的美。

器物的创作往往以简洁的外在展现无穷的魅力，如我国古代的越瓷，釉色清脆纯净，同和田碧玉一般，清丽淡雅。中国人的诗讲究恬淡而非绮丽，画追寻水墨而非金碧，园林渴求幽静而非喧闹。器物的创作选择以清新淡雅来传达作品的意蕴，白酒包装作为其中一种表现形式传递着这种美学。

如图2所示的白酒包装，造型上简练纯粹，使用水晶玻璃材质，九头身，三分瓶，通透挺拔，棱角分明，表里如一；再配合有设计感的文字，形成自己独特的风格，同时符合含蓄美学特征，轻形式而重内涵；取朴素外形，表含蓄之意，传白贲之神。

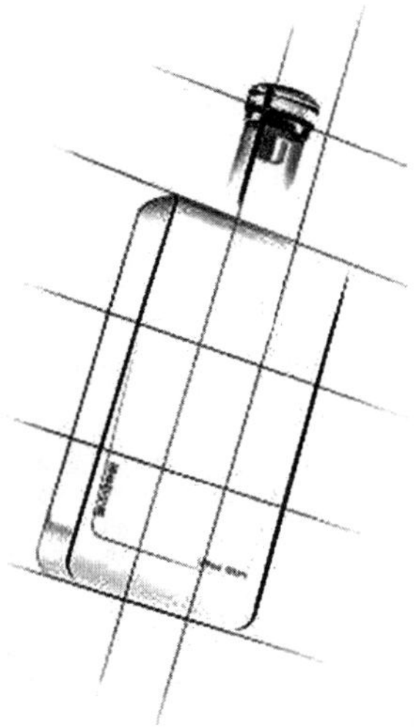

图2 某种白酒包装

白酒包装设计在色彩上，通过对白贲的追求来表现文化底蕴，本色的美虽不夺人眼球却耐人寻味。

3.气韵生动——白酒包装中的心随笔运

气韵生动源自谢赫的“六法论”，是其中最核心、要求最高的境界。气韵，是鼓动万物的“气”的节奏，包装中的书画有气韵，可以给消费者一种音律感。音乐是流淌的艺术，书画是凝固的音乐。创作者通过节奏韵律的模拟传递，让消费者感受自然中的生命力。心随笔运是对气韵生动的进一步拓展，它要求创作者把握核心、提取要素。

书法是白酒包装中非常重要的视觉元素之一，体现中国传统重旋律、重感情的“线的艺术”。因此，很多酒企都特意找书法家根据酒的特征，专门定制符合品牌定位的字。用书法中的气韵，展现中华文化的魅力，拉高品牌形象，满足消费者心理。

纹饰同样成为传递艺术家情感的载体。现代白酒包装由于制造工艺的提升，包装上花纹千姿百态，富有韵味。龙凤祥纹、宝相花纹等大量运用于白酒包装中，雍容华贵，热情饱满。对传统纹样的提炼运用让白酒包装在富有极强装饰性的同时，也展现了企业特色，传承了传统文化。

综上所述，艺术家通过对书法纹饰的创作编排，打造出富有节奏美、生机美的白酒包装作品。有限的瓶身蕴藏无限的内涵，将含蓄美具象化。

4.声中无字——白酒包装中的言外之意

声中无字，最早出自宋代沈括对歌唱艺术提出的规律。通过运用“扬弃”的手法，将字融入声中，无声胜有声，达到意在言外的效果。这种表现方法在书画中是“缘物寄情，物我两忘”，如“虚”比“实”更灵动，是无言之美；在诗词中是将含蓄浪漫隐藏于字中，如“千树万树梨花开”胜过“纷纷暮雪下辕门”；在园林中是对意境的更高追求，如“万壑松风”建筑群，借助题词，景与词耦合，相互映衬。白酒包装作为三维立体设计，虽有别于诗词书画，但同园林一样，对这种“声中无字”的意境美有较高层次的追求，旨在让消费者感受到意蕴与情趣。

白酒包装通过对意境美的追求，可以提高酒的形象与层次，达到内容、形式与意境的三位一体。设计的意境美可以通过空间、色彩、图文进行传递，同时利用虚实、留白与书画等来营造，给消费者带来视觉、触觉、味觉乃至嗅觉的多方面、多层次感受。

图 3 所示的白酒包装，在设计上以其独特的台基构成正六边形井台，搭配烧画工艺，制造六个关联图案。白酒在光的不同角度映射下，在图案上形成波光粼粼的视觉效果。透过清澈的白酒，可以看见栩栩如生的古代街道的繁华景象，给人一种梦里看花、水中望月的朦胧美，营造出一种花非花、雾非雾的意境。

图 3　某种白酒包装

现代白酒包装设计通过材质、结构、色彩、笔墨等多方面展现品牌内涵与历史文化，更深层次地展现中国传统美学。

（二）白酒包装设计中含蓄美的重构与营造

对于白酒包装设计中的含蓄美，可以从以下几个角度进行重构与营造。

1.中国传统文化特色材料再利用

将中国文化融入白酒包装，考验艺术家对于材质、工艺、艺术设计等方面的创新与构建。由于白酒包装的特殊性，对包装材质的探究可以从外包装与内包装两方面进行。

内包装材质有所突破，如图 4 所示的白酒内包装，以青铜、水晶、24K 金为主材料，将编钟及三星堆文化融入设计。栩栩如生的金色玉玺瓶盖，镶嵌青铜合金，落座厚重乌木，恢弘大气。用材质演绎珍贵，将设计与文化紧密结合。选材时兼顾产品定位与设计需求，重新定义国产顶尖白酒设计。

图 4　某白酒内包装

外包装材质选择更为丰富，可以进行相应改进，使用较多的是纸盒包装，也有绿色环保包装材质，如竹条、棉布、草绳等，更具自然风光，彰显雅致。

图 5 所示的白酒外包装，通过手艺人巧思与编织，将稻草、麻绳、竹条紧密结合，编织出玻璃酒瓶的“保护套”，搭配纸质的封条，既有风情，又有特色。该包装既展现地域特色，又对天然材料进行再利用，令人印象深刻，环保与美观并存。

图 5　某白酒外包装①

白酒包装以多元化材质进行组合构建，创新与突破是未来白酒包装设计的趋势。

2.博采众长的包装造型

(1)遮挡式构造的空间张力使人们产生联想。画家在进行创作时，需要对画面进行构图与布局。然而目前我国白酒包装大部分不注重空间的经营布置，外包装与内包装很少相互耦合，普遍处于内外仅有书法纹饰相联系的状态。现当代艺术家在继承传统包装造型的基础上，吸收不同产品、不同国家包装的优点，乃至运用园林等艺术的构建方法，开发出新的表现形式。让消费者通过具有空间感的包装造型来想象外部产品的景外之景，这是含蓄美的一种表现手法。

(2)天圆地方哲学理念的运用。天圆地方作为中国古代的一种重要哲学思想，是阴阳学说的体现，它的动静互补、阴阳平衡运用在我国各类艺术中。其中包含建筑，如天坛；货币，如方孔圆钱；标志图案，如中国银行行徽。它体现中国人的外圆内方思想，体现中国人对团圆的追求。它敦厚朴实的风格，是对含蓄美学的诠释。

如图 6 所示的白酒包装，主瓶型像鼓面，声闻百里；颜色“黄金碧玉”，对比传承；瓶身背纹如意纹饰，表达祝福；整体是圆形、圆柱形的结合，有种自然雅致的柔美。

① 参见张小艺:《论中国白酒包装设计的艺术特色》，苏州大学硕士学位论文，2007 年。

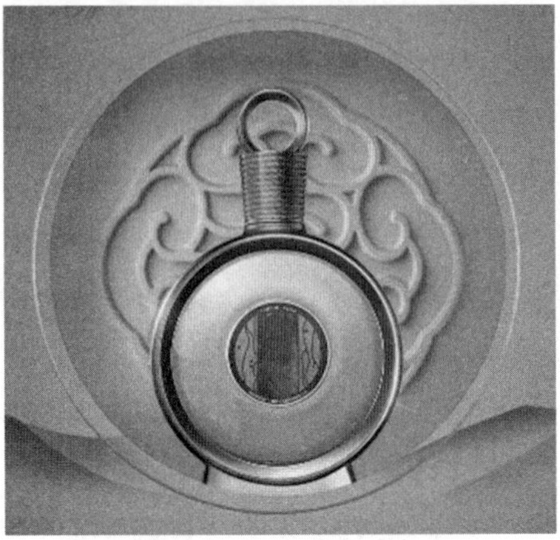

图 6　某白酒包装

因此，设计师在工作中应更加注重包装造型，做出符合大众审美取向的造型设计。通过材料的选择突破，造型的切割整合，形成拥有含蓄美学特征的白酒包装设计，并引领行业，推动包装市场面貌改变。

3.沉淀创新的传统色彩形成氛围

色彩作为传达情感的视觉语言，是引起消费兴趣最重要的包装构成元素。本文将色彩分为自然界的颜色和人工合成的颜色。自然颜色，给人以简单质朴的感觉，如海水的蓝色、树叶的碧色。人工合成的颜色，则给人以沉稳之感，如水墨的颜色、僧袍的褐色。这两种类别，一种展现自然本色，另一种呈现万物归一，都是需要消费者反复品味的颜色。

白酒包装将自然之色和人工之色提炼组合，既可以体现自然的本真，又能展现返璞归真的思想。在突出产品本身特性、吸引消费者目光的同时，更好地移情于色，让美学融入颜色。通过色彩的视觉语言，传递艺术家的情感，唤醒受众对美的追求。

4.提炼简化的书法纹样展现意蕴

图案和文字作为包装上的装饰，既可以体现产品特点，又能增强视觉冲击力，是现代白酒包装中极具个性化的设计点。将图案与书法恰当地运用在包装上，可以展现民族特色。

审美在对象和主体两方面的共同特点就是积淀，将内容积淀为形式，想象积淀为感受。[①] 将图案演化为抽象的几何图形，再排列组合，通过反复的手法，让它们

① 参见李泽厚：《美的历程》，人民文学出版社 2021 年版，第 21 页。

有节奏感地呈现出来。而文字作为一种抽象的艺术,在传达气韵之美、表达含蓄内涵、构建独特视觉空间上有着其他艺术形式所不具备的优势。

在图案方面,艺术家可以对传统纹饰取形延意,将元素图形化、具象化,创作出既有历史意义,又有时代特色的作品。在文字方面,使用气韵生动的书法字体,可以增强包装的民族吸引力,引起共鸣。

(三)含蓄美白酒包装的审美价值

含蓄美白酒包装有着较多的审美价值。

1.白酒包装设计元素的“藏”与消费者之间的情感交互

白酒包装设计通过调动消费者的五感(形、色、闻、味、触),达成共鸣。视觉上,通过园林漏窗元素等手法增强空间感,让消费者感到新鲜有趣。触觉上,增强对白酒包装开启方式的设计,加强消费者的体验感。嗅觉上,可以采用新奇有趣的设计,增强产品互动性。

2.跨界思想的运用,形成白酒包装新趋势

跨界像那枝满园春色出墙来的红杏。对“墙”的突破,可以让消费者看到“红杏”,就联想到那“满园的春色”,这是含蓄美学特征在白酒包装上的进一步运用。包装造型适度地跨界,可以加强视觉感染力,提高产品传播力度。跨界思想可以打破传统思想禁锢,使思维流动起来,带来新的感受体会,也可以让消费者感受美学魅力。

三、结论

大众传统美学观、品牌文化组成了白酒包装的基础,让白酒作为一种文化传承的具象化,成为中国物质文明的标志之一。

含蓄美一直贯穿器物设计史,展现了中国哲学思想。包装艺术的发展是一个不断创新改进的过程。由于新技术的产生,使得艺术家的创作更具时代特色。当代艺术家在白酒包装含蓄美的艺术材料上采用综合材料,做出创新;艺术造型上博采众长,合理运用中国哲学,产生突破;传统色彩上传达情感,形成氛围,吸引受众;书法纹样上进行积淀,让艺术、感官、言语化为符号,形成含蓄朦胧之感。

白酒包装在未来发展中如何赶上潮流,让传统美学焕发新的生命力,还需要深入探索。在时代的浪潮中,具有含蓄美的设计经久流传。

参考文献

戴雪梅:《跨界思维在白酒包装设计中的应用》,《包装工程》2018 年第 4 期。

李泽厚:《美的历程》,人民文学出版社 2021 年版。

徐洁:《工笔花鸟“含蓄美”的营造方式及审美价值研究》,山东理工大学硕士学位论文,2018 年。

赵鹏、王家民:《白酒包装设计》,《包装工程》2007 年第 10 期。

宗白华:《美学散步》,上海人民出版社 1981 年版。

威海小石岛人工鱼礁区大泷六线鱼种群的空间分布特征

海洋学院海洋资源开发技术(养护与开发)专业　朱柳

指导教师　朱立新

【摘要】 人工鱼礁的结构特征影响着所聚集的鱼类群落,同一人工鱼礁区的不同区域投放不同类型的鱼礁,可能使鱼类种群呈现一定的空间分布特征。本文利用2020年12月—2022年2月在威海小石岛人工鱼礁区采集的大泷六线鱼样本,分析了不同礁型区大泷六线鱼的种群特征及差异。结果表明,小石岛人工鱼礁区大泷六线鱼种群具有一定的空间异质性,三角形礁区和立方体型框架礁区大泷六线鱼群体组成较为相似,大个体鱼较多,优势全长为154.3～189.4 mm;石块礁区小个体鱼居多,优势全长为119.2～154.3 mm。各礁型区大泷六线鱼的性比、全长与标准体长关系差异不显著($p>0.05$),体长与体重关系差异极显著($p<0.01$),立方体型框架礁区体长与体重关系式中参数 a 大于三角形礁区和石块礁区,石块礁区参数 b 大于三角形礁区和立方体型框架礁区。三角形礁区和立方体型框架礁区以重量表示的单位捕捞努力量渔获量明显高于石块礁区,立方体型框架礁区种群密度最高,三角形礁区密度最低。大个体大泷六线鱼偏好深水区的三角形礁和立方体型框架礁,而小个体鱼偏好浅水区的石块礁。在海洋牧场建设中,需要结合鱼类生活阶段,设计适宜的礁型,并投放在合适的海域。

【关键词】 人工鱼礁;种群结构;体长与体重关系;大泷六线鱼;小石岛

一、引言

近几十年来,随着科技的进步以及经济社会的发展,人类的捕捞活动导致海洋中大部分鱼类种群遭受了过度捕捞。同时,沿岸区域的填海造陆、滩涂围垦、港口建设、工业污水和生活废水排放等活动破坏了近海海洋生态环境,造成鱼类栖息地丧失。在多种因素的共同作用下,近海渔业资源严重衰退。然而,随着城乡居民生活水平的提高，人们更加关注食物的营养价值，优质蛋白质在食物中所占比重逐渐增加。而海洋中蕴藏着丰富的优质动物蛋白资源，对于改善居民饮食结构、保证营养供应、提高人民的健康水平有着重要意义。① 人口的增加导致对粮食的需求加大，我国耕地面积有限，仅凭借陆地种植所获取的粮食将难以满足日益增长的粮食需求，而海洋中的渔业资源有望弥补这一缺口。因此，合理开发和利用海洋资源对于保障我国的粮食安全也具有重要意义。

为解决由生境破坏、环境污染、过度捕捞等问题引起的渔业资源衰退，急需通过人为的方式修复受损的海洋生态系统和养护渔业资源。目前我国主要依靠投放人工鱼礁修复近海生态环境，增加海洋生物资源。人工鱼礁可以改变海水流态，将底层的有机物、营养盐带到上层，为浮游生物以及一些藻类的繁殖创造有利条件，提高投礁海域的初级生产力。② 鱼礁内部和周围形成的几何阴影区，能给底栖鱼类提供栖息、庇护和活动场所，扩大岩礁性鱼类的栖息范围，从而增加鱼类生物量。同时，鱼礁体表面积大，可以附着一些饵料生物，形成鱼类的食物基础。鱼礁表面还可以作为一些鱼卵、乌贼卵的附着基和孵化器，提高这些种类的补充成功率。③

威海位于山东半岛的东北部，渔业资源较为丰富。由于过度捕捞及环境污染的影响，渔业资源也出现了衰退。近年来，威海市建立了多个国家级和省级人工鱼礁示范区，致力于修复受损的生态环境，养护近海渔业资源。④ 小石岛位于威海西北部，是多种重要海洋经济生物的产卵、索饵场。⑤ 小石岛海域从 2005 年开始进行了大规模的人工鱼礁建设，⑥在小石岛南部人工鱼礁区主要投放了三角形礁、立方体型框架礁、石块礁。不同类型鱼礁结构的复杂程度以及空间分布状况决定了它们对周围渔业资源的影响程度可能有所不同。

大泷六线鱼俗称黄鱼，属于鲉形目、六线鱼科、六线鱼属，属近海冷温性底层鱼

---

① C. C. Hicks, P. J. Cohen, N. A. J. Graham, et al., "Harnessing Global Fisheries to Tackle Micronutrient Deficiencies", *Nature*, vol.574, no.7776(2019), pp.95-98.

② 参见刘鸿雁、杨超杰、张沛东等：《青岛崂山湾人工鱼礁区底层游泳动物群落结构特征》，《生物多样性》2016 年第 8 期。

③ 参见于广成、张杰东、王波：《人工鱼礁在我国开发建设的现状及发展战略》，《齐鲁渔业》2006 年第 1 期。

④ 参见于广成、张杰东、王波：《人工鱼礁在我国开发建设的现状及发展战略》，《齐鲁渔业》2006 年第 1 期。

⑤ 参见王新萌、唐衍力、孙晓梅等：《威海小石岛人工鱼礁海域渔获物群落结构特征及其与环境因子相关性》，《海洋科学》2016 年第 11 期。

⑥ 参见孙利元：《山东省人工鱼礁建设效果评价》，中国海洋大学硕士学位论文，2010 年。

类，在我国黄海、渤海以及日本、朝鲜和俄罗斯远东诸海都有分布，是我国北方重要的经济鱼类，[①]也是我国北方海洋牧场中增殖的重要经济鱼类之一。基于鱼礁类型，本文研究了小石岛人工鱼礁区大泷六线鱼种群的空间分布特征，以期为海洋牧场建设和人工鱼礁设计提供参考依据。

二、材料与方法

(一)样本采集

如图 1 所示，在人工鱼礁区设置 30 个采样点。其中，站点 1、2、9、10、11、12、19、20 位于三角形礁区，站点 3、4、5、6、7、8、13、14、15 位于立方体型框架礁区，站点 16、17、18 以及站点 21～30 位于石块礁区。2020 年 12 月—2022 年 2 月逐月在各站点采样，采样网具为地笼网，网目为 2.2 cm，单节长 29 cm，横截面长 36 cm、宽23 cm，总长为 7.7 m。7 个地笼网连接为一组，每个采样点投放一组地笼网，在海中放置24 h。采集的样本按站点存放，带回实验室进行数据采集，测量与记录每尾鱼的全长、标准体长、体重、性别等生物学数据。本次样本采集共捕获大泷六线鱼 1524 尾。

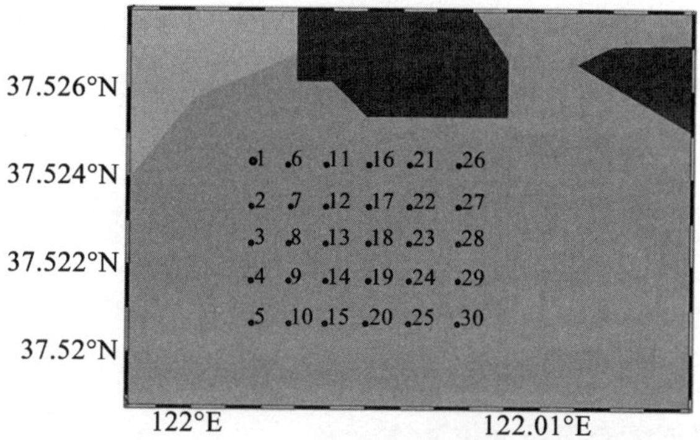

图 1　小石岛人工鱼礁区采样站位

(二)数据处理方法

1.体长组与体重组划分

为分析样本的体长与体重组成特征，需要按照合适的方式划分体长组和体重组。本文将体长和体重划分为不同的组数，计算不同分组数时的变异系数(coefficient of variation，CV)以及平均变异系数$\overline{CV}$[②]，根据平均变异系数的变化

① 参见黄宗国：《中国海洋生物种类与分布》，海洋出版社 1994 年版。

② 参见唐衍力、解涛、于浩林等：《环境与摄食对山东省近海鱼礁区不同体长许氏平鲉分布的影响》，《水产学报》2020 年第 6 期。

曲线选择合适的分组数。平均变异系数为：

$$\overline{CV}=\frac{1}{k}\sum_{i=1}^{k}\left|\frac{\sqrt{\left(x_{ij}-\frac{1}{n}\sum_{ij=1}^{n}x_{ij}\right)^{2}}}{\frac{1}{n}\sum_{ij=1}^{n}x_{ij}}\right| \tag{1}$$

式中，k 为大泷六线鱼分组的组数；x_{ij} 为划分 k 个体长组时，第 j 组第 i 尾大泷六线鱼的体长；n 为第 j 组大泷六线鱼的尾数。

2.体长组成的相似性

利用布雷-柯蒂斯(Bray-Curtis)相似性指数(B)评价不同区域大泷六线鱼体长组成的相似性①：

$$B=100\times\left(1-\frac{\sum_{i=1}^{s}|x_{ij}-x_{im}|}{\sum_{i=1}^{s}|x_{ij}+x_{im}|}\right) \tag{2}$$

式中，x_{ij} 为大泷六线鱼样品第 i 个体长组在第 j 海域的捕捞量；x_{im} 为第 i 个体长组在第 m 海域的捕捞量。将三角形礁区设为第一海域，立方体型框架礁区设为第二海域，石块礁区设为第三海域。

3.全长与标准体长的关系

采用线性模型研究大泷六线鱼全长与标准体长的关系：

$$TL=f+gSL \tag{3}$$

式中，TL 为鱼类全长；SL 为鱼类标准体长；未知参数 f 和 g 利用 Excel 软件进行估计。

4.体长与体重的关系

大泷六线鱼的体长与体重关系式表示为：

$$W=aL^{b} \tag{4}$$

式中，L 为鱼类体长；W 指一定体长所对应的鱼类体重；a 和 b 分别为关系参数，其中 a 为尺度参数，b 为异速生长参数。②

5.单位捕捞努力量渔获量

① J. R. Bray, J. T. Curtis,"An Ordination of the Upland Forest Communities of Southern Wisconsin",*Ecological Monographs*,vol. 27,no. 4(1957),pp. 325-349.

② 参见朱立新、刘金殿、梁振林：《一种稳健的贝叶斯方法在威海近海白姑鱼体长与体重关系研究中的应用》，《海洋湖沼通报》2017 年第 1 期。

单位捕捞努力量渔获量(catch per unit effort，CPUE)可以反映鱼类资源的密度状况，采用一组地笼网放置一天的渔获量作为大泷六线鱼的 CPUE。从质量和尾数两方面计算大泷六线鱼的渔获量，所得大泷六线鱼 CPUE 的单位分别为 g/(d·网)和尾/(d·网)。

三、结果与讨论

(一)体长组成

大泷六线鱼全长范围为 13.9～364 mm，平均值为 166.78 mm。将全部样本划分为不同数量的体长组，当分组数大于 9 时 $\overline{CV}$ 变化趋于平缓(见图 2)。本文将样本划分成为 10 个体长组，各体长组组距为 35.1 mm，所得大泷六线鱼的优势全长为 154.3～189.4 mm，占全部样本的 35.42%(见图 3)。

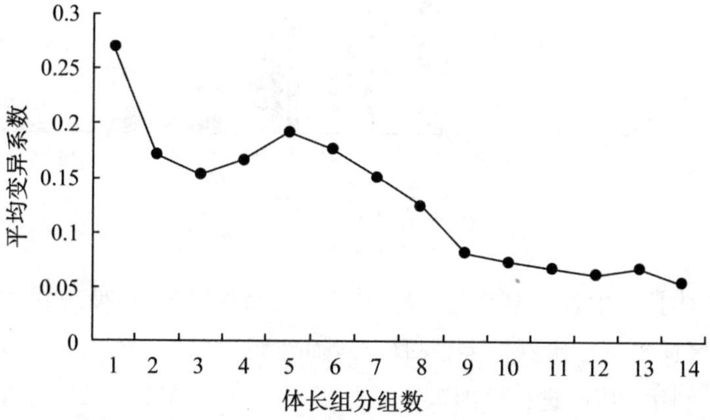

图 2　不同分组数时的平均变异系数

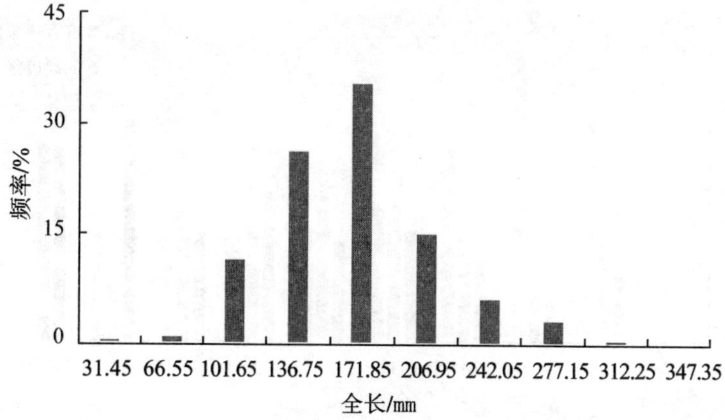

图 3　大泷六线鱼全部样本的全长组成

各礁型区大泷六线鱼的全长主要集中在 119.2～189.4 mm 的范围内(见图4)。三角形礁区共捕到大泷六线鱼 326 尾,全长平均值为 180.03 mm,优势全长为 154.3～189.4 mm,占三角形礁区全部样本的 40.18%;立方体型框架礁区共捕到大泷六线鱼 408 尾,全长平均值为 175.13 mm,优势全长范围与三角形礁区相同,占立方体型框架礁区全部样本的 39.56%;石块礁区的大泷六线鱼的样本数是 566 尾,全长平均值为 156.13 mm,优势全长为 119.2～154.3 mm,占石块礁区全部样本的 29.86%。

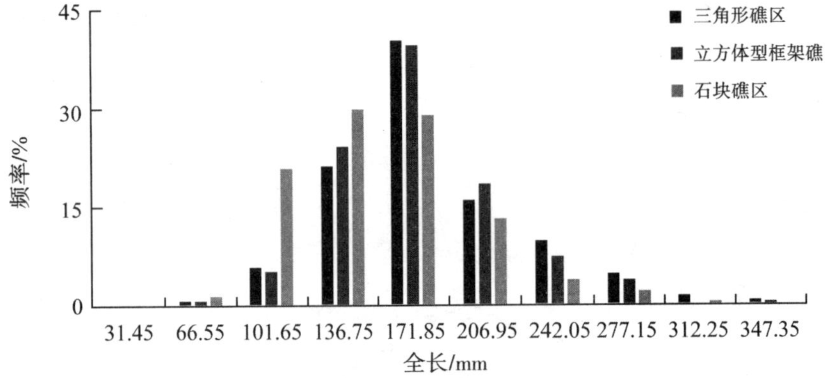

图 4　各类型鱼礁区样本全长分布频率

将每一体长组中各类型鱼礁区样本所占比例进行比较,发现在较小的体长组中,石块礁区样本所占比例较大(见图 5),而在较大的体长组中,三角形礁区样本更占优势。利用 SPSS 进行单因素方差分析(one-way ANOVA),发现不同鱼礁区样本的体长组成存在显著差异($p<0.05$)。

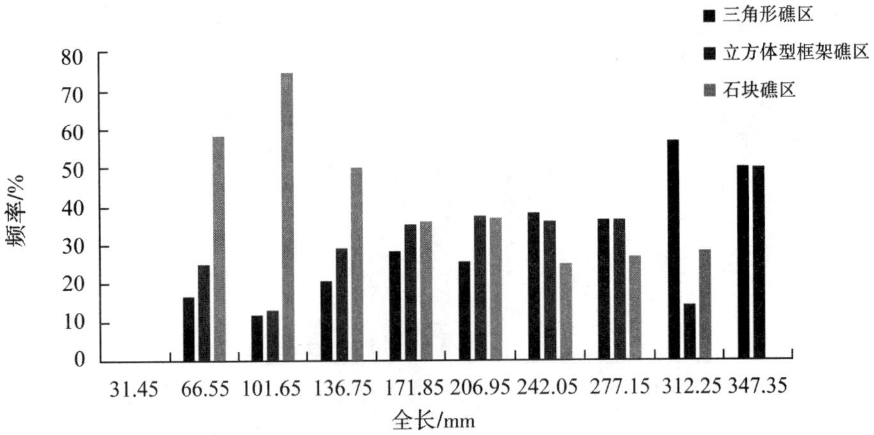

图 5　各类型鱼礁区样本在各体长组中所占比例

三角形礁区与立方体型框架礁区大泷六线鱼体长组成的相似性较高，相似性指数为 87.58%。立方体型框架礁区与石块礁区的相似性指数为 80.37%，三角形礁区与石块礁区的相似性指数为 68.83%，体长组成的相似性较低。这与三种礁型区体长的分布频率是一致的。

三种类型人工鱼礁区相比较，石块礁区样本的全长平均值最小，优势体长组的组中值也偏小，样本更多地分布在较小的体长组中。三角形礁区的样本全长平均值大于立方体型框架礁区，但两种礁区样本的优势体长组相同，这说明体长较大的大泷六线鱼偏好在三角形礁区和立方体型框架礁区生活。山东俚岛人工鱼礁区大泷六线鱼全长平均值为 137 mm，优势体长组为 140～150 mm，[①]小于小石岛人工鱼礁区的样本体长。獐子岛深水鱼礁区大泷六线鱼的优势体长组为 161～200 mm，体长平均值达 222.3 mm，[②]明显大于小石岛鱼礁区样本的体长。海州湾海域大泷六线鱼的优势体长组为 54～74 mm，平均体长为 88 mm，[③]明显小于小石岛、俚岛和獐子岛人工鱼礁区的体长。这说明人工鱼礁区大泷六线鱼的体长大于自然海域，体长大的大泷六线鱼更偏向于在鱼礁区生活。

（二）体重组成

大泷六线鱼全部样本的体重范围为 2.74～755.10 g，平均值为 67.92 g。当分组数大于 18 时 $\overline{CV}$ 变化趋于平缓（见图 6），本文将全部样本划分为 20 个体重组，体重组间隔为38 g。大泷六线鱼样本的优势体重为 2.74～40.74 g，占全部样本的 38.92%（见图 7）。

① 参见王佳琦、刘淑德、唐衍力等：《山东俚岛人工鱼礁区大泷六线鱼生长、死亡及资源评价》，《中国海洋大学学报（自然科学版）》2018 年第 11 期。

② 参见于亚群、田涛、陈勇等：《獐子岛深水人工鱼礁区大泷六线鱼生长特性研究》，《大连海洋大学学报》2016 年第 2 期。

③ 参见孙远远、昝肖肖、徐宾铎等：《海州湾及邻近海域大泷六线鱼的生长、死亡和最适开捕体长研究》，《中国海洋大学学报（自然科学版）》2014 年第 9 期。

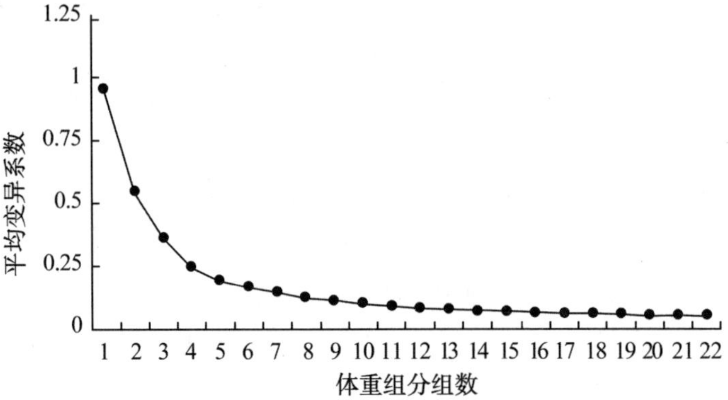

图 6　不同分组方式的平均变异系数

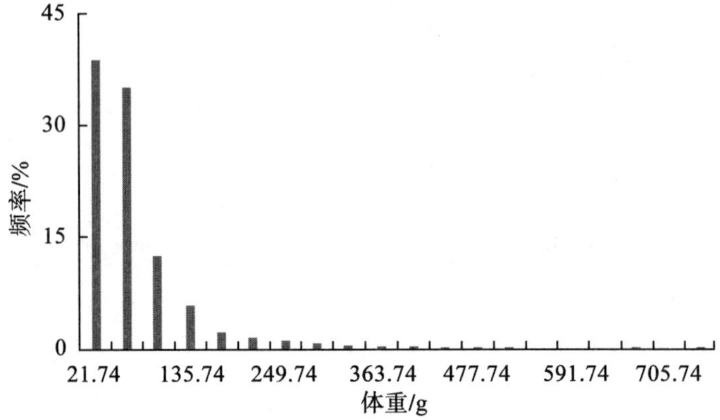

图 7　大泷六线鱼全部样本的体重组成

三角形礁区大泷六线鱼的平均体重为 83.75 g(见图 8),优势体重为 40.74～78.74 g,占总样本的 40.80%;立方体型框架礁区样本的平均体重为 74.60 g,优势体重和三角形礁区相同,占总样本的 38.82%;石块礁区样本的平均体重为 55.31 g,优势体重为 2.74～40.74 g,占总样本的 51.06%。三角形礁区大泷六线鱼样本的平均体重最大,立方体型框架礁区次之,石块礁区最小,石块礁区的优势体重组的组中值相对于三角形礁区和立方体型框架礁区偏小,这与体长的分布特征是一致的。

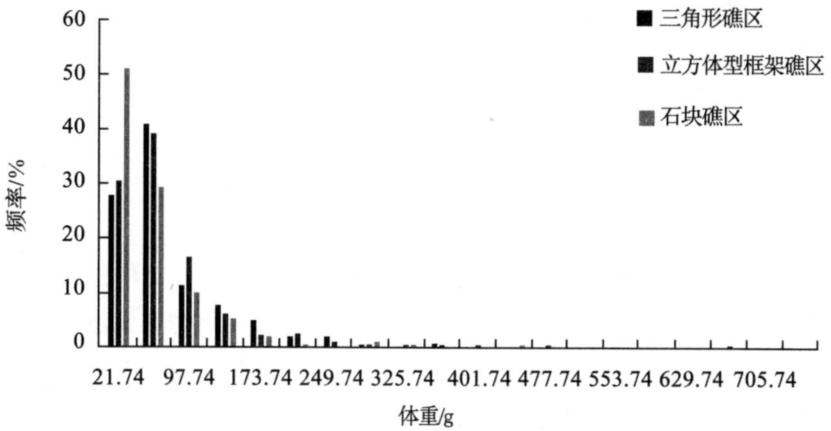

图 8　各类型鱼礁区大泷六线鱼样本的体重组成

一般来说，人工鱼礁区的鱼类群落特征明显优于非礁区。本研究结果显示，鱼礁区大泷六线鱼的体长和体重组成也优于自然海域。由于礁型不同，大泷六线鱼体长与体重组成在不同礁型区有所差异。三角形礁区和立方体型框架礁区大泷六线鱼的体长和体重优势组的组中值高于石块礁区，即大个体大泷六线鱼可能偏好在这两种礁型区生活，这两种礁型可能形成了与石块礁不同的栖息环境。另外，水深对大泷六线鱼的分布也可能产生了一定影响。石块礁位于浅水区，三角形礁和立方体型框架礁投放在相对较深的区域。獐子岛深水鱼礁区大泷六线鱼平均体重为205.83 g，优势体重为 161～200 g，①也高于小石岛人工鱼礁区大泷六线鱼的体重。獐子岛深水鱼礁区大泷六线鱼体长和体重组成均优于小石岛人工鱼礁区，这可能与獐子岛鱼礁区的礁型、水深等因素均有关系。

（三）性别比例

三角形礁区捕获的大泷六线鱼样本的性比为 1.16∶1，雌性多于雄性；立方体型框架礁区样本的性比为 0.96∶1，雌性与雄性个体数相差不大；石块礁区样本的性比为 1.32∶1，雌性个体多于雄性个体。ANOVA 检验得 $F=2.510$，$p=0.082>0.05$，说明不同礁型区的大泷六线鱼的性别比例没有显著性差异，这表明人工鱼礁的构造及位置不同，并没有对大泷六线鱼的性别比例产生影响。

① 参见于亚群、田涛、陈勇等：《獐子岛深水人工鱼礁区大泷六线鱼生长特性研究》，《大连海洋大学学报》2016 年第 2 期。

（四）样本全长和标准体长的关系

大泷六线鱼全长与标准体长的关系为：

$TL=1.1175SL+7.2833, R^2=0.9707$（全部样本，$n=1524$）；

$TL=1.1517SL+1.8494, R^2=0.9936$（三角形礁区，$n=326$）；

$TL=1.1476SL+2.4822, R^2=0.9920$（立方体型框架礁区，$n=407$）；

$TL=1.1215SL+6.2899, R^2=0.9893$（石块礁区，$n=565$）。

ANOVA 检验结果显示，不同礁型区大泷六线鱼全长和标准体长关系不存在显著性差异（$F=1.330, p=0.265>0.05$）。因此，可以将各礁型区大泷六线鱼的全长与标准体长数据放到一起进行分析，用 $TL=1.1175SL+7.2833$ 表示小石岛人工鱼礁区大泷六线鱼的全长和标准体长关系（见图 9）。

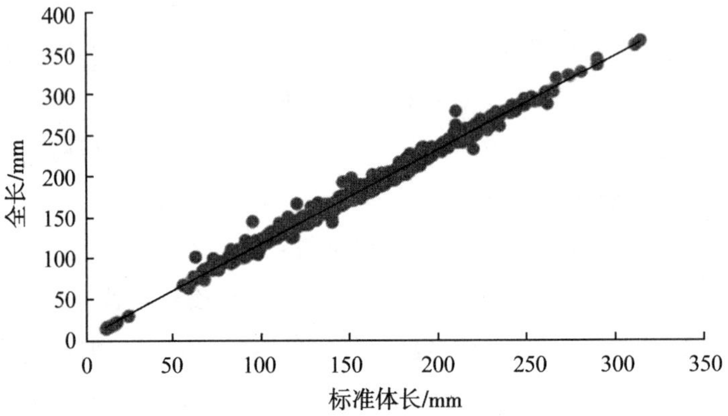

图 9 全长与标准体长的关系

（五）体长和体重关系

大泷六线鱼样本全长与体重的关系（见图 10）为：

$W=6.11\times10^{-6}L^{3.1225}, R^2=0.9827$（全部样本，$n=1524$）；

$W=5.76\times10^{-6}L^{3.1337}, R^2=0.9888$（三角形礁区，$n=326$）；

$W=6.22\times10^{-6}L^{3.1182}, R^2=0.9827$（立方体型框架礁区，$n=407$）；

$W=4.93\times10^{-6}L^{3.1668}, R^2=0.9880$（石块礁区，$n=565$）。

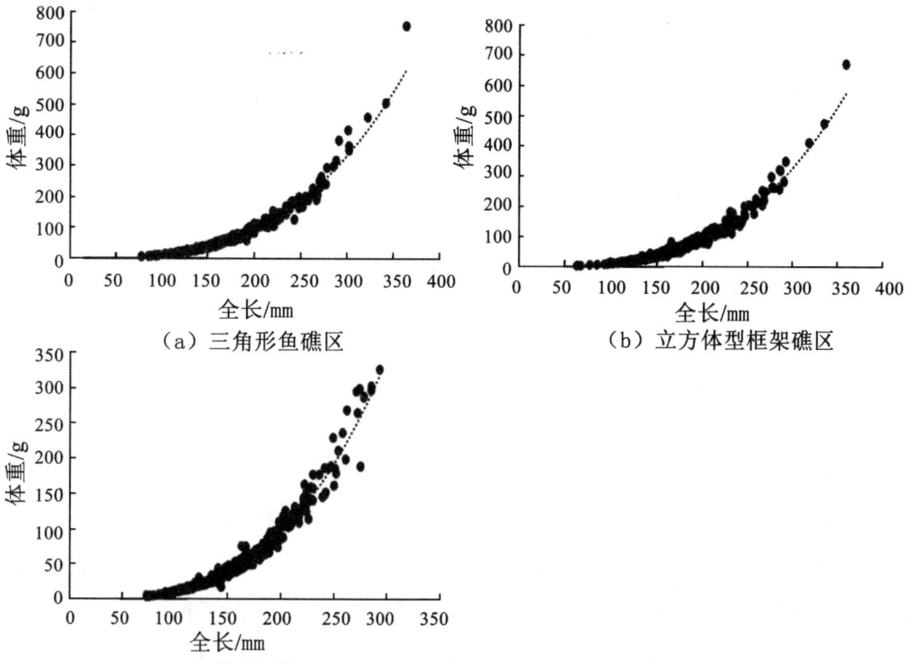

（a）三角形鱼礁区

（b）立方体型框架礁区

（c）石块礁区

图 10　全长与体重的关系

三种礁型区大泷六线鱼的 b 值都大于 3，表明大泷六线鱼均处于正异速生长模式，体重的增速大于体长的增速。① 经过 ANCOVA 检验，三种礁型区大泷六线鱼体长与体重关系存在显著性差异（$p<0.01$）。立方体型框架礁区参数 a 值最大，石块礁区的 a 值最小。参数 b 值则相反，石块礁区 b 值最大，三角形礁区次之，立方体型框架礁区最小。

海州湾及附近海域用底拖网调查的大泷六线鱼样本的体长与体重关系为 $W=4.23\times10^{-6}L^{3.31}$②，参数 a 小于小石岛人工鱼礁区；俚岛样本的体长与体重关系为 $W=7.0\times10^{-6}L^{3.1832}$③，参数 a 大于小石岛鱼礁区。参数 a 可以一定程度上反映出

① W. E. Ricker, "Linear Regressions in Fishery Research", *Journal of the Fisheries Research Board of Canada*, vol. 30, no. 3(1973), pp. 409-434.

② 参见孙远远、昝肖肖、徐宾铎等：《海州湾及邻近海域大泷六线鱼的生长、死亡和最适开捕体长研究》，《中国海洋大学学报（自然科学版）》2014 年第 9 期。

③ 参见王佳琦、刘淑德、唐衍力等：《山东俚岛人工鱼礁区大泷六线鱼生长、死亡及资源评价》，《中国海洋大学学报（自然科学版）》2018 年第 11 期。

鱼类生活条件的优劣[1]，小石岛及俚岛鱼礁区的参数 a 均大于海州湾海域，说明鱼礁投放可以改善鱼类的生活环境。立方体型框架礁区的参数 b 最小、参数 a 最大，与另外两种礁型区相比，体长的增速大于体重的增速，有更多的能量用于大泷六线鱼体长的增长，说明立方体型框架礁区大泷六线鱼的生境条件更好；而石块礁区参数 a 最小、参数 b 最大，说明石块礁区大泷六线鱼的生境条件相对较差。[2]

（六）单位捕捞努力量渔获量

若用渔获物的质量表示渔获量，则三角形礁区、立方体型框架礁区和石块礁区样本的 CPUE 分别为 9.56 g/(d·网)、9.45 g/(d·网)、6.75 g/(d·网)。三角形礁区和立方体型框架礁区大泷六线鱼 CPUE 分别是石块礁区的 1.42 倍和 1.40 倍。若用渔获物的尾数表示渔获量，则三角形礁区、立方体型框架礁区和石块礁区样本的 CPUE 分别为 0.114 尾/(d·网)、0.127尾/(d·网)、0.122 尾/(d·网)，即立方体型框架礁区大泷六线鱼的种群密度最大，三角形礁区密度最小。这说明三角形礁区的大泷六线鱼由数量相对少的大个体鱼组成。立方体型框架礁区大泷六线鱼个头虽然小于三角形礁区，但数量多于三角形礁区，使得两个类型渔礁区以质量表示的 CPUE 较为接近。石块礁区大泷六线鱼主要由数量相对多的小个体鱼组成。

四、结论

在威海小石岛人工鱼礁区，因礁型及其他环境因子的不同，大泷六线鱼种群呈现出一定的空间异质性。三角形礁区和立方体型框架礁区的大个体鱼较多，而位于浅水的石块礁区小个体鱼较多。群体组成的差异性使得各礁型区大泷六线鱼的体长与体重关系、CPUE 有所差异。大泷六线鱼全长与标准体长关系、性比在各礁型区没有显著差异。不同大小的大泷六线鱼偏好不同的礁型，表明大泷六线鱼在不同生活阶段可能有着不同的生境需求。在海洋牧场建设中，需要根据大泷六线鱼的特定生活阶段，设计适宜的礁型，并投放在合适的区域。

① 参见于亚群、田涛、陈勇等：《獐子岛深水人工鱼礁区大泷六线鱼生长特性研究》，《大连海洋大学学报》2016 年第 2 期。

② 参见王淼、周轩、洪波等：《杭州湾北部安氏白虾体长与体重关系的季节变化特征》，《中国水产科学》2020 年第 11 期。

不同生长时期海带可培养附生细菌多糖降解能力分析

海洋学院生物技术专业　张亚宁

指导教师　龚亚

【摘要】 海带是我国重要的经济海藻之一，海带的生理状况与其藻际附生菌密切相关。同时，海洋微生物酶具有十分广阔的研究利用价值，筛选高活性的多糖水解酶是许多科研工作者的研究方向。本文初步筛选出海带附生多糖降解菌，并对其构建系统发育树，分析获得多糖降解菌进化地位的分布规律。此外，本文还对最相似菌株的多糖降解基因水平和底物降解表型进行了对比分析。实验成果如下：214 株厚成期和 237 株衰老期海带可培养附生细菌中初筛获得能降解淀粉、琼胶、褐藻胶或纤维素的菌株分别有 100 株和 146 株，能够同时降解这四种多糖的菌株分别有 5 株和 13 株。对多糖高效降解菌相似菌株进行多糖基因注释分析，发现有些菌株基因水平上呈现出的多糖降解能力与底物验证表型不符，推测造成此现象的原因是基因没有表达，或表达量较低、未能表现出多糖利用能力。

【关键词】 海带可培养附生细菌；多糖降解菌；ML 树；多糖降解酶基因

一、前言

(一)藻际环境及藻际微生物研究概况

地球表面 70%以上被海洋覆盖，海洋中有着十分丰富的生物资源，藻类作为海洋中最重要的初级生产者，是许多微生物赖以生存的基础。[①] 藻细胞向周围环境释放营养物质，形成以藻为核心的独特的富营养区域[②]，藻际环境具有一定的独

① 参见钱树本、刘东艳、孙军：《海藻学》，中国海洋大学出版社 2005 年版。

② 参见王广策：《中国海洋红藻资源及其产业化利用前景》，2013 第四届国际海洋技术大会论文集，杭州，2013 年。

特性,其中的细菌群落分布与周围环境相差很大。①

海洋中藻类和细菌共存了2亿多年②,相互密不可分。然而,某些细菌对于大型藻类也会具有一定的病害性。③ 藻细胞向胞外释放物质存在两种方式④:被动运输和主动运输。

不同的藻类可产生不同性质的有机物而形成不同的藻际微环境,这促进了藻菌间的协同进化,藻际微生物群落一直处在动态演替的状态中。⑤

(二)海带特征及工业价值

海带是我国重要的经济海藻之一。1927年我国首次引进海带⑥,并逐渐发展成海带养殖大国,养殖规模与养殖产量均居世界首位。⑦

海带又名江白菜等,海带的生长周期被划分为幼龄期、凹凸期、脆嫩期、厚成期、成熟期和衰老期。⑧ 海带具有工业应用价值,在食品、医药、化工等领域都有很广泛的应用,海带中提取的褐藻胶、甘露糖、碘等工业原料具有较高的经济价值。⑨

---

① P. Falkowski, M. E. Katz, A. Knoll, et al., "The Evolution of Modern Eukaryotic Phytoplankton", *Science*, vol. 305, no. 5682(2004), pp. 354-360.

② P. Falkowski, M. E. Katz, A. Knoll, et al., "The Evolution of Modern Eukaryotic Phytoplankton", *Science*, vol. 305, no. 5682(2004), pp. 354-360.

③ P. Potin, K. Bouarab, J. P. Salaun, et al., "Biotic Interactions of Marine Algae", *Current Opinion in Plant Biology*, vol. 5, no. 4(2002), pp. 308-317.

④ J. R. Seymour, S. A. Amin, J. B. Raina, et al., "Zooming in on the Phycosphere: The Ecological Interface for Phytoplankton-bacteria Relationships", *Nature Microbiology*, vol. 2, no. 7(2017), pp.1-12.

⑤ 参见王韬洁:《养殖海带不同生长阶段附生细菌多样性分析》,山东大学硕士学位论文,2021年。

⑥ 参见杨迎霞:《海带配子体克隆育苗技术及培育优势杂交苗种的研究》,中国海洋大学硕士学位论文,2003年。

⑦ Y. L. Wang, X. X. Tang, Z. Yang, "Screening of Alginic Acid Decomposing Bacteria and its Culture Conditions", *Journal of Fishery Sciences of China*, vol. 10, no. 1(1994), pp. 51-54.

⑧ 参见尚书:《海带配子体克隆的扩增培养及多样性分析》,中国海洋大学硕士学位论文,2008年。

⑨ 参见姚骏、张弘、郭森等:《海带的生物活性及系列产品开发研究进展》,《食品研究与开发》2018年第8期;参见王明鹏、陈蕾、刘正一等:《海藻生物肥研究进展与展望》,《生物技术进展》2015年第3期。

海藻多糖及其降解产物具有多种生物医学特性，包括抗肿瘤、抗高血压和抗氧化活性。①

（三）海藻多糖与多糖降解酶研究现状

海洋生物酶的研究在海洋生物资源的开发利用中发挥了十分重要的作用。海藻多糖降解酶主要来源于海洋动物和海洋微生物。② 获得海藻多糖降解酶高产菌株是许多科研工作者的研究方向。

淀粉酶广泛存在于自然界的生物体中，由于海洋生态环境的特殊性，有些淀粉酶具有极端的耐盐性和耐冷性。③ 琼胶由琼脂糖和琼脂胶组成，是藻际微生物的主要碳源之一。④ 琼胶酶被划分为两类：α-琼胶酶（EC3.2.1.158）和 β-琼胶酶（EC3.2.1.81）。⑤ 琼胶酶及产酶菌株的培育及获取是海洋生物资源开发领域面临的重要任务。褐藻胶主要分布在褐藻的细胞壁及细胞内。⑥ 按照对底物降解方式的不同，褐藻胶裂解酶被划分为 1，4-α-古洛糖醛酸裂解酶（EC4.2.2.11）和 1，4-β-甘露糖醛酸裂解酶（EC4.2.2.3）两类。⑦ 褐藻低聚糖具有良好的潜在药用价值，是许多药品的原料基础。纤维素酶属于多组分酶系，在自然界中广泛存在，但海洋微生物酶有更高的酶活性，有更大的工业应用潜力。

（四）研究意义与价值

海带中的海藻多糖具有较好的生物活性和重要的开发价值。在海藻寡糖的生产上，酶解法较传统物理和化学法拥有极大的优势。本研究初步筛选出厚成期和衰老期海带附生细菌中能够降解淀粉、琼胶、褐藻胶和纤维素四类多糖的菌株，为今后挖掘多糖降解酶高产菌株，提高海带的工业利用价值提供更多的理论数据

---

① C. K. Veena, A. Josephine, S. P. Preetha, et al., "Beneficial Role of Sulfated Polysaccharides From Edible Seaweed Fucus Vesiculosus in Experimental Hyperoxaluria", *Food Chemistry*, vol. 100, no. 4(2007), pp. 1552-1559.

② 参见管斌、倪雪朋、李悦明等：《海藻多糖降解酶的研究进展》，《中国酿造》2010 年第 9 期。

③ 参见文霞、周少璐、杨秀芷等：《海洋微生物多糖降解酶的研究进展》，《生物技术通报》2016 年第 11 期。

④ 参见马芮萍、朱艳冰、倪辉等：《一株产琼胶酶细菌的分离、鉴定及其琼胶酶基本性质》，《微生物学报》2014 年第 5 期。

⑤ 参见刘江涛、蔡俊鹏、吴冰：《琼胶酶及其综合应用的研究概况》，《现代食品科技》2005 年第 1 期。

⑥ 参见魏丹、窦文芳、李恒等：《高效降解褐藻胶新菌种的筛选、鉴定及产酶条件优化》，《食品与发酵工业》2012 年第 7 期。

⑦ 参见魏丹、窦文芳、李恒等：《高效降解褐藻胶新菌种的筛选、鉴定及产酶条件优化》，《食品与发酵工业》2012 年第 7 期。

支持。

二、材料与方法

(一)实验材料

1.实验菌株

从厚成期和衰老期海带样品中获得可培养附生细菌 451 株。

2.培养基与检测试剂

(1)活化培养基:K 培养基、ME 培养基。

(2)检测培养基:琼胶降解能力检测培养基(ME 培养基)、淀粉降解能力检测培养基[ME 培养基添加终浓度 0.2%(m/V,质量/体积)的淀粉]、褐藻胶降解能力检测培养基[ME 培养基添加终浓度 1%(m/V)的海藻酸钠]、纤维素降解能力检测培养基[ME 培养基添加终浓度 0.5%(m/V)的羧甲基纤维素钠]。

(3)检测试剂:卢戈氏碘液(碘 1.0 g、碘化钾 2.0 g、ddH_2O 300 mL)、刚果红溶液(刚果红 1 g、ddH_2O 1000 mL)、1% NaCl 溶液、1% $CaCl_2$ 溶液[1%(m/V) $CaCl_2$ 溶解于体积分数 70%的乙醇中]。

(4)培养基与检测试剂所需药品:琼脂粉、海带干粉、淀粉、海藻酸钠、羧甲基纤维素钠、蛋白胨、酵母粉、丙酮酸钠、维生素 B_{12}、碘、碘化钾、无水乙醇、刚果红、ddH_2O、NaCl、无水 $CaCl_2$、75%乙醇。

3.主要设备

主要设备包括超净工作台、磁力搅拌器、纯水仪、蒸汽灭菌器、恒温培养箱等。

(二)实验方法

1.筛选淀粉降解菌

将两个时期的海带附生细菌接种在淀粉降解能力检测培养基上,放置于 28 ℃恒温培养箱培养 7 d。培养完成后在每一个培养基上滴加卢戈氏碘液,如果菌落周围不形成蓝色,并且有透明水解圈形成,则为淀粉酶阳性,否则阴性。

2.筛选琼胶降解菌

将两个时期的海带附生细菌接种在琼胶降解能力检测培养基上,放置于 28 ℃恒温培养箱培养 7 d。如果菌落周围培养基凹陷变软,则为琼胶酶阳性,否则阴性。

3.筛选褐藻胶降解菌

将两个时期的海带附生细菌接种在褐藻胶降解能力检测培养基上,放置于 28 ℃恒温培养箱培养 7 d。培养完成后将每一个培养基用 1%(m/V)$CaCl_2$溶液浸泡 1 h,如果菌落周围出现透明水解圈则为阳性,否则为阴性。

4.筛选纤维素降解菌

将两个时期的海带附生细菌接种在纤维素降解能力检测培养基上，放置于28 ℃恒温培养箱培养 7 d。培养完成后使用刚果红溶液对每一个培养基染色 1 h 后用 1%NaCl 溶液冲洗，如果菌落周围出现透明水解圈则为阳性，否则为阴性。

5.构建多糖降解菌系统发育树

从两个时期的海带附生细菌中筛选能够降解多糖底物的菌株。分别将筛选到的两个时期菌株的 16S rDNA 序列建立一个 fasta 格式的文件。采用 MAFFT (version7.450)对两个时期菌株的 16S rRNA 基因序列进行多重序列比对，使用 TrimAI 进行剪切修饰，将修饰好的结果用 FastTree(version2.1)构建 ML (Maximum-likehood)系统发育树，发育树构建完成后使用 iTOL(https://itol.embl.de/)美化系统发育树。

6.注释多糖降解基因

通过上述方法筛选出多糖高效降解菌，将它们的 16S rDNA 基因序列上传至 NCBI(https://blast.ncbi.nlm.nih.gov/Blast.cgi)进行 BLAST 比对分析，在 NCBI 基因组数据库中获取相似度最高、分类地位最接近的菌株基因组序列。获取序列后使用 dbCAN2metaserver(http://bcb.unl.edu/dbCAN2/)注释碳水化合物活性酶(CAZymes)基因。

三、结果与分析

(一)多糖降解菌的筛选分析

本次实验中，214 株厚成期海带可培养附生菌株中，具有褐藻胶降解能力、淀粉降解能力、纤维素降解能力和琼脂降解能力的菌株数量依次为 59 株、56 株、24 株和 12 株。237 株衰老期海带可培养附生菌株中，具有褐藻胶降解能力、淀粉降解能力、纤维素降解能力和琼脂降解能力的菌株数量依次为87 株、49 株、46 株和 26 株。褐藻胶是海带中含量最高的多糖①，实验结果显示，海带附生多糖降解菌的丰富度与海带中此种多糖含量占比基本一致。

214 株厚成期海带可培养附生菌株中有 5 株兼具琼脂、淀粉、褐藻胶和纤维素降解能力，菌株信息如表 1 所示。

237 株衰老期海带可培养附生菌株中有 13 株兼具琼脂、淀粉、褐藻胶和纤维

① 参见文霞、周少璐、杨秀芷等:《海洋微生物多糖降解酶的研究进展》,《生物技术通报》2016 年第 11 期。

素降解能力，菌株信息如表 2 所示。

衰老期海带可培养附生菌株中的同时具有 4 种多糖降解能力的 13 株菌中，除了 5T2-1、5T6-2-1 分布于变形菌门、γ-变形菌纲，其余 11 株菌株均分布于拟杆菌门、黄杆菌纲、黄杆菌目、黄杆菌科，黄杆菌科菌株在海藻多糖降解过程中发挥重要作用。黄杆菌科中，只有 5E66-1 分布于藤杆菌属，其余 10 株菌都分布于海水杆菌属。237 株衰老期海带可培养附生菌株中，能降解淀粉、琼脂、褐藻胶或纤维素的菌株数量占比达 61.6%；214 株厚成期海带可培养附生菌株中，能降解琼脂、淀粉、纤维素或褐藻胶的菌株数量占比达 46.7%。衰老期海带可培养附生菌株，降解多糖种类多、降解能力强的菌株数量占比相较厚成期更高。

表 1　同时具有 4 种多糖降解能力的菌株信息(厚成期)

菌株编号	比对菌株	16S rDNA 相似度/%
E189	*Altererythrobacter mangrovi*	95.34
K20	*Pseudoalteromonas hodoensis*	100
K69	*Nocardioides ginkgobilobae*	99.56
T29	*Cobetia pacifica*	100
T6	*Flavimobilis marinus*	99.85

表 2　同时具有 4 种多糖降解能力的菌株信息(衰老期)

菌株编号	比对菌株	16S rDNA 相似度/%
5E110-1-2	*Aquimarina latercula*	99.51
5E110-2	*Aquimarina latercula*	99.63
5E43-2-1	*Aquimarina latercula*	99.63
5E87a	*Aquimarina latercula*	99.63
5E88-1	*Aquimarina latercula*	99.63
5E88-2-1	*Aquimarina latercula*	99.63
5E91-1	*Aquimarina latercula*	99.63
5E91-2-2	*Aquimarina latercula*	99.63
5K117	*Aquimarina latercula*	99.63
5E66-1	*Tenacibaculum jejuense*	98.31

续表

菌株编号	比对菌株	16S rDNA 相似度/%
5T2-1	*Alteromonas addita*	99.85
5T3-2	*Maribacter dokdonensis*	99.64
5T6-2-1	*Alteromonas macleodii*	99.93

(二)系统发育树构建

分别用 100 株厚成期和 146 株衰老期海带可培养附生菌株中具有琼脂、淀粉、纤维素或褐藻胶降解能力的菌株的 16S rDNA 序列构建 ML 树。

结果显示,厚成期海带附生多糖降解菌主要分布在变形菌门、拟杆菌门、放线菌门和厚壁菌门,分布于变形菌门的菌株数量高达 65%,且大部分菌株的多糖降解能力突出。其中,约 71%分布在 γ-变形菌纲,仅 K161 一株分布在浮霉菌门。

146 株具有琼脂、淀粉、褐藻胶或纤维素降解能力的衰老期海带可培养附生菌株主要分布于变形菌门和拟杆菌门。分布于变形菌门的菌株数量占比为 63%,分布于拟杆菌门的菌株数量占比为 33.6%。分布于厚壁菌门的菌株只有 5 株,占比为 3.4%。变形菌门中,约 71%的菌株分布于 γ-变形菌纲,约 29%的菌株分布于 α-变形菌纲。拟杆菌门中,94%的菌株分布于黄杆菌科。

(三)多糖降解酶基因注释分析

100 株厚成期和 146 株衰老期海带可培养附生菌株中至少具有淀粉、琼胶、褐藻胶和纤维素中三种多糖降解能力的菌株有 43 株。通过 16S rDNA 的序列比对,确定海带附生多糖高效降解菌的种属地位及 NCBI 数据库中最相似菌株,最终获取 20 株海带附生多糖高效降解菌相似菌株的全基因组序列,基因组信息如表 3、表 4 所示。

表 3　厚成期海带附生多糖高效降解菌基因组信息

菌株编号	相似菌株	16S rDNA 基因相似度/%	NCBI 序列编号
E189	*Altererythrobacter mangrovi*	95.34	CP022889.1
T29	*Cobetia pacifica*	100	CP047970.1
E327	*Fabibacter misakiensis*	94.79	MDGQ00000000.1
T6	*Flavimobilis marinus*	99.85	GCA_014653315.1
K69	*Nocardioides ginkgobilobae*	99.56	ND
T22	*Pseudoalteromonas arctica*	99.93	CP011025.1

续表

菌株编号	相似菌株	16S rDNA 基因相似度/%	NCBI 序列编号
T42	*Pseudoalteromonas atlantica*	100	CP023464.1
E270	*Pseudoalteromonas hodoensis*	99.93	ND
K167	*Pseudoalteromonas hodoensis*	99.93	ND
K20	*Pseudoalteromonas hodoensis*	100	ND
K49	*Pseudoalteromonas hodoensis*	99.86	ND
T43	*Pseudoalteromonas hodoensis*	99.93	ND
E82	*Pseudoalteromonas marina*	99.85	CP023558.1
K164	*Pseudoalteromonas translucida*	99.13	CP011034.1

注:“ND”表示无数据源。

表 4 衰老期海带附生多糖高效降解菌基因组信息

菌株编号	相似菌株	16S rDNA 相似度/%	NCBI 序列编号
5T2-1	*Alteromonas addita*	99.85	CP014322.1
5T6-2-1	*Alteromonas macleodii*	99.93	CP003841.1
5E110-1-2	*Aquimarina latercula*	99.51	AUMK00000000.1
5E110-2	*Aquimarina latercula*	99.63	AUMK00000000.1
5E43-2-1	*Aquimarina latercula*	99.63	AUMK00000000.1
5E87a	*Aquimarina latercula*	99.63	AUMK00000000.1
5E88-1	*Aquimarina latercula*	99.63	AUMK00000000.1
5E88-2-1	*Aquimarina latercula*	99.63	AUMK00000000.1
5E91-1	*Aquimarina latercula*	99.63	AUMK00000000.1
5E91-2-2	*Aquimarina latercula*	99.63	AUMK00000000.1
5E98-1	*Aquimarina latercula*	99.63	AUMK00000000.1
5K117	*Aquimarina latercula*	99.63	AUMK00000000.1
5K120-2	*Aquimarina latercula*	99.42	AUMK00000000.1
5K18-1	*Aquimarina latercula*	99.56	AUMK00000000.1
5K36	*Aquimarina latercula*	99.63	AUMK00000000.1

续表

菌株编号	相似菌株	16S rDNA 相似度/%	NCBI 序列编号
5K41-3-2	*Aquimarina latercula*	99.63	AUMK00000000.1
5K46	*Aquimarina latercula*	99.56	AUMK00000000.1
5K13	*Aquimarina spongiae*	99.71	FQYP00000000.1
5E53	*Arenicella xantha*	98.47	QNRT00000000.1
5E114	*Vibrio natriegens*	99.71	CP009977.1
5T23-4-5	*Bacillus megaterium*	99.93	CP069288.1
5E66-1	*Tenacibaculum jejuense*	98.31	LT899436.1
5T3-4	*Lewinella persica*	95.84	ARDG00000000.1
5T23-4-4	*Cellulophaga lytica*	99.93	CP002534.1
5T3-2	*Maribacter dokdonensis*	99.64	NLT629754.1
5E7	*Olleya algicola*	98.23	ND
5E111-1	*Spongiimicrobium salis*	99.49	ND
5K42	*Tenacibaculum jejuense*	98.24	LT899436.1
5E43-2-1V	*Vibrio harveyi*	100	CP009467.2

注："ND"表示无数据源。

碳水化合物活性酶基因数量如表 5 所示。20 株菌株中共有 2190 个基因编码具有海带多糖降解相关的酶，其中糖苷水解酶(GH)基因数量最多(957)，其次为糖基转移酶(GT)基因(666)和碳水化合物酯酶(CE)基因(206)，碳水化合物结合模块(CBM)基因(160)、多糖裂解酶(PL)基因(108)和辅助氧化还原酶(AA)基因(93)数量相对较少。数据显示，*Aquimarina latercula* DSM 2041^{T}、*Aquimarina spongiae* DSM 22623^{T}和 *Maribacter dokdonensis* DSW-8^{T}的碳水化合物活性酶基因数量较多，它们均来自拟杆菌门、黄杆菌科。

表 5　多糖高效降解菌相似菌株碳水化合物活性酶(CAZymes)基因数量统计

菌株名	GT	GH	CE	PL	CBM	AA	合计
Aquimarina latercula DSM 2041^{T}	53	109	18	14	29	6	229
Lewinella persica DSM 23188^{T}	52	95	16	14	20	9	206

续表

菌株名	GT	GH	CE	PL	CBM	AA	合计
Aquimarina spongiae DSM 22623^T	42	73	15	9	20	3	162
Maribacter dokdonensis DSW-8^T	38	68	8	12	12	5	143
Bacillus megaterium ATCC 14581^T	44	49	25	1	11	6	136
Arenicella xantha DSM 24032^T	52	41	8	4	7	8	120
Alteromonas addita R10SW13^T	33	48	14	10	8	6	119
Tenacibaculum jejuense KCTC 22618^T	32	56	6	6	13	2	115
Vibrio harveyi ATCC 14126^T	27	60	8	5	6	6	112
Alteromonas macleodi ATCC 27126^T	29	47	15	8	5	7	111
Fabibacter misakiensis SK-8^T	48	36	16	1	8	2	111
Cellulophaga lytica DSM 7489^T	28	54	10	5	5	2	104
Flavimobilis marinus DSM 19083^T	29	43	5	0	5	4	86
Cobetia pacifica GPM2^T	39	17	3	4	1	12	76
Pseudoalteromonas arctica A 37-1-2^T	20	33	8	5	4	2	72
Pseudoalteromonas atlantica ECSMB14104^T	18	31	12	5	4	2	72
Altererythrobacter mangrovi C9-11^T	27	31	2	0	0	5	65
Pseudoalteromonas marina ECSMB14103^T	15	27	12	4	2	1	61
Vibrio natriegens ATCC 14048^T	24	22	2	1	0	4	53
Pseudoalteromonas Translucida KMM 520^T	16	17	3	0	0	1	37

利用 dbCAN2 meta server 对 20 株菌株的基因组序列进行碳水化合物活性酶注释，统计与琼胶、淀粉、褐藻胶和纤维素降解相关的基因数量。20 株菌株中，*Aquimarina latercula* DSM 2041^T、*Aquimarina spongiae* DSM 22623^T、*Maribacter dokdonensis* DSW-8^{T}和 *Tenacibaculum jejuense* KCTC 22618^{T}四株分布于拟杆菌门、黄杆菌纲、黄杆菌科的菌株具有较多多糖降解酶编码基因，推测有较强的多糖降解能力。

通过文献查阅获得多糖高效降解菌相似菌株的四种底物降解表型，如表 6 所示。*Aquimarina latercula* DSM 2041^T、*Lewinella persica* DSM 23188^T、*Maribacter dokdonensis* DSW-8^T、*Tenacibaculum jejuense* KCTC 22618^T、

Fabibacter misakiensis SK-8^{T}、*Pseudoalteromonas atlantica* ECSMB14104^{T}和*Pseudoalteromonas translucida* KMM 520^{T}七株菌与淀粉相关的基因数量较多，但底物降解表型为阴性。从基因组水平和底物降解表型两个方面分析多糖降解能力，推测造成此现象的原因是基因没有表达，或表达量较低而未能表现出多糖利用能力。

表6　四种多糖降解酶编码基因数量统计

菌株名	琼胶酶编码基因	淀粉酶编码基因	纤维素酶编码基因	褐藻胶裂解酶编码基因
Aquimarina latercula DSM 2041^{T}①	14(+)	83(−)	28	7
Lewinella persica DSM 23188^{T}②	10	66(−)	32(−)	7
Aquimarina spongiae DSM 22623^{T}③	5(−)	55	22(+)	7
Maribacter dokdonensis DSW-8^{T}④	3(+)	46(−)	23	8
Bacillus megaterium ATCC 14581^{T}	0	34	18	0
Arenicella xantha DSM 24032^{T}⑤	1(−)	29(+)	16(−)	3

① O. I. Nedashkovskaya, M. Vancanneyt, L. Christiaens, et al.,"Aquimarina Intermedia Sp. Nov., Reclassification of Stanierella Latercula (Lewin 1969) as Aquimarina Latercula Comb. Nov. and Gaetbulimicrobium Brevivitae Yoon et al. 2006 as Aquimarina Brevivitae Comb. Nov. and Emended Description of the Genus Aquimarina", *International Journal of Systematic and Evolutionary Microbiology*, vol. 56, no. 9(2006), pp. 2037-2041.

② L. I. Sly, M. Taghavit, M. Fegan, "Phylogenetic Heterogeneity Within the Genus Herpetosiphon: Transfer of the Marine Species Herpetosiphon Cohaerens, Herpetosiphon Nigricans and Herpetosiphon Persicus to the Genus Leiwinella Gen. Nov. in the Flexibacter-Bacteroides-Cytophaga Phylurn", *International Journal of Systematic Bacteriology*, vol. 48, no. 3 (1998), pp. 731-737.

③ B. J. Yoon, H. S. You, D. H. Lee, et al., "Aquimarina Spongiae Sp. Nov., Isolated From Marine Sponge Halichondria Oshoro", *International Journal of Systematic and Evolutionary Microbiology*, vol. 61, no. 2(2011), pp. 417-421.

④ J. H. Yoon, S. J. Kang, S. Y. Lee, et al., "Maribacter Dokdonensis Sp. Nov., Isolated From Sea Water off a Korean Island, Dokdo", *International Journal of Systematic and Evolutionary Microbiology*, vol. 55, no. 5(2005), pp. 2051-2055.

⑤ L. A. Romanenko, N. Tanaka, G. M. Frolova, et al., "Arenicella Xantha Gen. Nov., Sp. Nov., a Gammaproteobacterium Isolated From a Marine Sandy Sediment", *International Journal of Systematic and Evolutionary Microbiology*, vol. 60, no. 8(2010), pp. 1832-1836.

续表

菌株名	琼胶酶编码基因	淀粉酶编码基因	纤维素酶编码基因	褐藻胶裂解酶编码基因
Alteromonas addita R10SW13^{T}①	7(+)	43(+)	20	7
Tenacibaculum jejuense KCTC 22618^{T}②	10(−)	43(−)	15(−)	3
Vibrio harveyi ATCC 14126^{T}	0	49	18(−)	3
Alteromonas macleodi ATCC 27126^{T}	1(−)	33	19(−)	4
Fabibacter misakiensis SK-8^{T}③	4	25(−)	16	0
Cellulophaga lytica DSM 7489^{T}④	9(+)	46(+)	12(+)	4
Flavimobilis marinus DSM19083^{T}	0	32	17	0
Cobetia pacifica GPM2^{T}⑤	0(−)	14	8	4
Pseudoalteromonas arctica A 37-1-2^{T}⑥	6	25	8	3

① E. P. Ivanova, J. P. Bowman, A. M. Lysenko, et al., "Alteromonas Addita Sp. Nov", *International Journal of Systematic and Evolutionary Microbiology*, vol. 55, no. 3 (2005), pp. 1065-1068.

② Y. S. Oh, H. Y. Kahng, D. H. Lee, et al., "Tenacibaculum Jejuense Sp. Nov., Isolated From Coastal Seawater", *International Journal of Systematic and Evolutionary Microbiology*, vol. 62, no. 2(2012), pp. 414-419.

③ S. K. Wong, S. Park, J. S. Lee, et al., "Fabibacter Misakiensis Sp. Nov., a Marine Bacterium Isolated From Coastal Surface Water", *International Journal of Systematic and Evolutionary Microbiology*, vol. 65, no. 10(2015), pp. 3276-3280.

④ J. E. Johansen, P. Nielsen, C. Sjoholm, "Description of Cellulophaga Baltica Gen. Nov., Sp. Nov. and Cellulophaga Fucicola Gen. nov., Sp. Nov. and Reclassification of [Cytophaga] Iytica to Cellulophaga Lytica Gen. Nov., Comb. Nov", *International Journal of Systematic and Evolutionary Microbiology*, vol. 49, no. 3(1999), pp. 1231-1240.

⑤ L. A. Romanenko, N. Tanaka, V. I. Svetashev, et al., "Description of Cobetia Amphilecti Sp. Nov., Cobetia Litoralis Sp. Nov. and Cobetia Pacifica Sp. Nov., Classification of Halomonas Halodurans as a Later Heterotypic Synonym of Cobetia Marina and Emended Descriptions of the Genus Cobetia and Cobetia Marina", *International Journal of Systematic and Evolutionary Microbiology*, vol. 63, no. 1(2013), pp. 288-297.

⑥ R. A. Khudary, N. I. Stösser, F. Qoura, et al., "Pseudoalteromonas Arctica Sp. Nov., An Aerobic, Psychrotolerant, Marine Bacterium Isolated From Spitzbergen", *International Journal of Systematic and Evolutionary Microbiology*, vol. 58, no. 9(2008), pp. 2018-2024.

续表

菌株名	琼胶酶编码基因	淀粉酶编码基因	纤维素酶编码基因	褐藻胶裂解酶编码基因
Pseudoalteromonas atlantica ECSMB14104T	6	24(－)	10	4(－)
Altererythrobacter mangrovi C9-11T ①	3	26	8	0
Pseudoalteromonas marina ECSMB14103T ②	0(－)	11(＋)	5	4(＋)
Vibrio natriegens ATCC 14048T	0	17	6	1
Pseudoalteromonas translucida KMM 520T ③	0(－)	15(－)	5	0

注:表中括号内为底物降解表型,“＋”表示底物降解表型为阳性,“－”表示底物降解表型为阴性。

四、总结与展望

本研究初步筛选出海带附生多糖降解菌中具有降解淀粉、琼胶、纤维素或褐藻胶能力的细菌,对海带可培养附生菌株进行16S rDNA基因测序和序列比对,确定菌株的遗传进化地位,分别对厚成期和衰老期海带可培养附生菌株构建系统发育树,分析获得多糖降解菌进化地位的分布规律。此外,本研究还对海带附生多糖高效降解菌最相似菌株的多糖降解基因数量和底物降解表型进行了对比分析。

在214株厚成期和237株衰老期海带可培养附生菌株中初筛获得能降解淀粉、琼胶、褐藻胶或纤维素的菌株分别有100株和146株,能够同时降解这四种多糖的菌株分别有5株和13株。237株衰老期海带可培养附生菌株中,能降解琼脂、淀粉、纤维素或褐藻胶的菌株数量占比达61.6%;214株厚成期海带可培养附生菌

① H. Liao, Y. Li, M. Zhang, et al.,“Altererythrobacter Mangrovi Sp. Nov., Isolated From Mangrove Sediment”, *International Journal of Systematic and Evolutionary Microbiology*, vol. 67, no. 11(2017), pp. 4851-4856.

② Y. D. Nam, H. W. Chang, J. R. Park, et al.,“Pseudoalteromonas Marina Sp. Nov., a Marine Bacterium Isolated From Iidal Flats of the Yellow Sea, and Reclassification of Pseudoalteromonas Sagamiensis as Algicola Sagamiensis Comb. Nov”, *International Journal of Systematic and Evolutionary Microbiology*, vol. 57, no. 1(2007), pp. 12-18.

③ E. P. Ivanova, T. Sawabe, A. M. Lysenko, et al.,“Pseudoalteromonas Translucida Sp. Nov. and Pseudoalteromonas Paragorgicola Sp. Nov., and Emended Description of the Genus”, *International Journal of Systematic and Evolutionary Microbiology*, vol. 52, no. 5(2002), pp. 1759-1766.

株中，能降解琼脂、淀粉、纤维素或褐藻胶的菌株数量占比达 46.7 %。衰老期海带附生菌株中降解多糖种类多、降解能力强的菌株占比相较厚成期更高。

系统发育树结果显示，100 株具有琼脂、淀粉、褐藻胶或纤维素降解能力的厚成期海带可培养附生菌株主要分布在变形菌门、拟杆菌门、放线菌门和厚壁菌门，分布于变形菌门的菌株数量高达 65%，且大部分菌株的多糖降解能力突出，仅 K161 一株分布于浮霉菌门。146 株具有琼脂、淀粉、褐藻胶或纤维素降解能力的衰老期海带可培养附生菌株主要分布于变形菌门和拟杆菌门，拟杆菌门中，94%的菌株分布于黄杆菌科，分布于厚壁菌门的菌株只有 5 株，占比为 3.4 %。

20 株多糖高效降解菌相似菌株全基因组序列中共有 2190 个基因编码具有海带多糖降解相关的酶，其中糖苷水解酶基因数量最多(957)，其次为糖基转移酶基因(666)和碳水化合物酯酶基因(206)，碳水化合物结合模块基因(160)、多糖裂解酶基因(108)和辅助氧化还原酶基因(93)基因数量相对较少。数据显示，*Aquimarina latercula* DSM 2041^T、*Aquimarina spongiae* DSM 22623^T 和 *Maribacter dokdonensis* DSW-8^{T}的碳水化合物活性酶基因数量较多，它们均来自拟杆菌门、黄杆菌科。

本研究初步筛选出海带附生多糖降解菌，从多糖降解酶基因数量和底物降解表型两个方面总结菌株的多糖降解能力，为海带产业的发展提供了极有力的数据支撑，增加海带及产品的商业价值。但多糖降解酶及降解酶高产菌株的筛选仍然是海洋生物资源开发领域面临的重要任务和难题。

基于特征选择算法筛选潜在癌症生物标志物

机电与信息工程学院机械设计制造及其自动化(中澳合作办学)专业　葛晨宇

指导教师　王延刚

【摘要】 高通量测序技术的快速发展促进了大量基因组生物标志物鉴定技术的发展,但大多局限于单一癌症的分析,由于基于多种癌症的联合分析比单一分析更具可靠性和可重复性,本文基于 Fisher-score、递归特征消除和逻辑回归,提出了一种名为 FRL 的整体式特征选择算法,来探索多种高死亡率癌症中潜在的基因组生物标志物。与目前常用的线上差异表达分析工具 GEO2R 相比,FRL 具有更高的分类精度,与五种传统的特征选择算法相比,FRL 在 ACC(Accuracy,准确率)和 F1-score(既能体现精确率又能体现召回率,是精确率和召回率的调和平均数)上表现出良好的性能,大大提高了计算效率,在前列腺癌等高噪声数据集上,FRL 的 ACC 比其他传统算法的平均 ACC 高出 40.1%。本文对 6 种不同高死亡率的癌症进行聚类分析,筛选出 13 个特征基因来组成潜在的生物标志物模块,该模块中的基因都提供了致癌机制的相关信息,形成了一个决策支持系统,有助于精准医疗中早期癌症的检测和靶向抗癌治疗的发展。

【关键词】 整体式特征选择;特征基因;生物标志物模块;决策支持系统

一、引言

癌症是 21 世纪对人类健康造成严重威胁的疾病之一,如图 1 所示,2020 年世界新发癌症病例总计 1929 万例,中国新发癌症人数高达 457 万人,占全球新发癌症人数的 23.7%,2020 年中国癌症死亡人数超 300 万,位列全球第一。[①]

---

① H. Sung, J. Ferlay, R. L. Siegel, et al., "Global Cancer Statistics 2020: GLOBOCAN Estimates of Incidence and Mortality Worldwide for 36 Cancers in 185 Countries", *CA Cancer*, vol. 71, no. 3(2021), pp. 209-249.

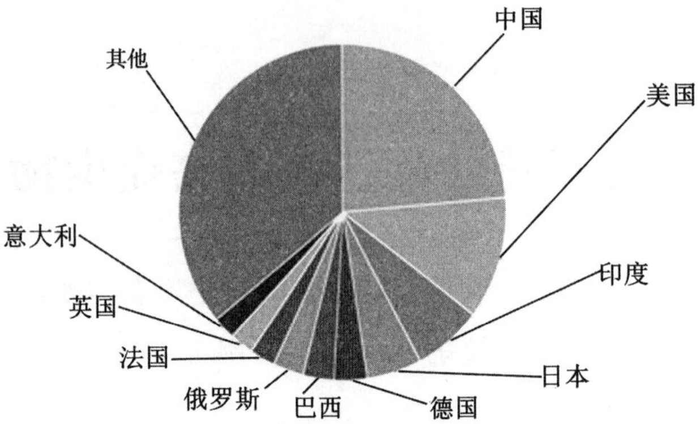

图 1　2020 年全球若干国家癌症病例数所占比例

随着高通量测序技术的进步，基因芯片可以通过同步跟踪大量基因的表达来获得基因表达数据，愈来愈多的基因表达数据被研究人员测出，基因表达数据具有样本量小、维度高、噪声多和冗余量大的特点。特征选择算法通过选择突出的子集来识别基因组生物标志物①，可以充分利用有限的癌症样本数据，有助于挖掘出数据背后的病理机制与结构。②

作为一种经典且有效的方法，特征选择能够过滤掉冗余特征，并在特征值和向量之间形成模型，特征选择算法大多被分为三类：Filter、Wrapper 和 Embedded。③ Filter 算法基于特定标准对样本的各个特征进行逐一打分，由研究人员设定阈值或者待选择的特征数量来进行特征选择，从而可以减少特征冗余④。作为一种开环算法，Filter 算法具有良好的普适性，耗时比 Wrapper 算法和 Embedded 算法更短。⑤ Wrapper 算法是根据目标函数而非特定的评估指标完成筛选的，在模型性能

① L. Lan, S. Vucetic, "Improving Accuracy of Microarray Classification by a Simple Multi-Task Feature Selection Filter", *International Journal of Data Mining and Bioinformatics*, vol. 5, no. 2(2011), pp. 189-208.

② 参见肖雅雯：《基于基因表达数据深度学习的癌症诊断研究》，上海交通大学博士学位论文，2020 年。

③ I. Guyon, A. Elisseeff, "An Introduction to Variable and Feature Selection", *Journal of Machine Learning Research*, vol. 3(2003), pp. 1157-1182.

④ 参见肖雅雯：《基于基因表达数据深度学习的癌症诊断研究》，上海交通大学博士学位论文，2020 年。

⑤ J. Wang, L. Wu, J. Kong, et al., "Maximum Weight and Minimum Redundancy: A Novel Framework for Feature Subset Selection", *Pattern Recognition*, vol. 46, no. 6 (2013), pp.1616-1627.

方面，Wrapper 算法优于 Filter 算法，但其计算成本较高。① Embedded算法中的一些算法（如决策树）是较早在癌症预测及预后分析中得到应用的②，然而，这类算法容易出现过拟合的问题。通常，理想的特征选择方案如下：采用 Filter 算法降低数据维数，采用 Wrapper 或 Embedded 算法进行特征选择。③

在生物医学领域，多种特征选择算法已被应用于提取特定的基因组生物标志物④，集成式或整体式特征选择算法通常比单一的算法拥有更高的精度和更好的泛化能力，与单种癌症的研究相比，集成式或整体式癌症研究可以发现可重复性高的可靠生物标志物，揭示了该种方法巨大的计算应用潜力。本文基于 Fisher-score、递归特征消除和逻辑回归提出了 FRL 整体式特征选择算法，并且应用在多种癌症数据集上来进行潜在特征基因的探索。图 2 是 FRL 整体式特征选择算法的流程图，图中每个矩形代表一个处理环节。首先对输入的原始数据进行预处理，过滤层的 Fisher-score 负责打分并去除冗余基因，嵌入层的逻辑回归和递归特征消除进一步准确提取相关特征，然后将选定的基因分组形成基因生物标志物模块，并通过不同的方法进行验证。

二、数据与方法

（一）数据介绍

本文选取肺癌、乳腺癌、宫颈癌、胰腺癌、食道癌、前列腺癌的 12 个癌症微阵列芯片基因表达数据集（GSE1420、GSE3325、GSE9750、GSE16515、GSE18842、GSE20347、GSE38129、GSE46602、GSE55945、GSE63514、GSE65194 和 GSE71989）。

---

① D. Zhang ，S. Chen，Z. Zhou，"Constraint Score：A New Filter Method for Feature Selection with Pairwise Constraints"，*Pattern Recognition*，vol. 41，no. 5(2008)，pp. 1440-1451.

② K. Kourou，T. P. Exarchos，K. P. Exarchos，et al.，"Machine Learning Applications in Cancer Prognosis and Prediction"，*Computational & Structural Biotechnology Journal*，vol. 13 (2015)，pp. 8-17.

③ R. Kohavi，G. H. John，"Wrappers for Feature Subset Selection"，*Artificial Intelligence*，vol. 97，no. 1-2 (1997)，pp. 273-324；R. Diao，F. Chao，T. Peng，et al.，"Feature Selection Inspired Classifier Ensemble Reduction"，*IEEE Transactions on Cybernetics*，vol. 44，no. 8(2013)，pp. 1259-1268.

④ A. A. Friedman，A. Letai，D. E. Fisher，et al.，"Precision Medicine for Cancer with Next-Generation Functional Diagnostics"，*Nature Reviews Cancer*，vol. 15，no. 12(2015)，pp. 747-756.

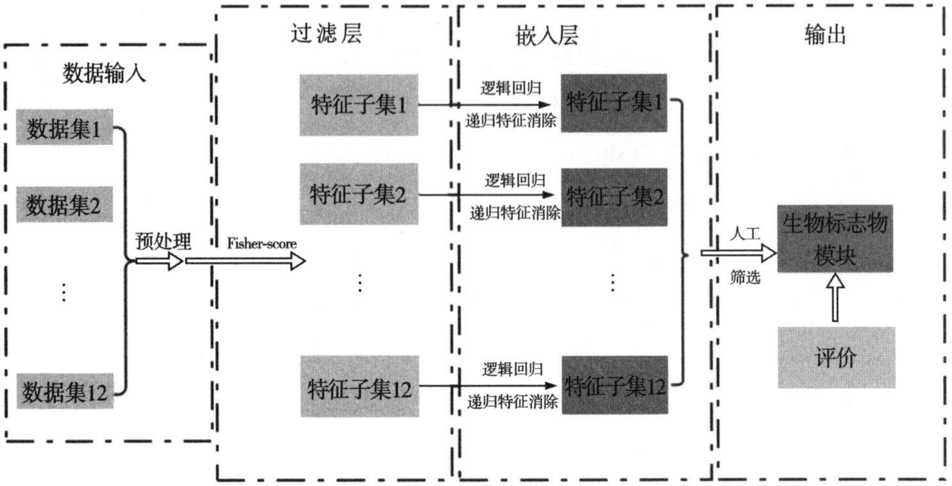

图 2　FRL 整体式特征选择算法的流程图

（二）数据预处理

在图 2 第一列所示的预处理步骤中，本研究首先通过 R 平台上的 Bioconductor 包，采用 Robust Multi-Array Average(RMA)进行预处理，该过程的目的是通过将标记的探针与非特异性标记的 DNA 分子结合来消除其对表达数据的影响。除此之外，根据公共核酸数据库中的参考序列，本研究对探针进行注释，构建出一个包含样本和相应基因表达数据的矩阵。

（三）特征基因聚类分析

1.过滤层

过滤层的目的是使用 Fisher-score 来识别和删除冗余特征，提高训练数据集的质量，在有监督的特征选择领域中，Fisher-score 的实现原理如下：首先通过公式计算出单个特征的得分，然后按照得分进行选择，这种过滤机制通过将高维数据转换为二值分类问题，提高了分类的速度和性能。

通过采用 Fisher-score 作为过滤层的评价标准，每种类型的基因得分都可利用相关公式计算出来，在得到同一数据集中的所有基因的分数后，将基因按分数大小降序排列，并且提取出每个癌症类别的拐点前的数据，形成该数据集的一个子集，并根据该子集构造基因表达矩阵。过滤层的筛选完成后，矩阵的平均维数从初始维数 18619 降至 1957。此外，该方法结构简单清晰，即使在计算环境较差的条件下，依然可以迅速降维。

2.嵌入层

嵌入层的目的是进一步缩小特征空间。本层使用递归特征消除和逻辑回归来遍历整个特征空间，在这一步中，基于不同癌症数据集的维度，本实验设置了不同的迭代步长。

递归特征消除算法的作用是减少特征与特征间的冗余，从而筛选出最优特征集，然而，它不能单独使用，必须与适当的分类器结合才能实现上述功能。递归特征消除过程如下：首先，将特定的分类器与递归特征消除结合进行训练，计算特征值，从现有的特征子集中删除无关特征；然后自动重建新的特征子集；再次将特征子集输入到分类器并在计算过程中剔除无关特征；不断迭代以上步骤，直到得到符合数量要求的最优特征子集。

本算法为递归特征消除选用的分类器是逻辑回归，逻辑回归算法是一个关于二值分类的用于分类的算法，它的目的是通过迭代尽可能减少损失函数的值。通过拟合递归特征消除和逻辑回归模型，可以进一步筛选出重要的特征，完成上述过程后，将本步骤中获得的6种癌症的特征子集进行进一步筛选。最后，通过GO分析、数据库分析、文献荟萃分析等多种方式来验证现有的基因，组成生物标志物模块。

三、实验结果与分析

图3(a)、图3(b)按降序显示了数据集GSE3325、GSE16515中的基因经过Fisher-score打分的分值，每个子图像中都可观察到一个较为明显的拐点。图3(c)、图3(d)以散点图的方式显示了基因的原始得分分布，获得高分的基因只占整个数据集中的小部分，其具体数量如表1的1-NUM(第一轮打分的基因数)列所示。与未经筛选的0-NUM(原始数据集的基因数)列相比，经过筛选后的1-NUM列只剩下少量的基因，说明Fisher-score可以快速地降低维数、去除冗余。

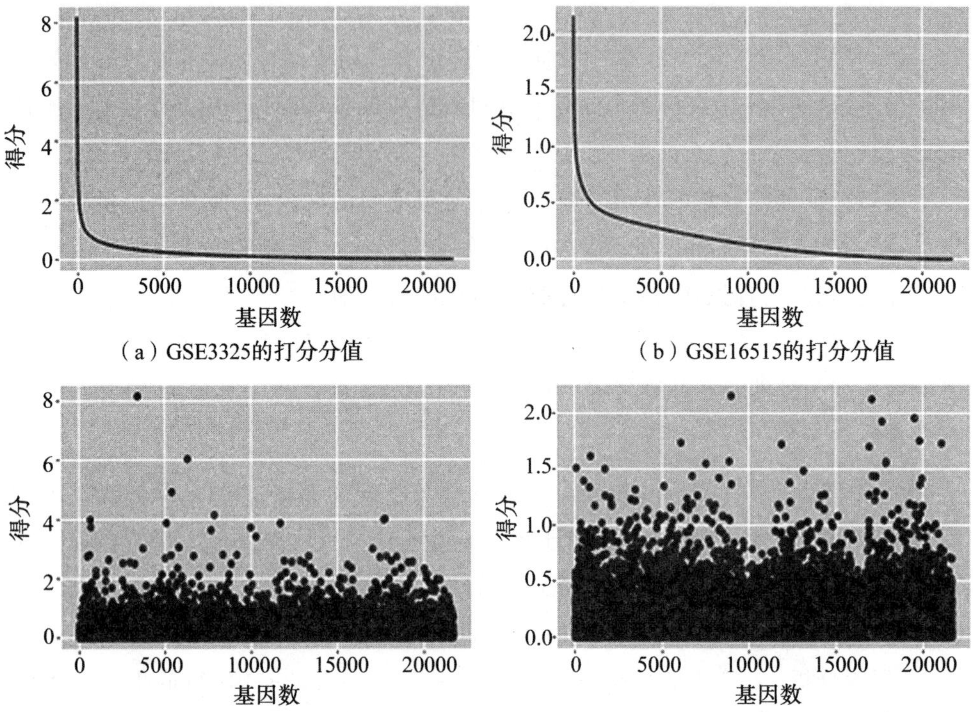

（a）GSE3325的打分分值　（b）GSE16515的打分分值

（c）GSE3325的原始得分　（d）GSE16515的原始得分

图 3　GSE3325 和 GSE16515 中的基因得分

图 3 显示了 GSE3325、GSE16515 中的基因得分，图 3(a)、图 3(b)使用降序排列显示分数，原始分数显示在散点图 3(c)、图 3(d)，其中 x 轴表示基因的数量，y 轴表示基因的得分。

表 1　原始数据集、第一轮打分、第二轮打分的性能指标

编号	0-ACC	0-NUM	1-ACC	1-F1-score	1-NUM	2-ACC	2-F1-score	2-NUM
GSE1420	62.50%	12549	100%	100%	1803	100%	100%	90
GSE3325	83.33%	21654	83.33%	75.76%	1302	100%	100%	90
GSE9750	96.15%	12549	100%	100%	1803	100%	100%	90
GSE16515	75.00%	21654	81.25%	81%	1020	87.25%	88%	85
GSE18842	57.14%	21654	83.33%	85.19%	2003	100%	100%	90
GSE20347	54.50%	12549	100%	100%	1460	100%	100%	90

续表

编号	0-ACC	0-NUM	1-ACC	1-F1-score	1-NUM	2-ACC	2-F1-score	2-NUM
GSE38129	61.11%	12549	94.44%	94%	2900	94.44%	94%	90
GSE46602	86.67%	21654	93.33%	93%	1011	93.33%	93%	90
GSE55945	57.14%	21654	100%	100%	2200	100%	100%	90
GSE63514	43.75%	21654	87.5%	88%	2600	93.75%	94%	90
GSE65194	94.00%	21654	100%	100%	801	100%	100%	90
GSE71989	85.71%	21654	85.71%	86%	2050	100%	100%	90

注:0-、1-、2-分别表示原始数据集、第一轮打分、第二轮打分。F1-score 表示 Fisher-score 得分。

表 1 中的 2-NUM 列显示了经过嵌入层中特征选择的结果,该结果比之前的过滤层具有更高的精确度。除此之外,本研究将经过第二轮筛选后的各癌症数据集进行比较,选取重复出现两次及其以上的基因表达数据作为每个数据集的最终数目,并且对最终的数据子集进行了测试,最终输出显示各子集的性能良好,不同癌症子集的最终指标如表 2 所示。

表 2　不同癌症子集的最终指标

名称	编号	基因数	PRE	ACC	F1-score
肺(lung)	GSE1420	3	100%	100%	100%
胰腺(pancreatic)	GSE3325	8	89%	87.50%	88%
前列腺(prostate)	GSE9750	3	92.22%	90%	90.21%
乳房(breast)	GSE16515	3	95%	90.90%	91%
颈(cervical)	GSE18842	2	91%	91.30%	91%
颈(cervical)	GSE20347	2	100%	100%	100%
胰腺(pancreatic)	GSE38129	8	100%	100%	100%
食管(esophageal)	GSE46602	9	100%	100%	100%
食管(esophageal)	GSE55945	9	100%	100%	100%
食管(esophageal)	GSE63514	9	84%	83.33%	83%

续表

名称	编号	基因数	PRE	ACC	F1-score
前列腺(prostate)	GSE65194	3	100%	100%	100%
前列腺(prostate)	GSE71989	3	84%	83.33%	83%

①PRE 为 Precision,精确率。

四、FRL 与其他特征选择方法的对比

为检测 FRL 算法的优越性,本文将其与 GEO 数据库提供的基于 Limma 算法的线上网页版差异表达分析工具 GEO2R 进行比较。以食道癌数据集 GSE26886 作为代表,首先使用 GEO2R 在该数据集上进行特征基因的筛选,四种分类器上的平均基尼系数为 0.915,平均 AUC(area under curve,曲线下方的面积被称为 AVC,该指标同样可以用来表示预测准确性)为 95.75%,比 FRL 算法选择的基因得到的指标低 1%。在单次实验的分类评价指标 ACC 上,FRL 算法可以达到 95.56%,而 GEO2R 工具仅能达到 91.11%。为了获得更有说服力的数据,本实验进行了循环 100 次的操作,此时 FRL 的 ACC 指标达到 96.32%,而 GER2R 的数据仅为94.56%。本实验证明,FRL 比目前在 GEO 平台上基于 Limma 算法的差异表达分析工具 GEO2R 具有更高的分类精度。

除了线上分析工具,本研究还采用岭回归(Ridge)、极端随机树(Extra Trees)、随机森林(Random Forest)、支持向量机(SVM)、Lasso 逻辑回归(Lasso-Logistic Regression)五种方法与 FRL 算法在 ACC 和 F1-score 方面进行比较,其结果如图 4 和图 5 所示。针对某些不平衡数据集,本文提出的 FRL 的 ACC 和 F1-score 比其他传统算法的值要高得多,如在前列腺癌数据集 GSE55945 和食道癌数据集 GSE1420 上,FRL 的 ACC 分别要比其他方法的平均值高出 40.01%和 30%;从整体平均值上看,FRL 的平均 ACC 和 F1-score 分别比其他传统方法高出15.34%和 16.63%;与目前较为常用的整体式特征选择方法 Lasso-Logistic 回归相比,FRL 的 ACC 和 F1-score 分别高出 13.41%和 11.94%。

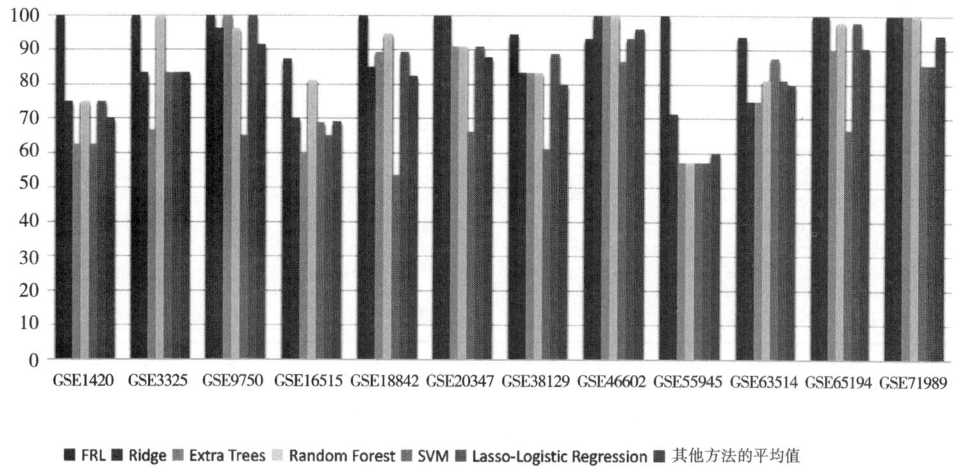

图 4　FRL、Ridge、Extra Trees、Random Forest、SVM 和 Lasso-Logistic Regression 的 ACC 比较

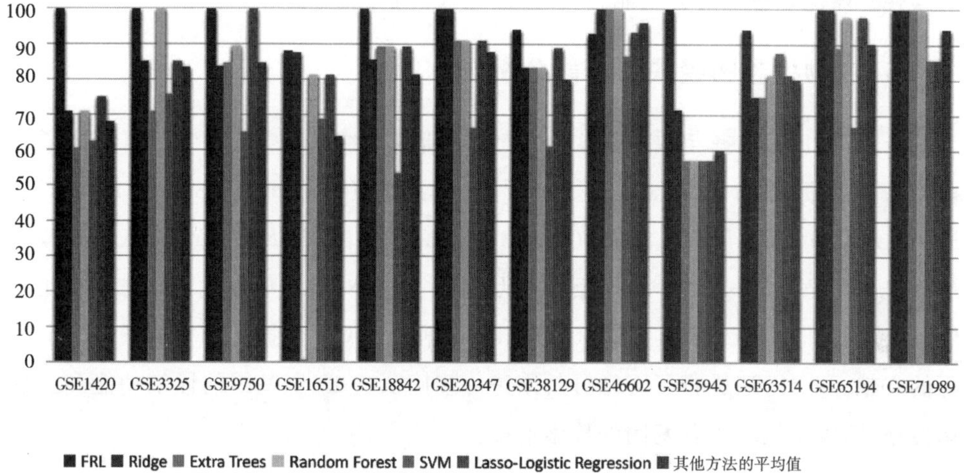

图 5　FRL、Ridge、Extra Trees 、Random Forest、SVM 和 Lasso-Logistic Regression 的 F1-score 比较

本文还对各方法的运行时间进行了比较，由于维数高的数据集在 FRL 的嵌入层中消耗的时间长，故而本文选取了经过过滤层选择后而保留的维数最高的食道癌数据集 GSE38129，为了遵循控制变量的要求，所有方法的子集维数都被限制为 90，结果如表 3 所示。显然，FRL 能够加快计算速度，减少计算时间，提高计算效率。

表 3 FRL 与其他五种特征选择算法在耗时方面的比较

算法名称	耗时/s	耗时/h
FRL	72.2613	0.02
Ridge	21164.5027	5.88
Extra Trees	6938.2203	1.93
Random Forest	4029.3067	1.12
SVM	22692.7606	6.30
Lass-Logistic Regression	15910.1405	4.42

总体而言，FRL 相对于当前的网站分析工具 GEO2R 和其他传统的特征选择方法表现出了更好的性能。与 FRL 相比，传统的特征选择算法对于样本不平衡、噪声多的数据集具有较低的预测准确度。对于其余的测试数据集，FRL 也显示出其具有鲁棒性和稳定的分类能力，并且运算代价非常小。

五、生物标志物模块的功能分析

经过 FRL 的选择与数据集联合比较，本研究最终选取了 13 个基因组成了潜在癌症生物标志物模块，该 13 个基因如下：*ARHGEF*15、*CCSER*1、*EPCAM*、*EZR*、*FAM*189*B*、*HSDL*2、*SLC*24*A*3、*COL*11*A*1、*CPEB*3、*CYP*4*B*1、*EZH*2、*PTK*2 和 *PPP*1*R*9*A*。本项研究通过以下四种来源对潜在癌症生物标志物模块中的基因进行证实：CCLE 数据库、COSMIC 数据库、NCG 数据库和描述调控癌证过程的文献。此外，还进行了 GO 分析来进一步确认这 13 个基因的详细功能和致癌调控途径，表 4 显示了各基因的检索情况。

表 4 13 个基因的检索情况

编号	CCLE	文献	COSMIC	NCG
*ARHGEFI*5	√	√	√	
*CCSER*1	√	√	√	
*COLIIA*1	√	√	√	√
*CPEB*3	√	√	√	√
*CYP*4*B*1	√	√	√	√
EPCAM	√	√	√	

续表

编号	CCLE	文献	COSMIC	NCG
EZH2	√	√		√
EZR	√	√	√	√
FAM189B	√	√	√	
HSDL2	√	√	√	
PPP1R9A	√	√	√	√
PTK2	√	√	√	√
SLC24A3	√	√	√	

表 5 显示了 GO 分析各通路数值，其中二价金属离子转运（divalent metal ion transport）、二价无机阳离子转运（divalent inorganic cation transport）、钙离子转运（calcium ion transport）、负调节 T 细胞受体通路（negative regulation of T cell receptor signaling pathway）的结果均集中在 $p<0.0015$ 的范围内，这些通路与细胞中离子转运和 T 细胞受体相关蛋白表达的信号通路的调控有关，这与癌细胞在周围组织中进行侵袭性和扩张性生长的特征相一致。

表 5 GO 分析各通路数值（$p<0.005$）

编号	通路名称	p 值
GO：0030001	二价金属离子转运体（divalent metal ion transport）	0.0002047608
GO：0098662	二价无机阳离子转运体（divalent inorganic cation transport）	0.0004052779
GO：0006816	钙离子转运体（calcium ion transport）	0.0007888808
GO：0050860	负调节 T 细胞受体信号通路（negative regulation of T cell receptor signaling pathway）	0.0014953201
GO：0050858	负调节抗原受体介导的信号通路（negative regulation of antigen receptor-mediated signaling pathway）	0.0015773070
GO：0050856	调节 T 细胞受体信号通路（regulation of T cell receptor signaling pathway）	0.0017983267
GO：0031102	投射神经元再生（neuron projection regeneration）	0.0021777621
GO：0050854	调节抗原受体介导的信号通路（regulation of antigen receptor-mediated signaling pathway）	0.0045858251

续表

编号	通路名称	p 值
GO：0050810	调节类固醇生物合成过程（regulation of steroid biosynthetic process）	0.0048722472

六、结论

本文主要有两个贡献，第一个贡献是提出了一种名为 FRL 的整体式特征选择算法，它采用了 Fisher-score、递归特征消除和逻辑回归，在评价指标上，本文将其与多种特征选择方法分别进行对比，结果显示 FRL 具有更高的精度和更好的泛化性能，同时也减少了耗时。第二个贡献是利用该方法，本文从 12 个高死亡率癌症数据集中的 310044 个基因中筛选出 13 个基因，形成了潜在癌症基因生物标志物模块，通过 GO 分析、多个数据库分析及文献分析证明了这个模块中的基因具有生物学意义，且部分基因已经作为当前检验的癌症生物标志物，该模块的建立有利于健康评估、药物筛查和靶向治疗等技术的进步，有助于精准医疗的发展。

基于三代测序的基因组多序列比对算法研究

机电与信息工程学院计算机科学与技术(中澳合作办学)专业　顾植誉

指导教师　贺红

【摘要】 第三代基因测序技术产出的高错误率 Long reads 序列需要使用更先进的比对器将其比对到参考基因组上,而当前 Long reads 比对器众多且各具特色。为充分了解当前主流 Long reads 比对器,本文将介绍六款主流比对器并在不同数据集上对其进行性能测试,以展现、验证其进行序列比对的能力。根据实验结果,本文认为 Minimap2 是综合性能最好的通用比对器,它可保证精确度且资源消耗少。不限制资源使用时,Graphmap2 和 deSALT 表现出更高的精确度和灵敏性,deSALT 在外显子识别测试中识别出了全部外显子。此外,本文尝试了使用目标检测实现序列比对,同时分析了目标检测不适合序列比对的原因。最后,本文尝试了将深度学习方法与传统方法结合以解决比对问题,经过优化后的算法性能比Minimap2更好。

【关键词】 序列比对;深度学习;目标检测

一、绪论

(一)选题与背景

人们常将基因测序用于测量生物的基因序列并对其进行分析,进而从中获取基因与表型的关系来解决重要人类问题。基因组中记录了生命的信息,可用于分析整个生命体的生命活动。当前基因测序在医学、生物学、社会学以及人类学等科学领域发挥着越来越重要的作用,如个人疾病的预防与治疗、病毒基因测序与疫苗研制等。科学家在 1977 年测得了第一个包含 5375 个碱基的噬菌体 PhiX174 基因组序列,这也是人类第一次测得生物的基因组序列,这次测序技术被称为第一代测序技术。

随着技术的发展,以霍夫曼·罗氏(Hoffmann-La Roche)公司的 454 技术、因美纳(Illumina)公司的Solexa/Hiseq技术和美国应用生物系统(ABI)公司的SOLID技术为代表的第二代测序技术极大地降低了检测成本，提高了检测速度，只是测序结果数据都是短串。

第三代测序技术以美国太平洋生物科学公司(PacBio)[①]以及牛津纳米孔科技公司(ONT)[②]等公司的测序技术为主，其可产出长度大于10 kbp但错误率高达15%的Long reads数据。随着测序技术逐渐发展，现在测得数据的错误率也在逐步下降。虽然当前人类已经探寻到基因编码的一些秘密，但仍有大量的问题等待人们去研究，而基因组比对是进行进一步基因研究的基础，提高比对效率对于其他课题的研究有着重要意义。

(二)国内外研究现状

目前已经有了一些比对程序来解决长序列的比对问题，如2012年蔡森(Chaisson)和特斯勒(Tesler)[③]提出的BLASR实现了将长目标基因序列映射到参考基因组;2016年相关学者[④]提出了rHAT，它通过区域哈希表索引参考基因组并专用于比对嘈杂Long reads数据;2017年相关学者[⑤]提出的LAMSA则是利用SV的稀有性设计的两步策略比对器;2018年泽德拉策克(Sedlazeck)[⑥]提出了NMGLR比对器来作为识别结构变异的辅助器，并且在第三代测序结果比对上效果很好;2016年索维奇(Sović)[⑦]提出的GraphMap将映射敏感度提升至80%并且

① A. Rhoads, K. F. Au,"PacBio Sequencing and Its Applications", *Genomics, Proteomics & Bioinformatics*, vol. 13, no. 5(2015), pp. 278-289.

② M. Jain, H. E. Olsen, B. Paten, et al., "The Oxford Nanopore MinION: Delivery of Nanopore Sequencing to the Genomics Community", *Genome Biology*, vol. 17, no. 1(2016), pp. 239-256.

③ M. J. Chaisson, G. Tesler, "Mapping Single Molecule Sequencing Reads Using Basic Local Alignment with Successive Refinement (BLASR): Application and Theory", *BMC Bioinformatics*, vol. 13, no. 238(2012).

④ B. Liu, D. F. Guan, M. X. Teng, et al.,"rHAT: Fast Alignment of Noisy Long Reads with Regional Hashing", *Bioinformatics*, vol. 32, no. 11(2016), pp. 1625-1631.

⑤ B. Liu, Y. Guo, Y. Wang, "LAMSA: Fast Split Read Alignment with Long Approximate Matches", *Bioinformatics*, vol. 33, no. 2(2017), pp. 192-201.

⑥ F. J. Sedlazeck,"Accurate Detection of Complex Structural Variations Using Single-molecule Sequencing", *Nature Methods*, vol. 15, no. 6(2018), pp. 461-468.

⑦ I. Sović, M. Šikić, A. Wilm, et al.,"Fast and Sensitive Mapping of Nanopore Sequencing Reads with Graphmap", *Nature Communications*, vol. 7,(2016).

能够映射出超过95%的碱基。2017年相关学者①提出的使用分治方法的Kart在长串读取上速度更快并且能够在高错误率的数据上仍产生可靠映射。

有学者认为比对器主要的瓶颈在于短序列(10 kbp)比长序列(100 kbp)更容易进行映射，该学者根据这一思路提出Minimap and minias②，该设备通过免校正组装的思想直接从原始序列重叠中产生重叠群序列，速度能达到BWA-MEW的50倍。之后该学者在铃木(Suzuki)和笠原(Kasahara)③工作的启发下于2018年开发出了具有附加功能的Minimap2④，它是专门为嘈杂长基因序列设计的序列比对器，并通过引入新的启发式方法扩展原始算法，比主流短读比对器映射短读的速度快3～4倍，并且精度相当，这是当前综合性能最好的通用比对器，超过了大多数专门用于一种比对的比对器。2022年，相关学者⑤提出MAGUS与eHMMs，使用两阶段方法进一步提高比对器的精度。

二、基于传统算法的序列比对器的基准测试

(一)概述

本文从众多比对器中选择在基因测序中最常用到的六个优秀的比对器(Minimap2、GraphMap2、deSALT、GMAP、NGMLR和Kart)，同时选择相同的基因序列作为数据集，在超算集群上运行算法来进行性能对比，并且研究各比对器在不同数量级的数据集上的表现。

(二)实验

1.数据集

本文数据集由模拟数据集和真实数据集组成，其中模拟数据集基于人类、果蝇和小鼠的参考基因组(见表1)使用NanoSim与PBSim生成，而真实数据集通过

---

① H. N. Lin, W. L. Hsu, "Kart: A Divide-and-conquer Algorithm for NGS Read Alignment", *Bioinformatics*, vol. 33, no. 15(2017), pp. 2281-2287.

② H. Li, "Minimap and Miniasm: Fast Mapping and De Novo Assembly for Noisy Long Sequences", *Bioinformatics*, vol. 32, no. 14(2016), pp. 2103-2110.

③ H. Suzuki, M. Kasahara, "Introducing Difference Recurrence Relations for Faster Semi-global Alignment of Long Sequences", *BMC Bioinformatics*, vol. 19, no. 1(2018), pp. 33-47.

④ H. Li, "Minimap2: Pairwise Alignment for Nucleotide Sequences", *Bioinformatics*, vol. 34, no. 18(2018), pp. 3094-3100.

⑤ C. Shen, P. Zaharias, T. Warnow, "MAGUS+ eHMMs: Improved Multiple Sequence Alignment Accuracy for Fragmentary Sequences", *Bioinformatics*, vol. 38, no. 4(2022), pp. 918-924.

cDNA 测序和 DirectRNA 测序从 NA12878 样品中获取，如表 2 所示。

表 1 基因组数据表

物种	# of transcripts from genes having single isoforms	# of transcripts from genes having multiple isoforms	# of transcripts from genes having short (<31 bp) exons	# of all the generated transcripts
果蝇	3009	3065	2880	8954
小鼠	3072	4080	2783	9935
人类	2998	3603	3346	9947

表 2 基因组序列表

文件类型	# runs	# reads	Mean(b)	Read N50
Native RNA Pass	30	10302647	1030.24	1334
Native RNA Fail	30	2686736	430.96	840
cDNA Pass	12	15152101	932.86	1072
cDNA Fail	12	9129338	661.90	841

2.评价标准

Aligned reads(%)：算法将碱基与它真实位置在误差范围内(≤5%)正确比对的数目占总比对数目的比例。

Exact introns(%)：算法在误差范围内(≤5%)正确映射外显子的比例。

3.实验设置

本文所有传统实验都在学校的超算集群上进行，其具有 12 个核心(24 个线程)，内存的大小为 32 GB，运行的系统为 Linux RedHat，每个程序运行使用 20 个线程。

4.实验结果

六个程序的横向对比图如图 1、图 2、图 3 所示。

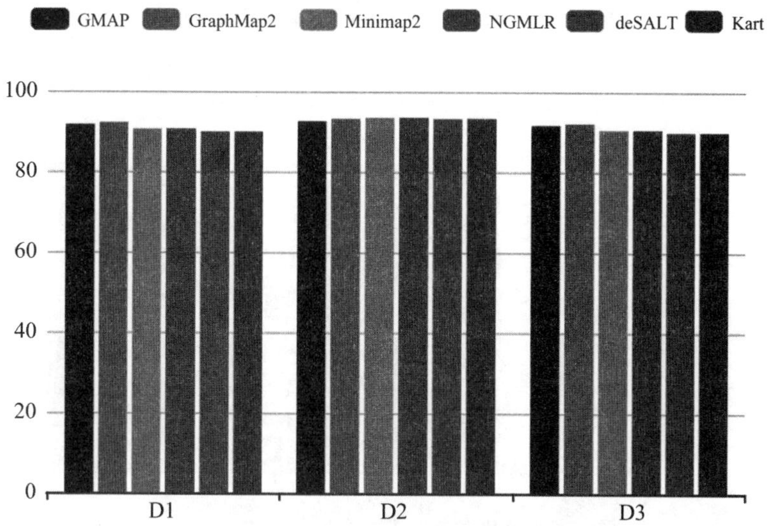

图 1　主流比对器在不同数据集上的准确率

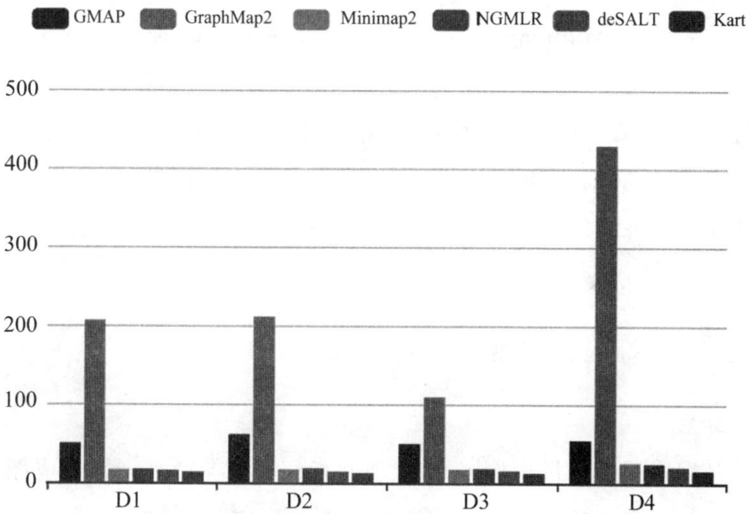

图 2　主流比对器在不同数据集上的时间消耗

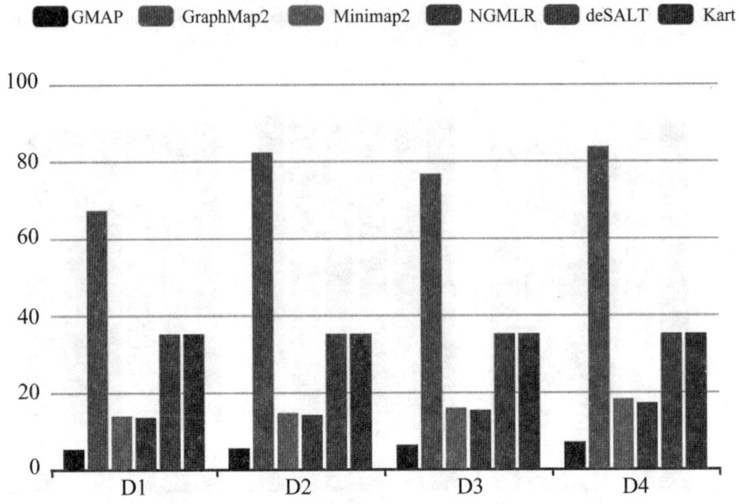

图 3 主流比对器在不同数据集上的内存消耗

(三)总结

实验结果显示,Minimap2 是综合性能最好的比对器,时间和内存消耗都较少,且准确率达到平均水平。GraphMap2 的平均准确率最好,超过 Minimap2,但内存消耗非常高。GMAP 的时间消耗较少,准确率略超平均,但内存消耗较高。而对于一些特定任务,有对应擅长的比对器,如 NGMLRR 的性能与 Minimap2 相似,擅长结构比对任务,其他任务表现略差;deSALT 擅长外显子任务,能够识别出全部的外显子。

三、基于目标检测的序列比对器

(一)方法

为对基因序列进行目标检测,本文将目标序列和参考序列转化成图像,将每个字母转化成相应字母的图片并拼接成整个图片。实际操作过程为:分别将目标序列、参考序列对应转化成目标图和参考图,使用 YOLO v5 算法在参考序列转化图上对目标序列转化图进行目标检测,识别结果将在图片上标出并且可记录准确率等数据。为增加图像数据特征及提升目标检测的识别效果,对每个字母分别使用不同颜色进行着色。

(二)实验

1.实验设置

本实验将一台 GPU 为 1050TI 的机器用于目标检测的 YOLOv5 模型,具体开发环境如表 3 所示，数据集与前一节所用数据集相同。

表 3　开发环境

项目	参数
CPU	Intel Core i5-lntel Processor
GPU	NVIDIA GeForce 1050Ti
操作系统	Windows 10 Professional Edition
软件	Python 3.8
	Pycharm Professional 2021.3
	PyTorch 1.8.2

2.实验结果

目标检测精度结果图如图 4 所示。

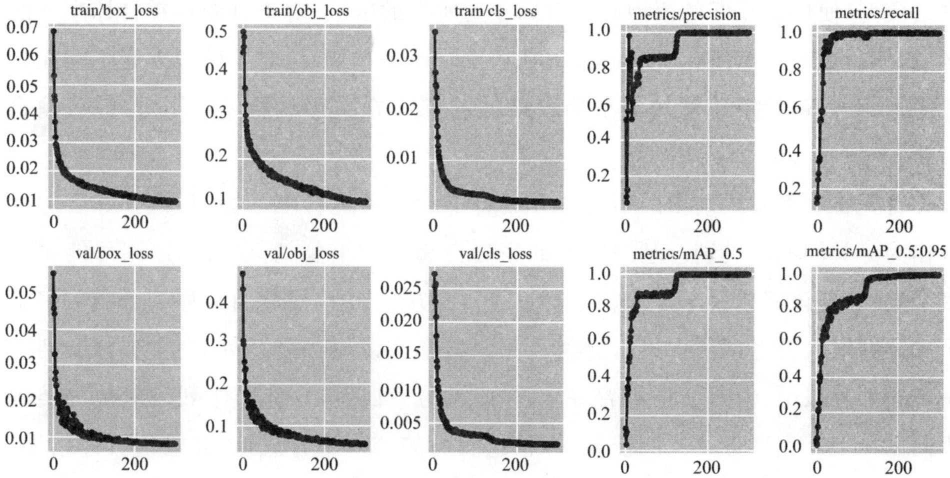

图 4　目标检测精度结果图

（三）总结

本文将目标检测应用于处理序列比对问题，通过序列转图、字母着色等方法完成了比对的任务，但是在实际的应用中发现了该方法的一些缺陷。

首先，序列比对的目的是将目标基因序列比对到基因组序列上，每次的目标序列都无法确定，即很难通过穷举的方式去预测目标序列，这意味着如果将该方法应用于实践时，对于不同的目标序列都需要重新训练对应的模型。当前的目标检测很难解决该问题，而每次重新训练的成本是难以接受的。

其次，由于基因序列的数据特性，使用深度学习方法将其转换成图片并进行目标检测是当前较为可行的一种思路，这对于基因序列短串比对的效果是较为不错的方法。但是第三代基因测序技术采集到的数据都是数据量达到 K 级的长串，将其转化成图片再进行目标检测的成本过高，难以在实际中应用。

最后，第三代基因测序技术采集到的数据大约有 15%的错误率，而深度学习在识别的过程中难免有识别错误，存在准确率误差，因此该测序技术与传统算法有较大差距。

四、基于深度学习的传统算法优化

(一)方法介绍

本文将序列比对问题建模成对目标序列的子序列进行分类的分类问题并使用深度神经网络来处理。本方法的总体思路是针对某个参考基因组训练对应的神经网络模型，使用训练好的模型确定目标序列所在的区域，对于可能存在目标序列的区域，使用准确率高但耗时高的传统算法比对器进行比对；对于模型预测不存在目标序列的区域，使用速度快但准确率略低的传统算法比对器进行比对，最后输出结果。

首先将参考基因组中的染色体分成若干片段并进行唯一标识，将分好后的片段作为分类问题的类别。基因组中的序列会有大量重复，所以目标序列可能属于多个类别，即该问题属于多标签分类问题。为方便计算，可将目标序列分割成多个子序列并输入神经网络中进行分类预测。通常来说，相邻的子序列会被分类到同一或相邻片段上，但由于序列存在至多 15%的错误率，相邻子序列可能被分类到不同区域上。完成分类预测任务后，将预测后的结果聚合成链，并输出目标结果，即目标序列所在的区域。

本文使用长短期记忆网络(LSTM)进行分类，使用分段后的参考基因组作为神经网络的训练数据，将处理后的读取序列用向量的形式表示并按其出现顺序表示为时间序列。使用向量 $\boldsymbol{L}$ 记录分类结果，对于属于第 i 段的读取序列，将其向量 $\boldsymbol{L}$ 的第 i 个参数标记为 1，其他参数记录为 0。将获取到的数据集按照 80%和 20%的比例随机抽取，作为训练集和测试集，分别用于模型的训练和测试。输出层的激活函数使用 sigmoid 函数，以进行多标签分类，并使用 dropout 层来防止过拟合。对于可能出现目标序列的区域，使用 Graphmap2 进行进一步比对；对于其他区域，使用 Minimap2 进行详细比对。

(二)实验

本节使用与之前章节相同的数据集，在一台 GPU 为 NVIDIA Ge Force 1050Ti 的计算机上运行测试实验，选择 LSTM Model3 为模型进行训练，训练的准确率与损失率如图 6 所示。

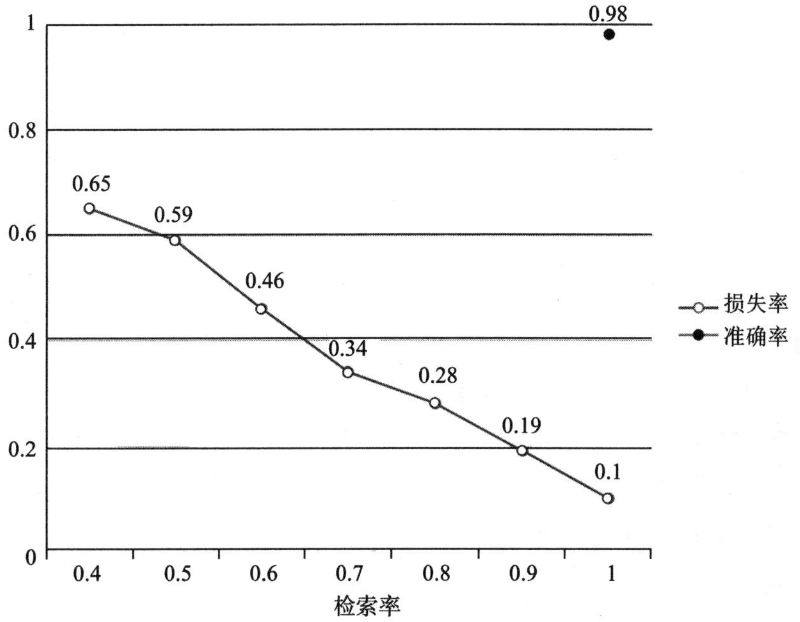

图 6　训练的准确率与损失率

表 4 和表 5 所示为本方法与其他主流方法性能、时间消耗、内存消耗的比较结果，结果显示，本方法在测试数据集上与 Minimap2 时间消耗几乎相同，准确率有一定提升。

表 4　与其他主流方法的比较

方法名称	模拟数据集		真实数据集	
	检索率	准确率	检索率	准确率
Minimap2	0.989	0.989	0.9709	0.9709
	0.9891	0.9891	0.9712	0.9712
	0.9883	0.9883	0.9703	0.9703

续表

方法名称	模拟数据集		真实数据集	
	检索率	准确率	检索率	准确率
deSALT	0.989	0.989	0.971	0.971
	0.9891	0.9891	0.9711	0.9711
	0.9883	0.9883	0.9703	0.9703
GraphMap2	0.9876	0.9955	0.9676	0.9813
	0.9876	0.9953	0.9681	0.9813
	0.9872	0.9953	0.967	0.9814
LSTM	0.9853	0.9953	0.958	0.9866
	0.9857	0.9949	0.9609	0.985
	0.9833	0.9956	0.9535	0.988

表 5　测试进程消耗的时间和内存比较

方法名称	操作时间/min	CPU 时间/min	内存/GB
Graphmap2	730	724	67.14
	157	611	71.32
	85	645	76.75
	79	1074	83.78
Minimap2	14.9	14.7	13.84
	5.4	22.2	15.55
	2.5	16.1	17.03
	2.2	25.6	19.27
LSTM（不包括训练）	16.1	15.7	13.85
	5.6	20.2	15.63
	2.9	19.3	17.01
	2.3	26.2	19.48

续表

方法名称	操作时间/min	CPU 时间/min	内存/GB
deSALT	18.3	18.1	35.5
	5.4	18.8	35.05
	3.2	19.9	35.08
	2.8	29.5	35.10

(三)总结

本方法类似其他的启发式方法,思路为使用神经网络缩小基因搜索范围再进行序列比对。本方法是一种将深度学习与传统方法相结合的方法,在使用传统方法进行比对前先确定目标序列可能映射的区域,再使用传统方法进行进一步精确比对。实验表明,本方法在所用的模拟数据集和真实数据集上的效果优于包括 Minimap2 在内的其他主流方法,在速度(不计模型在基因组上训练的时间)几乎相当的情况下,准确率较改进之前有一定的提升。

本方法的创新点在于:

(1)对序列比对进行预处理并建模为分类问题,实现了深度学习在序列比对上的应用。

(2)将深度学习与传统方法相结合,结合两种策略的优势,资源消耗几乎不变且提升了准确率。

本方法也存在一些问题,这些问题可作为之后的改进方向,如需要对参考基因组提前进行训练,没考虑测序中带的 15%的错误等,并且之后可采用更先进的模型(如 Transformer)进行训练。

五、结论

本文介绍了近几年在 Long reads 序列比对领域最为主流的几个比对器并对它们的性能在真实数据集和模拟数据集上进行了比对测试。结果显示 Minimap2 是综合性能最好的通用比对器,对于各种数据在处理的速度、内存消耗和结果的准确度上都表现很好,尤其是其速度快且需要内存相对较少;GraphMap2 的准确率较高,与 deSALT 相当且高于 Minimap2,但 GraphMap2 的速度和内存占用都显著高于其他比对器;deSALT 的灵敏度和准确度都很好,尤其是在短外显子的识别方面表现优秀,在实验中识别出了全部的外显子,性能与 Minimap2 相当或略弱。而除了传统方法外,本文认为使用深度学习处理序列检测问题是一种新的解决问题的思路，可以使目标检测在序列比对上的应用成为可能。最后，本文尝试将深度学习方法与传统方法相结合以解决比对问题，经过优化后的算法性能比 Minimap2 更好。

本文尝试使用目标检测的方法解决序列比对问题，并在实现后使用了实验验证。该方法虽然能够解决比对问题，但是由于其存在的问题难以实际进行应用，与主流的序列比对程序存在较大差距。本文最后使用深度学习方法与传统方法相结合的方式提升了传统方法的性能，虽然存在需对参考基因组进行训练和忽略错误处理等问题，但本文认为这可作为之后研究的一个方向，如使用更先进的模型提升准确率与效率、增加错误处理方法等都可以进一步提高比对性能。

基于多源数据和深度学习方法的全球实时电离层模型构建

空间科学与物理学院空间科学与技术专业　叶颖

指导教师　王娜子

【摘要】 基于欧洲轨道确定中心(center for orbit determination in Europe, CODE)2017—2018年的全球电离层模型(global ionospheric model, GIM)格网数据,结合地磁Dst指数和太阳活动指数F10.7,本文提出了预报电离层天顶方向的总电子含量(vertical total electron content, VTEC)值的长短期记忆(long short-term memory,LSTM)网络模型,并分别在平静期和磁暴期下对(5°N,120°E)(30°N,120°E)(55°N,120°E)三个网格点进行电离层VTEC单步预测。本文将模型预测结果与电离层模型产品值进行对比,绝对误差平均小于2 TECU,并用多个指标对预测结果进行评价,分析了模型在不同纬度和不同电离层环境下的预报精度。

【关键词】 电离层VTEC;时序预测;长短期记忆网络;单步预测

一、引言

电离层是近地空间环境的重要组成部分,电离层总电子含量(total electron content, TEC)是表征电离层状态变化的重要参数,通过获取电离层TEC可以有效观测电离层的时空变化,因此对电离层TEC进行建模与预报十分必要。同时由于VTEC能够反映测站上空电离层的总体特征,所以本文采用预测VTEC值来建立电离层模型。①

对电离层VTEC进行预测的本质是解决时间序列问题。常用的时序预测方

① 参见付乃锋、常英立:《基于多源GNSS观测数据的三维电离层研究现状及发展》,《天文学进展》2021年第1期;李征航:《GPS测量与数据处理(第三版)》,武汉大学出版社2016年版。

法是建立时间序列模型进行预测，时间序列模型是基于统计学建立的，结构简单且短期预测精度较高。近来利用深度学习方法对电离层 VTEC 值进行建模与预测受到了越来越多人的青睐，其中误差反向传播算法(BP)神经网络被广泛应用于时间序列预测问题。BP 神经网络具有极强的非线性映射能力，并且能够自适应调节内部权重，但是存在局部最优解问题，以及在当前时刻不会考虑上一时刻的状态信息的问题。

为了使网络具有记忆能力，能够处理序列数据，循环神经网络(recurrent neural network, RNN)被提出并被广泛应用于时间序列预测问题。① LSTM 网络是一种常见的 RNN，其不仅克服了人工神经网络(artificial neural network，ANN)无法将上一时刻状态作为下一时刻输入的缺点，还解决了传统 RNN 梯度爆炸以及由梯度消失引起的长期依赖问题，这使得 LSTM 网络能够具有长期记忆。同时杰森·布朗利(Jason Brownlee)指出，参数单一等简单情况下更适合使用带时间窗口的多层感知机(multilayer perceptron, MLP)或自回归模型(autoregressive model, AR)，当参数多、模型复杂时更适合使用 LSTM 网络进行处理②。这表明 LSTM 网络适用于构建情况复杂的模型。

基于上述原因，本文选用 LSTM 网络来构建模型，从而对电离层 VTEC 值进行单步预测。

二、模型算法原理

LSTM 网络是 RNN 的常见变种，其主要是在标准 RNN 结构的基础上，对隐藏层循环单元中的内部结构进行改进得到的。如图 1 所示，图中 A 表示一个循环单元，标准 RNN 的循环单元结构简单，通常只含一个 tanh 层或其他非线性激活函数；而 LSTM 网络的循环单元内部结构则复杂一些，由输入门(input gate)、遗忘门(forget gate)和输出门(output gate)以及储存信息的细胞状态(cell state)组成。需要注意的是，图 1 中多个循环单元并不代表 RNN 或 LSTM 网络具有多个这样

---

① M. Schuster, K. K. Paliwal, "Bidirectional Recurrent Neural Networks", *IEEE Transactions on Signal Processing*, vol. 45, no. 11(1997), pp. 2673-2681.

② J. Brownlee, *Long Short-Term Memory Networks With Python: Develop Sequence Prediction Models With Deep Learning*, 2020-1-1, https://www.zhuanzhi.ai/vip/fb2b2b26ccf61472c4cb5971f75ad68e.

的结构，它们只表示时间上的状态和信息流向，即为不同时刻的同一单元。①

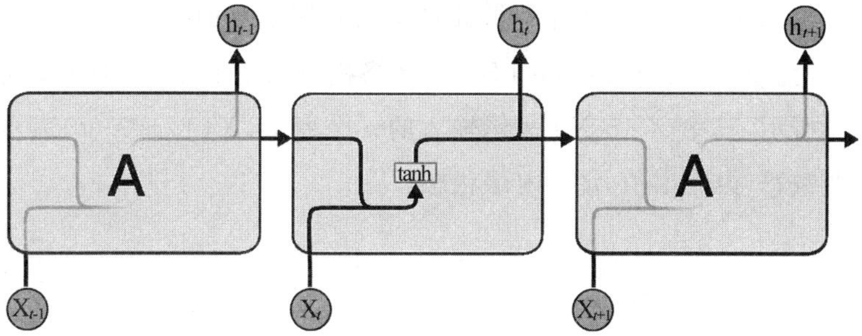

(a)标准 RNN 内部结构

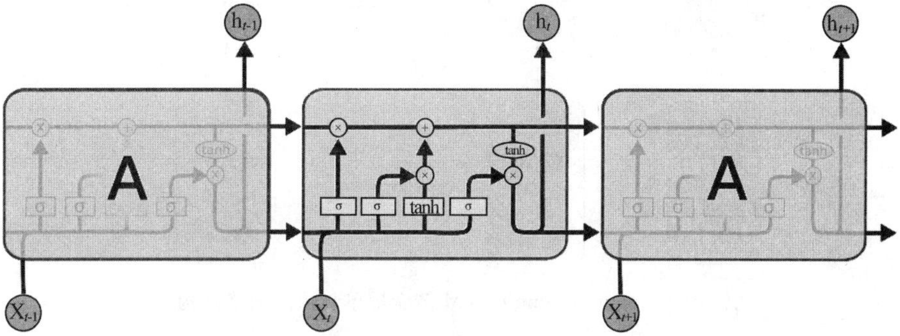

(b)LSTM 内部结构

图 1　标准 RNN 和 LSTM 网络内部结构对比

LSTM 网络中三个门结构可以删除或添加细胞状态中的信息，选择性地让信息通过。遗忘门通过 sigmoid 函数决定从上一时刻隐藏状态中"遗忘"掉哪些信息；输入门通过 sigmoid 函数和 tanh 函数决定在细胞状态中存储哪些新信息；输出门控制最终输出哪些内容到下一时刻。这些门结构帮助每个单元保持稳定，避免了梯度消失和梯度爆炸；同时细胞状态的加入使 LSTM 网络可以存储时间序列的历史信息，具备了长期记忆的能力。

LSTM 网络模型中按照输入和输出值所包含时间步的多少，可分为 one-to-one 模型、many-to-one 模型、one-to-many 模型、many-to-many 模型。序列预测问题按照输入变量的多少以及输出时间步的多少又可分为单变量单步预测问题、单变量多步预测问题、多变量单步预测问题、多变量多步预测问题。本研究对 LSTM

① S. Hochreiter, J. Schmidhuber, "Long Short-Term Memory", *Neural Computation*, vol. 9, no. 8(1997), pp. 1735-1780.

网络模型输入 VTEC 值、时间、纬度、地磁 Dst 指数和太阳 10.7 cm 辐射通量(F10.7)多个特征变量，并用多个时间步的输入预测下一时刻单一时间步的 VTEC 值，因此本研究使用 many-to-one LSTM 网络模型来进行多变量单步预测。模型结构如图 2 所示，其中 $X1 \sim Xn$ 表示输入的 n 个变量，$X(1) \sim X(t)$ 表示 t 个时间步的输入变量；y 为输出值；u 为内部状态。①

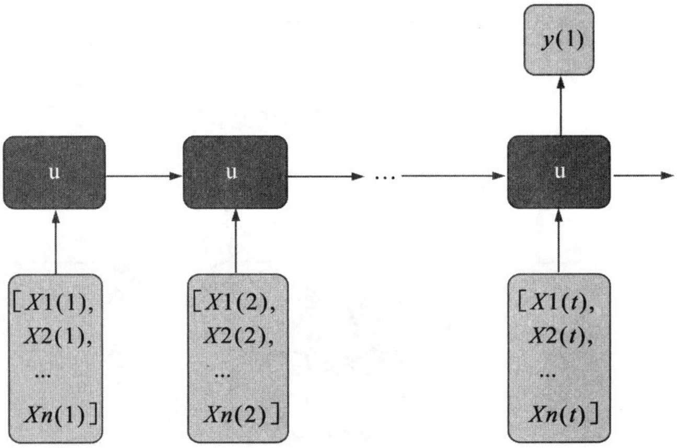

图 2 many-to-one LSTM 多变量单步预测网络结构

三、实验数据及模型构建

(一)数据介绍

模型所用的电离层 VTEC 数据来自 CODE 提供的 GIM 模型电离层产品(ftp://ftp.aiub.unibe.ch/CODE/)，从中选取了经度相同、纬度不同并且涵盖高、中、低纬区域的三个网格点 2017—2018 年的 VTEC 数据，选取网格点的经纬度分别为(5°N，120°E)(30°N，120°E)(55°N，120°E)，数据时间分辨率为 1 h。地磁 Dst 指数和太阳活动指数 F10.7 数据来自 GSFC/SPDF OMNIWeb(http://omniweb.gsfc.nasa.gov)，时间分辨率同样是 1 h。

本研究数据处理及模型构建流程如图 3 所示。

① J. Brownlee, *Long Short-Term Memory Networks With Python: Develop Sequence Prediction Models With Deep Learning*, 2020-1-1, https://www.zhuanzhi.ai/vip/fb2b2b26ccf61472c4cb5971f75ad68e.

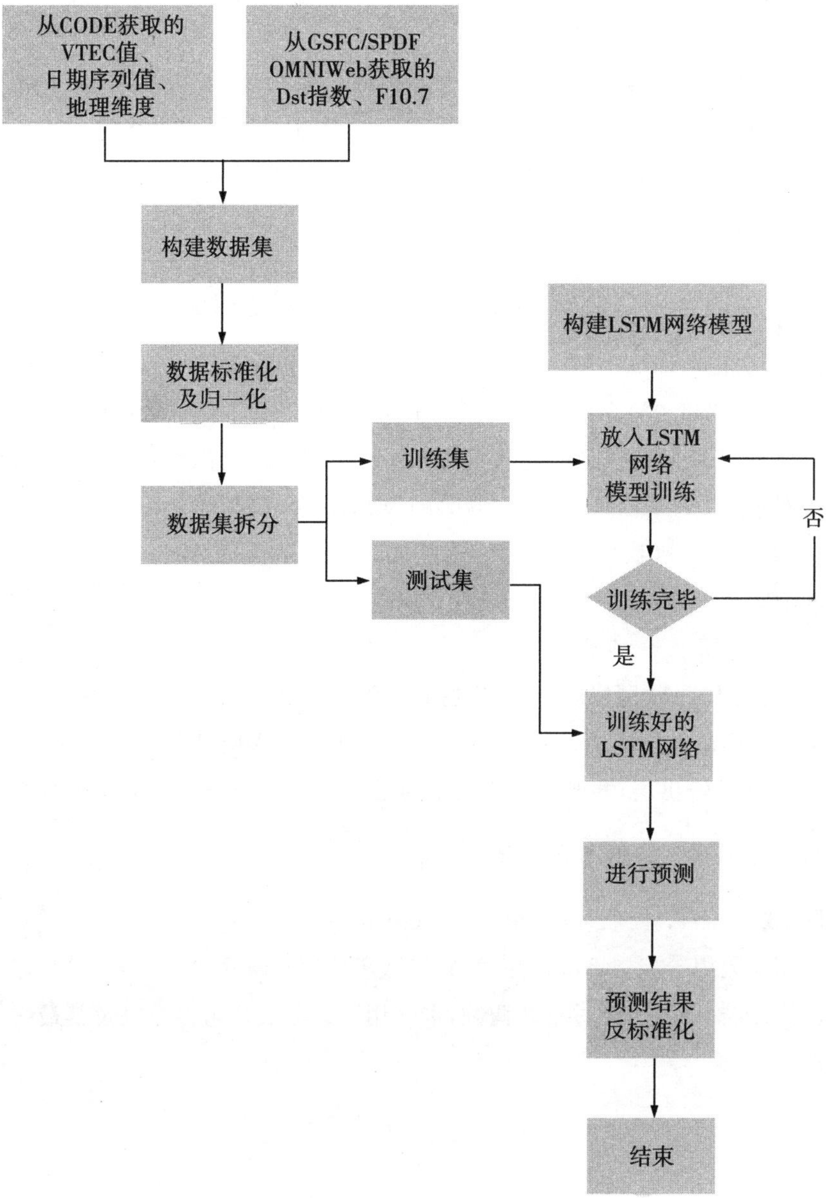

图 3　数据处理及模型构建流程示意图

（二）数据预处理

（1）构建数据集：利用 VTEC 值、日期序列值（自 0000 年 1 月 0 日以来的整个天数及其小数值）、地理纬度、地磁 Dst 指数、太阳 10.7 cm 辐射通量 F10.7 共五个特征变量的数据构建数据集。

(2)数据集的标准化和归一化:将数据集的70%作为训练数据,用于训练模型;将数据集的10%作为验证数据,用于检验模型状态及调整超参数;将数据集的20%作为测试数据,用于预测及评估模型精度。首先对训练数据中的VTEC值进行标准化,对日期序列值、纬度、Dst指数、F10.7分别进行归一化。再利用标准化和归一化训练得到的参数,对验证数据和测试数据中的VTEC值进行标准化以及对其他四个特征变量进行归一化,以便于使LSTM网络模型梯度快速下降,提高预测精度。

(3)构建输入和输出样本序列:分别在训练数据、验证数据和测试数据内进一步划分,依次构造训练集、验证集和测试集的输入和输出样本序列,用于放入模型进行训练、验证和预测。由于电离层VTEC有明显的逐日变化特性,故取前24 h数据作为LSTM网络模型的输入,未来1 h的VTEC值作为输出。例如:如果要预测某网格点2018年10月10日0时的VTEC值,则需要输入2018年10月9日0—23时的VTEC值、日期序列值、纬度、Dst指数和F10.7,以此构成输入样本序列及其响应。①

(三)LSTM网络模型

(1)构建LSTM网络模型:当构造好预测变量及其响应之后,需要确定LSTM网络架构。本研究构建的LSTM网络模型有1个输入层、1个LSTM层、1个全连接层、1个回归输出层,共四层。所采用的激活函数为sigmoid,损失函数为未由响应数目R进行归一化的半均方误差,$\text{loss}=\frac{1}{2}\sum_{i=1}^{R}(t_i-y_i)^2$(其中,$t_i$是目标输出,$y_i$是网络的预测),并通过均方根误差(root mean square error,RMSE)进行验证。

当超参数用于控制算法行为时,超参数不能通过算法自身学习得到,需要人为设置。为使结果最优,经过不断调试,本文用到的参数和超参数以及其最终取值如表1所示。②

① 参见孙文青:《基于长短时记忆网络的电离层总电子含量预报》,深圳大学硕士学位论文,2018年;罗欣:《基于LSTM的区域电离层总电子含量预测建模》,华中科技大学硕士学位论文,2018年。

② 参见吉长东、王强、王贵朋等:《深度学习LSTM模型的电离层总电子含量预报》,《导航定位学报》2019年第3期。

表 1　参数和超参数表

参数与超参数	设定值
lookback(X)	24
lookahead(y)	1
Lag	24
number of features	5
num of responses	1
Loss	$\frac{R}{2}$MSE
Activation	sigmoid
Optimizer	Adam
hidden units	100
initial learning rate	0.01
Epochs	2
batch size	24×30

(2)模型训练:构建好 LSTM 网络模型后,将训练集的输入和输出样本序列放入网络当中进行训练。通过损失函数半均方误差判断模型是否训练完成,当损失函数趋于平稳并且降低至一定程度后,模型训练完毕。

(3)模型预测及预测结果反标准化:利用训练好的 LSTM 网络模型对测试集数据进行单步预测,并利用此前标准化训练集时计算得到的参数对预测值进行反标准化,进而预测未来五天的 VTEC 值。

四、实验结果及分析

将(5°N,120°E)(30°N,120°E)(55°N,120°E)三个网格点在平静期(2018 年 9 月 15 日—2018 年 9 月 19 日)和磁暴期(2018 年 8 月 24 日—2018 年 8 月 28 日)的输入样本序列分别放入训练好的 LSTM 网络模型进行预测,得到预测值与电离层模型产品值的对比曲线,并计算两者之间的绝对误差,结果如图 4 和图 5 所示。

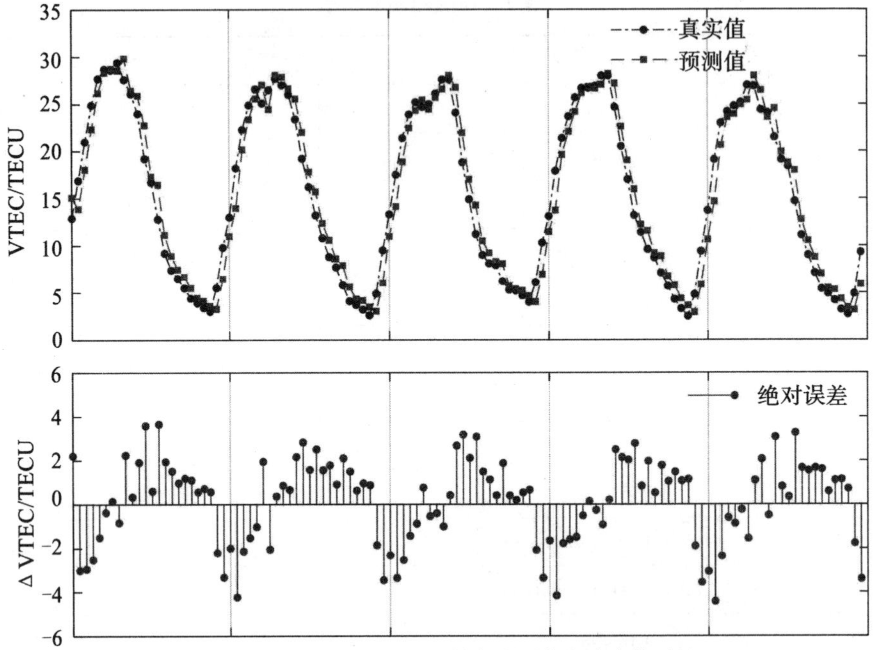

（a）（5°N，120°E）平静期预测值与真实值对比

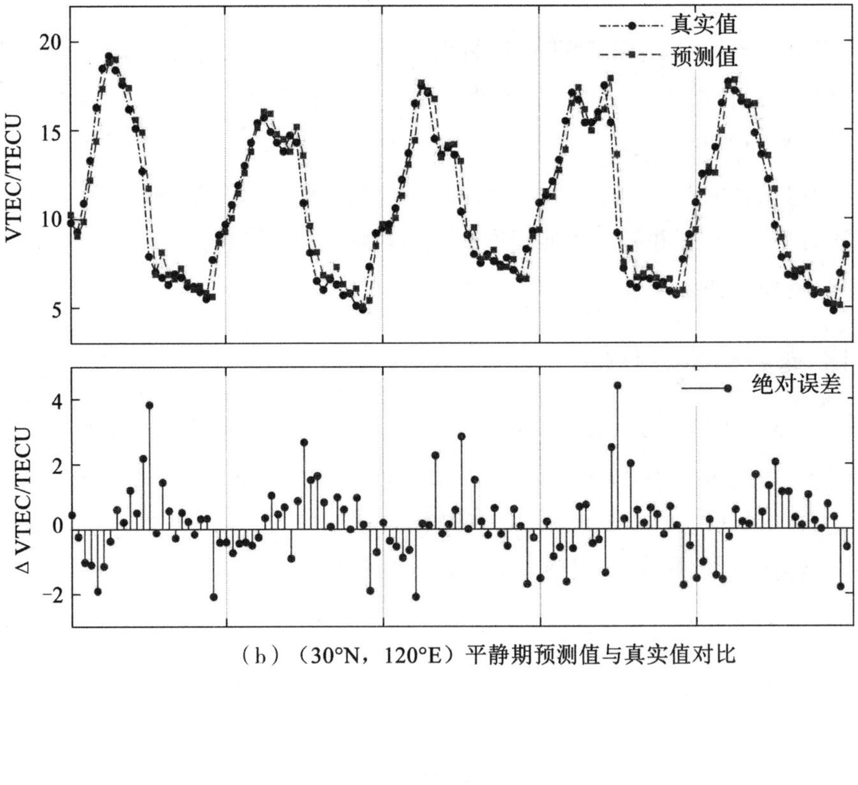

（b）（30°N，120°E）平静期预测值与真实值对比

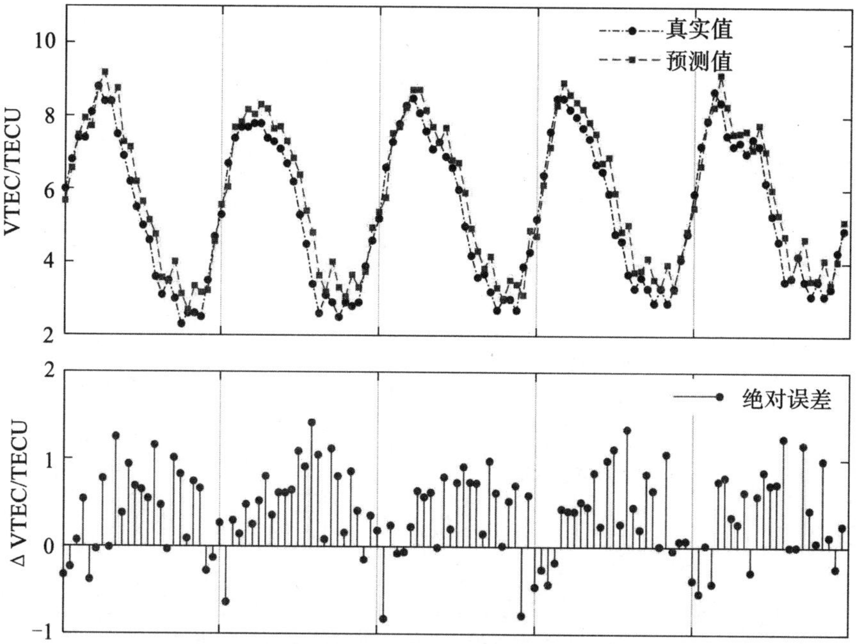

（c）（55°N，120°E）平静期预测值与真实值对比

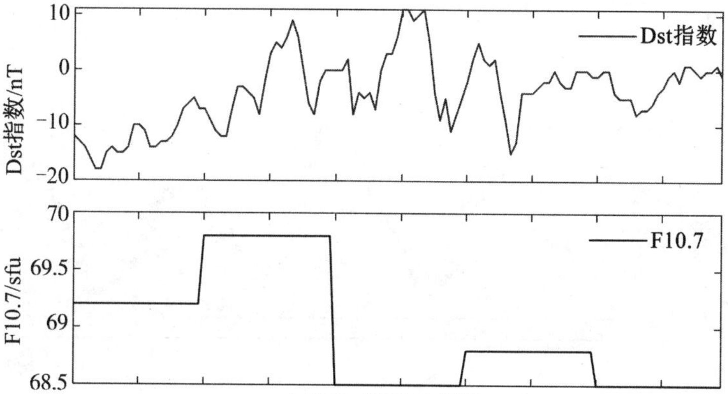

（d）Dst和F10.7指数

图 4　平静期预测值与真实值对比曲线及 Dst 指数和 F10.7

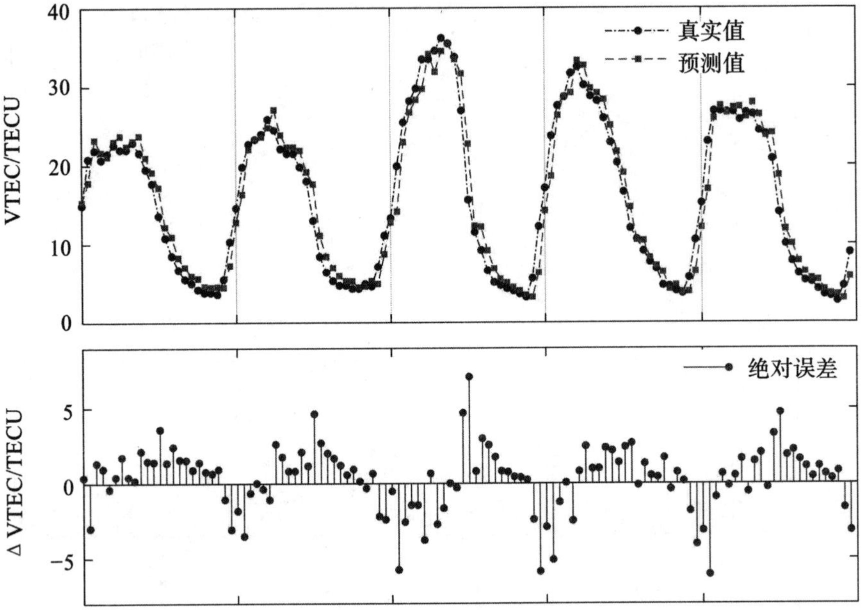

（a）（5°N，120°E）磁暴期预测值与真实值对比

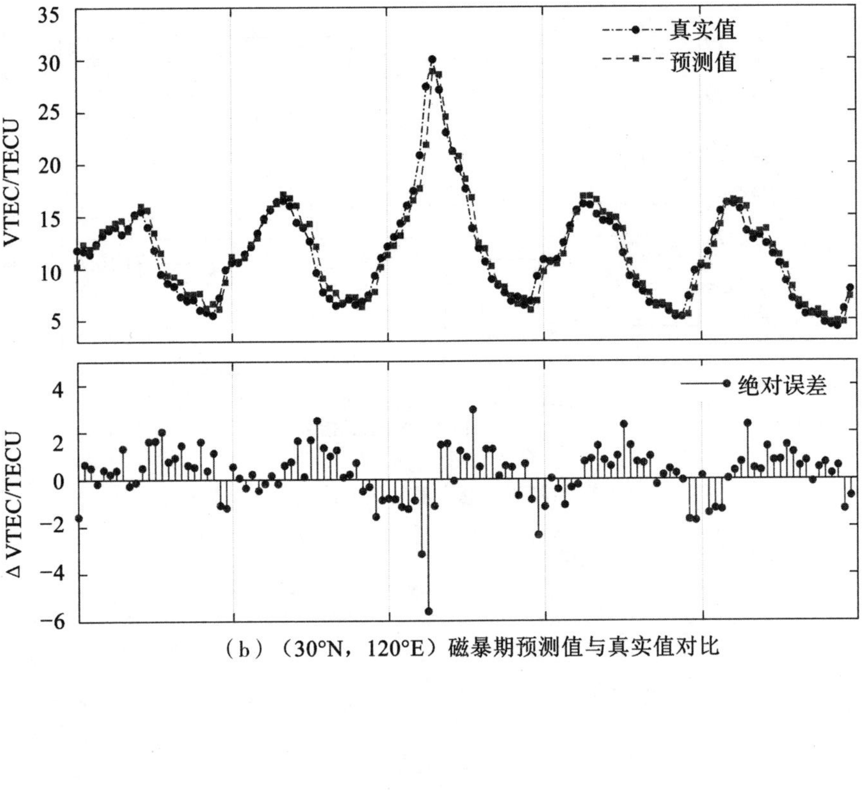

（b）（30°N，120°E）磁暴期预测值与真实值对比

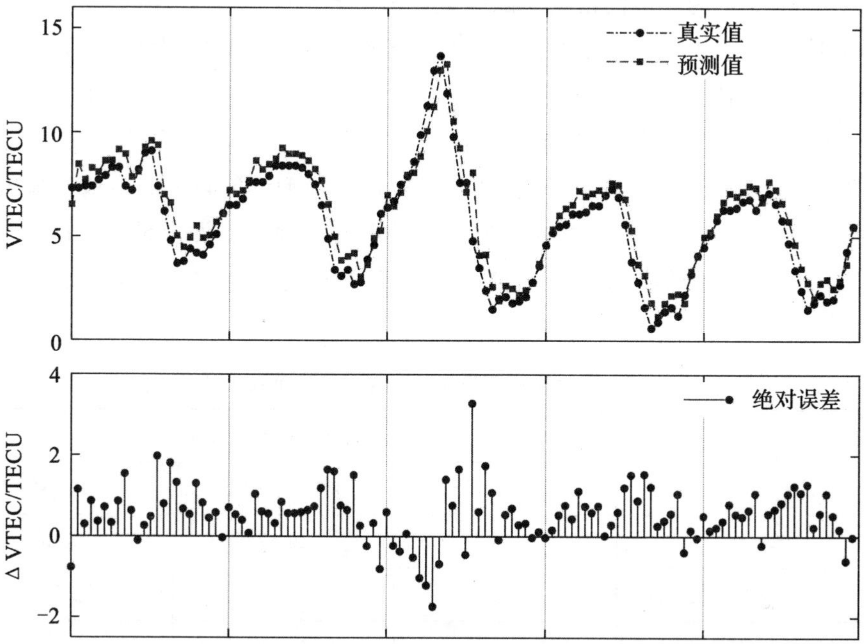

(c)(55°N，120°E)磁暴期预测值与真实值对比

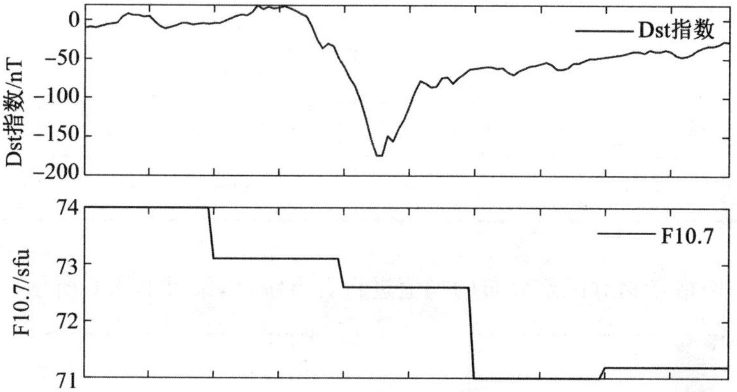

(d)Dst和F10.7指数

图 5　磁暴期预测值与真实值对比曲线及 Dst 指数和 F10.7

图 4 (a)、图 4 (b)、图 4 (c)为(5°N，120°E)(30°N，120°E)(55°N，120°E)三个网格点在平静期(2018 年 9 月 15 日—2018 年 9 月 19 日)的预测值与真实值的对比曲线及绝对误差情况，图 4(d)为此期间的地磁 Dst 指数和 F10.7 情况。为查验模型在不同磁暴条件下的预测效果，对三个网格点磁暴期进行预测。图 5(a)、

图 5(b)、图 5(c)为三个网格点在磁暴期(2018 年 8 月 24 日—2018 年 8 月 28 日)的预测结果;图 5(d)为此期间的地磁 Dst 指数和 F10.7 情况,其中 8 月 26 日 Dst 指数达到最小值－174 nT,发生大磁暴。

从图 4 和图 5 可以看出,不论是在高纬度、中纬度还是低纬度区域,也不论是在地磁平静期还是在磁暴期,构建的 LSTM 网络模型都能较为准确地预报出真实趋势,且大多数绝对误差都能控制在 2 TECU 之内,整体预测效果较为理想。

此外,分别对平静期和磁暴期的相对误差情况进行统计,统计结果如表 2 所示。

表 2　平静期和磁暴期相对误差分布情况统计表

区间	三个网络点的相对误差/%		
	(5°N, 120°E)	(30°N, 120°E)	(55°N, 120°E)
[0, 5%)	23.33	46.67	33.33
[5%, 10%)	15.83	24.17	25.83
[10%, 15%)	16.67	10.83	13.33
[15%, 20%)	11.67	7.50	6.67
[20%, 25%)	11.67	4.16	5.84
[25%, 30%)	5.83	4.17	3.33
≥30%	15.00	2.50	11.67
总计	100	100	100

对三个网格点相对误差分布的均值进行直方统计,结果如图 6 所示。

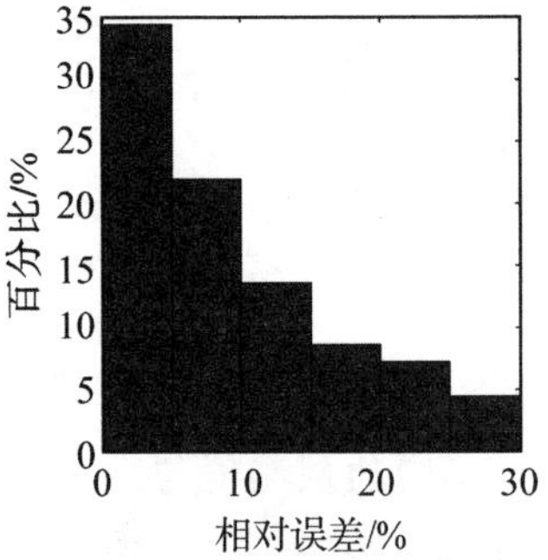

(a) 平静期相对误差分布情况

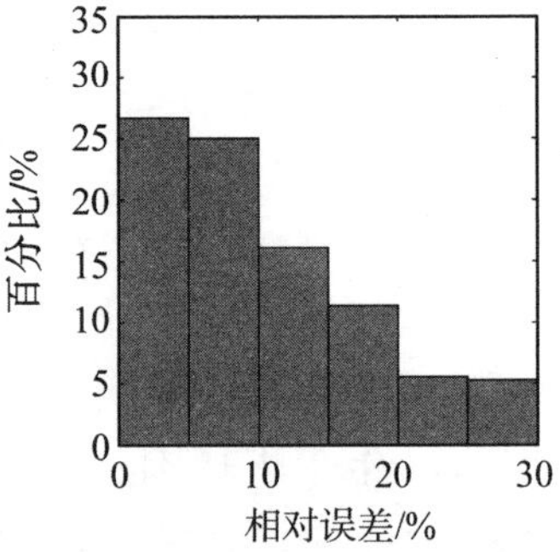

(b) 磁暴期相对误差分布情况

图 6　平静期和磁暴期相对误差直方统计对比图

从表 2 来看，三个网格点相对误差的平均值有约 90%小于 30%，其中一半以上的相对误差均在 10%以下，模型预测结果良好。对图 6 进行分析，近 35%的数据相对误差小于 5%，模型预测结果的相对误差在平静期的表现要优于磁暴期。

为对预测结果进行进一步定量评估及对比分析，本文采用了相关系数(correlation coefficient，R^2)、RMSE、平均绝对误差(mean absolute error，MAE)、平均绝对百分比误差(mean absolute percentage error，MAPE)这四个评价指标。计算公式如下：

$$R^2=\frac{\sum_{i=1}^{n}(\hat{y}_i-\bar{\hat{y}}_i)(y_i-\bar{y}_i)}{\sqrt{\sum_{i=1}^{n}(\hat{y}_i-\bar{\hat{y}}_i)^2}\sqrt{\sum_{i=1}^{n}(y_i-\bar{y}_i)^2}}$$

$$\mathrm{RMSE}=\sqrt{\frac{1}{n}\sum_{i=1}^{n}(\hat{y}_i-y_i)^2}$$

$$\mathrm{MAE}=\frac{1}{n}\sum_{i=1}^{n}|\hat{y}_i-y_i|$$

$$\mathrm{MAPE}=\frac{100\%}{n}\sum_{i=1}^{n}\left|\frac{\hat{y}_i-y_i}{y_i}\right|$$

式中，$\hat{y}_i$ 为模型预测值；y_i 为电离层模型产品值；n 为样本数量；$\bar{y}_i$ 为产品平均值；$\bar{\hat{y}}_i$ 为平均值的预测值。

三个网格点在平静期和磁暴期的评价指标计算结果如表 3 所示。

表 3　三个网格点在平静期和磁暴期的评价指标值

评价指标	(5°N，120°E)		(30°N，120°E)		(55°N，120°E)		平均值	
	平静期	磁暴期	平静期	磁暴期	平静期	磁暴期	平静期	磁暴期
R^2	0.9764	0.9757	0.9618	0.9706	0.9703	0.9657	0.9695	0.9707
RMSE/TECU	1.9210	2.1788	1.1434	1.1834	0.6223	0.8778	1.2289	1.4133
MAE/TECU	1.6252	1.6702	0.8401	0.9070	0.5149	0.7136	0.9934	1.0969
MAPE/%	15.4573	14.9581	8.7508	8.7228	11.6336	18.7638	11.9472	14.1482

对表 3 中各评价指标的值进行分析可以看出，对于不同的地理纬度，构建的 LSTM 网络模型对中纬度区域的 VTEC 值预测效果最佳，高、低纬度区域预测效果稍差。对于不同的电离层环境，模型在低纬度和中纬度的表现差异不大；但是在高纬度区域，LSTM 网络模型在电离层平静期的预测效果显著优于磁暴期。因此就整体来看，LSTM 网络模型更适合用于中纬度区域电离层平静期的 VTEC 值预测。但是总体而言，本文构建的 LSTM 多变量单步预测模型在三个网格点的不同电离层环境下的 RMSE 几乎均能小于 2 TECU，这表明在多数情况下的回归效果相比真实值平均只相差 2 TECU 以下，模型预测效果比较理想。

五、存在问题及未来展望

(1)本研究只选取了(5°N，120°E)(30°N，120°E)(55°N，120°E)三个网格点进行区域的电离层 VTEC 值预测，并非全球范围的预报。如果将全球范围内的多个网格点放入模型训练，则能够构建全球电离层模型。同时如果将模型扩展到全球，可能需要选取更多的地磁指数和太阳活动指数作为特征变量输入模型，以使建立的模型适用于全球范围。因此，建立全球电离层模型将是未来工作的重点。

(2)本研究构建的 LSTM 网络模型是单步预测模型，只能进行电离层 VTEC 值的短期预报。如果要进行 VTEC 值长期预报，则需要建立多步预测模型。后续将针对这个问题在前人工作的基础上进一步改进。

(3)仔细观察图 4 及图 5 中的预测曲线可以发现，预测值与真实值之间有一个时间步的错位，这可能是由马尔可夫性引起的，后续将针对这个问题探求解决办法。

Zr_3N_4薄膜的生长和光致发光特性

空间科学与物理学院应用物理学专业　刘昱赫

指导教师　王勇

【摘要】 锆氮(Zr-N)化合物与铪氮(Hf-N)化合物等其他二元金属氮化物具有优异的力学和电学性能，并因此受到了人们的广泛关注。同时，它们的亚稳态相Zr_3N_4和Hf_3N_4作为超硬半导体的前景也十分令人关注。然而，由于Zr_3N_4的不稳定性，大多数关于Zr_3N_4的研究都是通过第一性原理计算进行的，实验上对Zr_3N_4的研究仍然存在许多不足。本文通过高功率脉冲磁控溅射技术成功制备了一种具有一定结晶性的正交相Zr_3N_4薄膜，并将实验研究和第一性原理计算相结合，分析了正交相Zr_3N_4的力学性能、电子结构和光学性能。此外，本文首次报道了正方体Zr_3N_4在绿光波长范围内的发光特性，这可能是低成本制备发光氮化物器件的一个突破口。

【关键词】 HIPIMS；Zr_3N_4；金属氮化物；电子结构；第一性原理

一、引言

金属氮化物是一类特殊的材料，被广泛应用于传统的机械部件和现代电子或光电设备。例如，具有较高的硬度和良好的耐腐蚀性的岩盐结构金属氮化物(如TiN、ZrN和HfN)已被广泛用作耐磨涂层。[①] TiN和TaN的高导电性和稳定性也

① S. PalDey, S. C. Deevi,"Single Layer and Multilayer Wear Resistant Coatings of (Ti, Al) N: A Review", *Materials Science and Engineering A: Structural Materials Properties Microstructure and Processing*, vol. 342, no. 1-2 (2003), pp. 58-79; M. H. Staia, D. G. Bhat, E. S. Puchi-Cabrera, et al., "Characterization of Chemical Vapor Deposited HfN Multilayer Coatings on Cemented Carbide Cutting Tools", *Wear*, vol. 261, no. 5-6 (2006), pp. 540-548; M. Diserens, J. Patscheider, F. Levy, "Improving the Properties of Titanium Nitride by Incorporation of Silicon", *Surface & Coatings Technology*, vol.108, no.1-3(1998), pp.241-246.

使它们被广泛用于集成电路中的扩散屏障层。① 此外,自从高亮度 InGaN 基发光二极管(LED)在 20 世纪 90 年代首次被成功制备以来,基于Ⅲ族氮化物的 LED 已成为具有潜力的高效固态照明(SSL)材料之一。② 目前,InGaN 基蓝色 LED 的外部量子效率(EQE)已经超过 80%。然而,对于 535 nm 以上的波长,这些基于 InGaN 的 LED 的 EQE 随着波长的增加显著下降。巧合的是,磷化物基 LED(如 AlGaInP)的 EQE 在波长短于 570 nm 时也明显降低。③ 综上所述,在与人类视觉感知亮度的高光谱敏感性相匹配的波长为 535~570 nm 的区域内,仍不存在已经实现商业化的 LED,这被称为"绿色缺口"问题。因此,研究具有绿光发射的新型半导体材料具有重要的意义。

在各种氮化物中,二元 Zr-N 体系引起了广泛的关注,其中大部分研究的关注点主要是上述具有特殊力学性能的稳定相岩盐结构 Zr-N。除了具有立方结构的稳定相 Zr-N 外,理论计算还预测 Zr-N 体系存在四种不同结构的亚稳态富氮相 $Zr_3N_4$④:①具有 Pnam 空间群的正交结构($O\text{-}Zr_3N_4$)。②具有 Fd3m 空间群的立方尖晶石结构[$C\text{-}Zr_3N_4$(Spinel)]。③岩盐结构 ZrN 中的 Zr 空位形成的缺陷相结构($D\text{-}Zr_3N_4$)。④具有 I43d 空间群的立方 Th_3P_4 型结构[$C\text{-}Zr_3N_4(Th_3P_4)$]。在先

---

① Y. J. Lee, H. W. Yeon, S. Y. Jung, et al., "Effects of Film Thickness and Deposition Rate on the Diffusion Barrier Performance of Titanium Nitride in Cu-Through Silicon Vias", *Electronic Materials Letters*, vol. 10, no. 1 (2014), pp. 275-279; K. H. Min, K. C. Chun, K. B. Kim, "Comparative Study of Tantalum and Tantalum Nitrides (Ta_2N and TaN) as a Diffusion Barrier for Cu Metallization", *Journal of Vacuum Science & Technology B*, vol. 14, no. 5 (1996), pp. 3263-3269.

② A. Hangleiter, "III-V Nitrides: A New Age for Optoelectropics", *Mrs Bulletin*, vol. 28, no. 5 (2003), pp. 350-353; D. Zhu, D. J. Wallis, C. J. Humphreys, "Prospects of III-Nitride Optoelectronics Grown on Si", *Reports on Progress in Physics*, vol. 76, no. 10 (2013).

③ T. Mukai, M. Yamada, S. Nakamura, "Characteristics of InGaN-Based UV/Blue/Green/Amber/Red Light-Emitting Diodes", *Japanese Journal of Applied Physics Part 1-Regular Papers Brief Communications & Review Papers*, vol. 38, no. 7A (1999), pp. 3976-3981; M. R. Krames, O. B. Shchekin, R. MuellerMach, et al., "Status and Future of High-Power Light-Emitting Diodes for Solid-State Lighting", *Journal of Display Technology*, vol. 3, no. 2 (2007), pp. 160-175.

④ A. Zerr, G. Miehe, R. Riedel, "Synthesis of Cubic Zirconium and Hafnium Nitride Having Th_3P_4 Structure", *Nature Materials*, vol. 2, no. 3 (2003), pp. 185-189; M. Saito, "Formation of Mobile Hydridic Defects in Zirconium Nitride Films with n-Type Semiconductor Properties", *Acs Applied Electronic Materials*, vol. 3, no. 9 (2021), pp. 3980-3989.

前的研究中，稳定相 ZrN 表现出金属导电性，电阻率约为 10^{-5} Ω·cm①，而理论计算预测亚稳态相 Zr_3N_4 是一种半导体材料。其中通过极端条件，如大应力、高温和高压成功合成的 C-Zr_3N_4（Th_3P_4）的硬度为 30～37 GPa。② 然而，O-Zr_3N_4 的制备和性能特性仍然很少被报道。

本文通过高功率脉冲磁控溅射（HIPIMS）在玻璃基板上成功沉积了正交相 Zr_3N_4 薄膜，研究了正交相 Zr_3N_4 薄膜的相结构、微观结构、电子结构、光学和电学性能，并在正交相 Zr_3N_4 薄膜中首次观测到了强烈的绿光发射现象，这对氮化物基绿光 LED 的研究有着重要意义。

二、实验与理论计算细节

（一）实验细节

本实验使用 HIPIMS 技术在玻璃衬底与单晶硅衬底上沉积了富氮结构的 Zr-N化合物薄膜，气体环境由 Ar 与 N_2 组成。研究表明，薄膜的相结构和择优取向与非匹配基底（玻璃或硅）的性质无关，因为单晶硅基底上的无定形 SiO_2 层没有被去除。溅射过程中没有对衬底进行人为的加热。矩形（360 mm × 80 mm × 8 mm）的纯 Zr 靶（纯度为 99.9%）与 HIPIMS 电源（GX 150/1000）相连。Ar 与 N_2 的气体流速分别为 40 sccm 与 6 sccm。溅射过程中的气压保持在 0.9 Pa，背底真空气压为 4×10^{-4} Pa。实验过程中靶基距固定为 115 mm。HIPIMS 电源工作模式为恒功率模式，功率为 300 W，频率为 1000 Hz，占空比为 5%。此外，通过 HIPIMS 技术在玻璃衬底上沉积了岩盐结构 ZrN 薄膜，用于进行对比。

薄膜厚度通过表面轮廓仪（XP-1）进行测量。四点探测系统（RTS-8）用于测量薄膜电阻。使用 Cu Kα 射线（0.15406 nm）进行的 X 射线衍射（XRD）用于分析薄膜的相结构。X 射线光电子能谱（XPS）分析在超高真空（UHV）实验装置中进行，该装置配备了一个光发射分析仪和一个 Al Kα（1486.7 eV）X 射线源（Thermo Scientific Escalab 250Xi+）。进行 XPS 分析前应对薄膜进行 Ar^+ 离子蚀刻以清洁表面，直到 C-1s XPS 核能级光谱没有变化。扫描电子显微镜（SEM，FEI Nova

---

① Y. Hideto, S. Katsutaka, A. Yoshio, et al., "Study on Preparation Conditions of High-Quality ZrN Thin Films Using a Low-Temperature Process", *Japanese Journal of Applied Physics Part 1-Regular Papers Short Notes & Review Papers*, vol. 37, no. 10(1998), pp. 5714-5718.

② M. Chhowalla, H. E. Unalan, "Thin Films of Hard Cubic Zr_3N_4 Stabilized by Stress", *Nature Materials*, vol. 4, no. 4(2005), pp. 317-322.

NanoSEM 450)和透射电子显微镜(TEM,JEOL ARM 200F)分别被用来研究薄膜的表面形态和微观结构。光吸收系数由紫外-可见-近红外(UV-Vis-NIR)分光光度计(Lambda 1050)测定。在不同的温度下(80～300 K)使用波长为365 nm的XeⅠ激光激发样品,测量光致发光(PL,FLS980)谱。薄膜的硬度用纳米压痕仪(TTX-NHT2)测得。

(二)理论计算细节

O-Zr_3N_4的第一性原理计算过程中采用了投影增强波(PAW)赝势,是在维也纳非初始模拟包(VASP)代码中实现的。平面波的截断能设置为 400 eV。使用HSE06 杂化泛函可以准确预测半导体的原子和电子结构,特别是氮化物半导体。高频混合常数α设置为 0.25。[①] 此外,在计算的准备及后处理过程中使用VASPKIT 软件进行辅助。

三、结果与讨论

(一)薄膜的相结构与微观结构

通过对比富氮结构的 Zr-N 化合物薄膜与 Zr-N 薄膜的 XPS 谱,得出富氮薄膜中 Zr 与 N 的比例约为 3∶4。Zr_3N_4薄膜的高分辨率透射电子显微镜图像与电子衍射图以及 ZrN 与O-Zr_3N_4薄膜的 XRD 谱如图 3 所示,不难看出薄膜是多晶结构。同时,将由电子衍射图计算出的晶面间距与理论上O-Zr_3N_4的晶面间距进行对比(如表 1 所示),证明了薄膜是正交相结构。薄膜的 XRD 谱表现出相同的结果,在 Zr_3N_4薄膜的 XRD 谱中,大约在 34 的位置有一对应于 O-Zr_3N_4的(211)晶面的峰值。

① J. P. Perdew, M. Ernzerhof, K. Burke,"Rationale for Mixing Exact Exchange with Density Functional Approximations",*The Journal of Chemical Physics*,vol. 105,no. 22(1996), pp. 9982-9985.

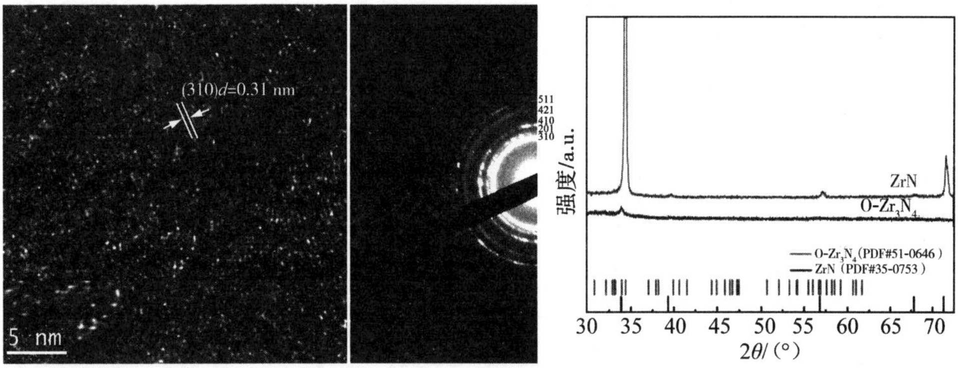

（a）高分辨率透射电子显微镜图像　（b）电子衍射图　（c）ZrN与O-Zr_3N_4薄膜的XRD谱

图 3　Zr_3N_4的相关图像

表 1　O-Zr_3N_4 的晶面间距d 的理论值与从电子衍射图及XRD 谱中计算所得的 d 值的对比

晶面	理论 d 值/mm	计算 d 值(ED)/mm
310	0.310	0.308
201	0.272	0.271
211	0.264	—
410	0.237	0.237
421	0.184	0.186
511	0.165	0.167

我们对比了 O-Zr_3N_4与 ZrN 薄膜的 Zr-3d 与 N-1s 核能级 XPS 谱(见图 4)。在图 4 (a)中,当薄膜从 ZrN 转变为 O-Zr_3N_4时,Zr-3d 核能级谱中的结合能约 182 eV的波峰逐渐向更高的能量移动,同时,图 4 (b)中的 N-1s 波峰向能量更低的方向移动。这种结合能的移动趋势表明薄膜从 ZrN 到 O-Zr_3N_4的相变过程中,电荷从 Zr 到 N 的转移导致了电子分布的变化。因此,N 与 Zr 间的离子键变得更强,也就是电荷更加局域化,使得薄膜从导体转变为绝缘体。①

① P. Prieto,L. Galán,J. M. Sanz,"Electronic Structure of Insulating Zirconium Nitride", *Physical Review B*, vol. 47,no. 3(1993),pp. 1613-1615.

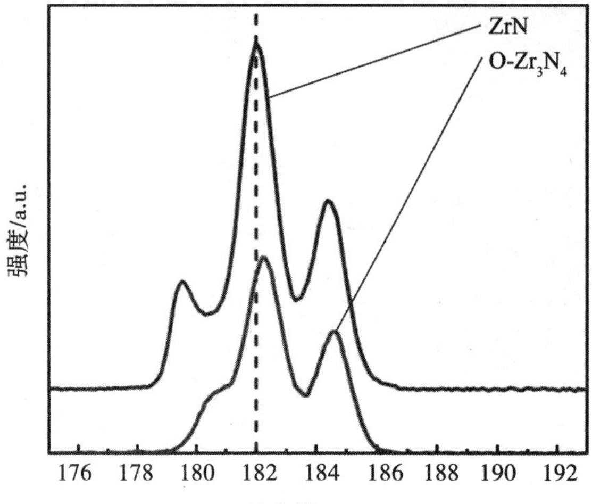

（a）Zr-3d

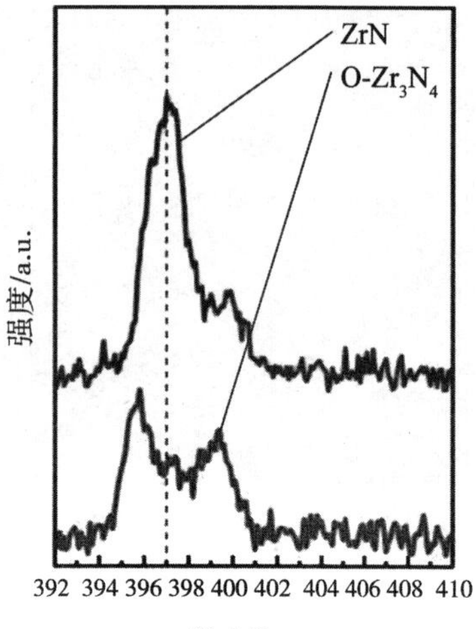

（b）N-1s

图 4　沉积在玻璃衬底上的 ZrN 与 O-Zr_3N_4 薄膜的 Zr-3d 与 N-1s 核能级 XPS 谱

（二）电子结构与禁带宽度

在确定了薄膜为 O-Zr_3N_4 之后，通过测量样品在 200～800 nm 波长范围内的透过率，做出吸收系数的平方根（$\alpha^{0.5}$）关于光子能量（$h\nu$）的函数曲线，拟合曲线测得 O-Zr_3N_4 的带隙值约为 1.80 eV［见图 5（a）］。使用 HSE06 杂化泛函对 O-Zr_3N_4 的电子结构进行了第一性原理计算，计算过程中采用的晶格常数（$a=0.328$ nm；$b=0.976$ nm；$c=1.081$ nm）与前文中实验测得的相一致。图 5（c）为计算得到的 O-Zr_3N_4 的能带图，图中标记出的禁带宽度约为 1.72 eV。可以看到，在 O-Zr_3N_4 的能带结构中，导带底（CBM）位于 GAMMA 点与 Z 点之间，而价带顶（VBM）位于 GAMMA 点，说明 O-Zr_3N_4 是间接带隙半导体材料。1.72 eV 的带隙值远大于先前的报道中用 GGA-PBE 计算得到的 0.68 eV①，但与通过 $\alpha^{0.5}$-$h\nu$ 拟合曲线测得的约 1.80 eV 的带隙值十分接近［见图 5（a）］。

① S. Yu，Q. Zeng，A. R. Oganov，et al.，"First-Principles Study of Zr-N Crystalline Phases: Phase Stability, Electronic and Mechanical Properties", *Rsc Advances*, vol. 7, no. 8 (2017), pp. 4697-4703.

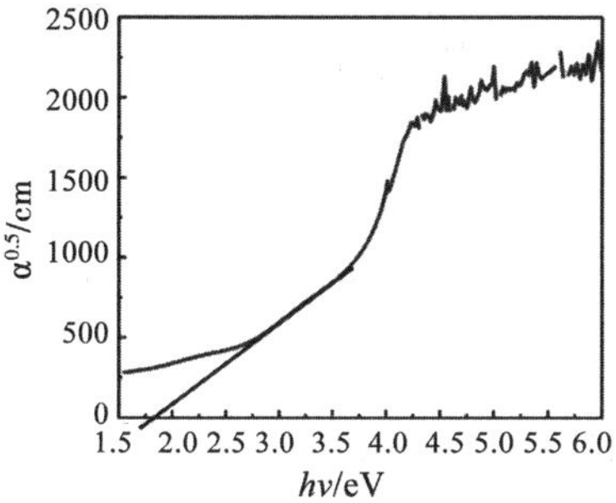

（a）$\alpha^{0.5}$-$h\nu$拟合曲线

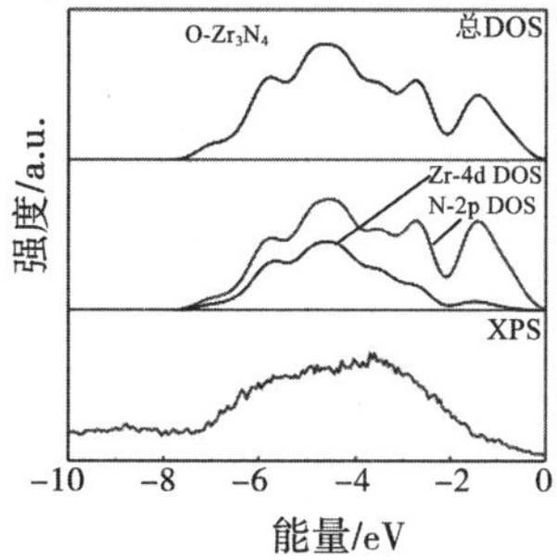

（b）总态密度，Zr-4d与N-2p部分态密度与光发射价带谱

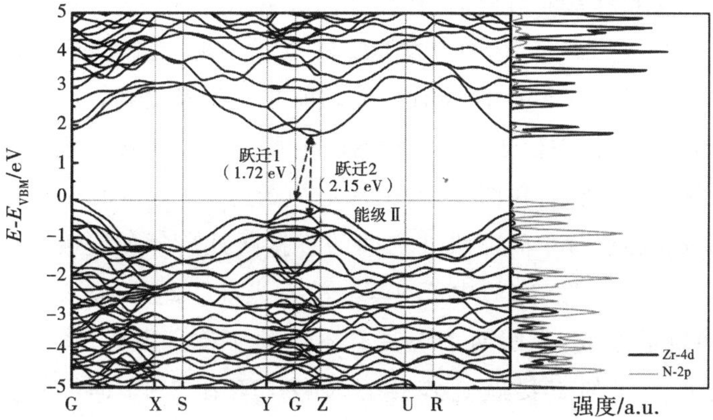

（c）能带图

图 5　O-Zr_3N_4的相关曲线

本文将 O-Zr_3N_4薄膜的光发射价带谱与第一性原理计算得到的电子态密度(DOS)进行了对比。在讨论具体结论之前，对 AlKα（1486.7 eV）射线对N-2p和 Zr-4d 轨道上电子的相对敏感度进行简要对比。通过已知的光离子化截面与能量的关系，可以计算出 AlKα 射线对上述两种轨道电子的有效界面的比值为σ(N-2p) / σ(Zr-4d) ≈ 0.07。① 这说明 XPS 价带谱主要探测到来自 Zr-4d 轨道的信号。图 5 (b) 展示了 O-Zr_3N_4的 XPS 价态光谱和由第一原理计算得到的 DOS，图中已将价带顶设置为 0 eV。从图中可以看出，O-Zr_3N_4的价带电子结构可以分为两个主要部分。在能量为−0.1～−1.8 eV 范围内，电子态主要来源于 N-2p 轨道。当能量降低至−1.9～−6.7 eV，Zr-4d 轨道的贡献逐渐增加，电子态由 N-2p 与 Zr-4d 轨道共同产

① J. J. Yeh, I. Lindau, "Atomic Subshell Photoionization Cross Sections and Asymmetry Parameters: 1 ⩽ Z ⩽ 103", *Atomic Data and Nuclear Data Tables*, vol.32, no.1(1985), pp.1-155.

生。由于前文提到的 XPS 价带谱主要反映 Zr-4d 轨道的信息，Zr-4d 的部分电子态密度谱与实验测得的 XPS 价带谱十分相似。O-Zr_3N_4的轨道投影能带图的分析结果与 DOS 谱相一致：导带底的电子态主要来源于 Zr-4d 轨道，而价带顶的电子态主要来源于 N-2p 轨道。

（三）光学性能与硬度

O-Zr_3N_4薄膜在 80～300 K 范围内不同温度下的光致发光谱如图 6 (a)所示。在所有光谱中都能明显看到位于 2.40 eV 与 1.97 eV 处的两个发光峰，尤其是即使在 300 K 的条件下，强度仍然很大的位于绿光波段的 2.40 eV 处的发光峰［见图 6 (a)］。发光峰是非对称的，在高能段展宽较大，这是间接带隙半导体 PL 谱的特点。① 值得注意的是，这两个发光峰的位置不随着温度的升高而改变，这意味着这些光发射是 O-Zr_3N_4的固有特性。前文中已经提到，O-Zr_3N_4的带隙约为 1.8 eV。因此，PL 谱中位于 1.97 eV 的峰值可能产生于载流子在导带底和价带顶之间的间接带隙跃迁，在图 5 (c)中标记为跃迁 1。观察图 5 (c)中 O-Zr_3N_4的能带图，导带底和价带中的能级Ⅱ之间的直接跃迁所释放或吸收的能量约为 2.15 eV，这可能对应于图 6 (a)中 2.40 eV 的发光峰。此外，本文还分析了导带底和能级Ⅱ的轨道组成，表明两个态具有不同的宇称。因此，本文可以认为是 CBM 和能级Ⅱ之间的直接跃迁产生了 O-Zr_3N_4在 2.40 eV 处的 PL 峰［见图 5 (c)］。另外，本文还研究了 O-Zr_3N_4在不同激发光功率下的光致发光特性［见图 6 (b)］，可以看到与温度变化 PL 谱中相同的两个峰值。随着激光功率的增加，这两个峰的强度增加，但发光峰的位置没有改变，这再次说明这些光发射是O-Zr_3N_4的固有特性。

O-Zr_3N_4薄膜的硬度通过纳米压痕仪测量得约为 8.8 GPa［见图 6 (c)］，比其他几种单晶的过渡元素半导体材料［如 Ge(7.12 GPa)，GaP(7.73 GPa)，GaAs (6.8 GPa)和 ZnO(4.7 GPa)］的硬度更大。这表明 O-Zr_3N_4具有成为良好的硬质半导体材料的潜力。

① T. H. Cheng, C. Y. Co, C. Y. Chen, et al., "Competitiveness Between Direct and Indirect Radiative Transitions of Ge", *Applied Physics Letters*, vol. 96, no. 9(2010).

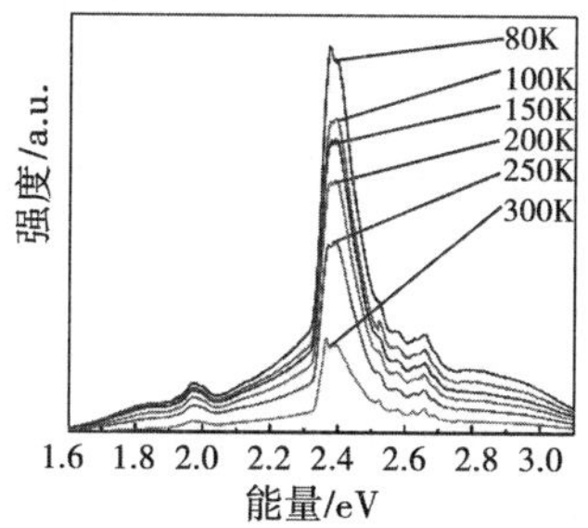

（a）沉积在玻璃衬底上的O-Zr_3N_4薄膜的温度变化PL发射谱

（b）沉积在玻璃衬底上的O-Zr_3N_4薄膜的功率变化PL发射谱

（c）沉积在Si衬底上的O-Zr_3N_4的硬度-压力曲线

图 6　O-Zr_3N_4的相关曲线

表 2　相关学者总结的各种常见半导体材料的硬度①

材料	硬度/GPa	材料	硬度/GPa
AlN(0001)	17.7	Ge(111)	7.12
GaN(0001)	10.2	GaP(111)	7.73
ZnO(0001)	4.7	GaAs(111)	6.8
ZnSe(111)	1.1	InP(111)	4.49
Si(111)	12.0	InAs(111)	2.63

四、结论

本文将实验与第一性原理计算相结合，分析了 O-Zr_3N_4的生长过程、电子结构及发光性能等性质。得益于 HIPIMS 技术能够使靶材高度离化、对基板有较强的

① I. Yonenaga, "Hardness, Yield Strength, and Dislocation Velocity in Elemental and Compound Semiconductors", *Materials Transactions*, vol. 46, no. 9(2005), pp. 1979-1985.

离子轰击作用，具有一定结晶性的 O-Zr_3N_4 被成功制备出来。通过对比 ZrN 与 Zr_3N_4 样品的 Zr-3d 及 N-1s 核能级的 XPS 谱，分析样品的元素价态。不同区域的相结构由 XRD、SEM、TEM 分析共同确定，确定了富氮 Zr-N 化合物薄膜的正交相结构。

通过理论计算得到的 O-Zr_3N_4 的禁带宽度约为 1.72 eV，导带底位于 GAMMA 点与 Z 点之间，而价带顶位于 GAMMA 点。考虑到使用 HSE06 的第一性原理计算过程中选取参数为 $\alpha=0.25$、$\omega=0.20$，该结果与 $\alpha^{0.5}$-$h\nu$ 曲线拟合所得结果（约 1.8 eV）及光致发光谱测得结果（约 1.97 eV）的差值在正常误差范围内。[①] O-Zr_3N_4 的价带电子结构由 XPS 价带谱与 DOS 谱共同确定，导带电子态主要来源于 Zr-4d 轨道，而价带电子态在价带顶附近主要来源于 N-2p 轨道。随着能量的降低，Zr-4d 轨道的影响逐渐增大，这也与轨道投影能带图呈现的结果相一致。

通过分析材料的光致发光谱对 O-Zr_3N_4 的光学性能进行了研究，发现该材料在激光照射下能够发出能量约 2.4 eV 的绿光，这使得 O-Zr_3N_4 具有成为绿光半导体材料的可能。但 2.4 eV 的能量值大于 O-Zr_3N_4 的禁带宽度（约 1.80 eV），其产生原因仍不明确。此外，O-Zr_3N_4 也具有成为硬质半导体的可能，压痕仪测试得出该材料硬度约为 8 GPa，虽小于 C-Zr_3N_4（约 30～37 GPa），但仍大于 Ge、GaP、GaAs 及 ZnO 等多数半导体单晶材料。

---

① A. V. Krukau, O. A. Vydrov, A. F. Izmaylov, et al.,"Influence of the Exchange Screening Parameter on the Performance of Screened Hybrid Functionals", *The Journal of Chemical Physics*, vol. 125, no. 22(2006).

单细胞测序数据分析

数学与统计学院统计学专业　林暖婷

指导教师　穆增超

【摘要】 近年来，单细胞 RNA 测序技术的进步使人们能够以高通量的方式在单细胞分辨率下进行大规模转录组分析。而由此发展的数据聚类等无监督学习，已经成为识别和表征新细胞类型的核心组成部分。本文研究了几种流行的降维方法和聚类算法，其中包括 PCA 降维方法，以及 K-means 聚类、层次聚类和谱聚类这三种聚类算法。通过研究，本文旨在寻找它们之间的一种有效组合，以实现更好的聚类效果，提高聚类的准确性和效率。

【关键词】 单细胞 RNA 测序数据；基因表达数据；聚类算法；数据预处理方法

一、研究背景与意义

(一) 国内外研究现状综述

单细胞 RNA 测序技术推动了许多生物学过程的研究，而其中细胞的转录组通过捕获基因转录活动，揭示了细胞的功能和类型。因此，基于细胞的转录组数据的无监督聚类成为了一种强大的识别细胞类型的方法，若能对细胞进行更加精确的分类，将对未来人类的科学研究以及临床应用有很大帮助。

经过多年的研究，已经出现了许多可以应用于单细胞 RNA 测序数据的降维和聚类算法，这些算法能够对细胞类型进行有效识别和分类，但是这些算法都有各自的局限性，由此学者们又研究出许多方法来改善它们，具体如图 1 所示。

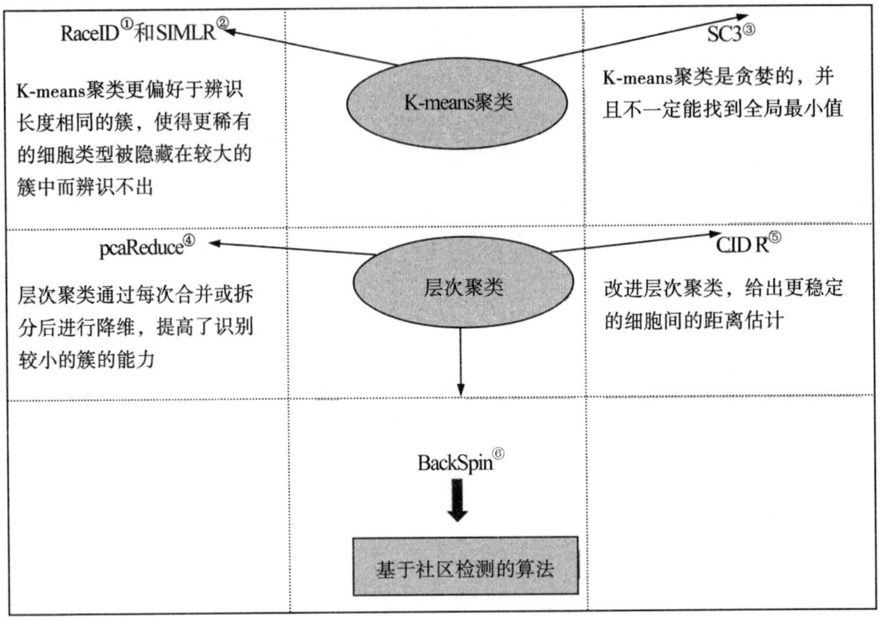

图 1　一些算法及相关研究[7]

（二）本文主要研究内容

低质量的细胞和基因、放大的偏差和其他混杂因素都会影响下游的聚类性能。因此，在进行下游聚类分析之前，数据预处理步骤是必要的。本文从 GEO 数据库中收集了两个来自小鼠不同部位的单细胞 RNA 测序数据集，并根据它们的数据特征对数据进行相应的预处理，以减少它们对下游聚类分析的影响。同时通过采

---

① D. Grün, A. Lyubimova, L. Kester, et al., "Single-Cell Messenger RNA Sequencing Reveals Rare Intestinal Cell Types", *Nature*, vol. 525, no. 10(2015), pp. 251-255.

② B. Wang, J. Zhu, E. Pierson, et al., "Visualization and Analysis of Single-Cell RNA-Seq Data by Kernel-Based Similarity Learning", *Nature Methods*, vol. 14, no. 4(2017), pp. 414-416.

③ V. Y. Kiselev, K. Kirschner, M. T. Schaub, et al., "SC3: Consensus Clustering of Single-Cell RNA-Seq Data", *Nature Methods*, vol. 14, no. 5(2017), pp. 483-486.

④ J. žurauskienė, C. Yau, "PcaReduce: Hierarchical Clustering of Single Cell Transcriptional Profiles", *BMC Bioinformatics*, vol. 17, no. 140 (2016), pp. 1-11.

⑤ P. Lin, M. Troup, J. W. K. Ho, "CIDR: Ultrafast and Accurate Clustering Through Imputation for Single-Cell RNA-Seq Data", *Genome Biology*, vol. 18, no. 1(2017), pp. 59-70.

⑥ A. Zeisel, A. B. Muñoz-Manchado, S. Codeluppi, et al., "Cell Types in the Mouse Cortex and Hippocampus Revealed by Single-Cell RNA-Seq", *Science*, vol. 347, no. 6226(2015), pp. 1138-1142.

⑦ V. Y. Kiselev, T. S. Andrews, M. Hemberg, "Challenges in Unsupervised Clustering of Single-Cell RNA-Seq Data", *Nature Reviews Genetics*, vol. 20, no. 5(2019), pp. 273-282.

取不同的数据预处理方法，对它们聚类分析效果的影响进行了比较。

国内外对于单细胞 RNA 测序数据聚类算法的研究可以证明，单独一种聚类算法无法满足人们所有的期望，无法在所有数据集中都取得最好的效果。因此，对于不同的数据集，表现好的聚类算法是有区别的，同时也可以通过组合不同的算法，互相弥补对方的局限来提高聚类效果。本文主要对单细胞 RNA 测序数据进行了聚类分析，研究了几种流行的降维算法和聚类算法，并通过一系列的实验，分析了不同的特征选择、降维方法以及聚类算法对不同特点数据集的聚类效果的影响，并希望能够找到对相应数据集聚类效果最佳的方法组合，同时为提出聚类新算法提供思路。

二、scRNA-seq 聚类分析理论框架

（一）流程设计

单细胞 RNA 测序数据的高维度以及无法避免的生物噪声使得它的聚类分析具有很大难度，如何优化整个聚类分析的算法和流程一直是学者们持续关注的问题，本文将就此进行研究，希望能给单细胞数据的研究提供新思路，图 2 是单细胞 RNA 测序数据分析的大体步骤，也是本文所做实验的设计流程。

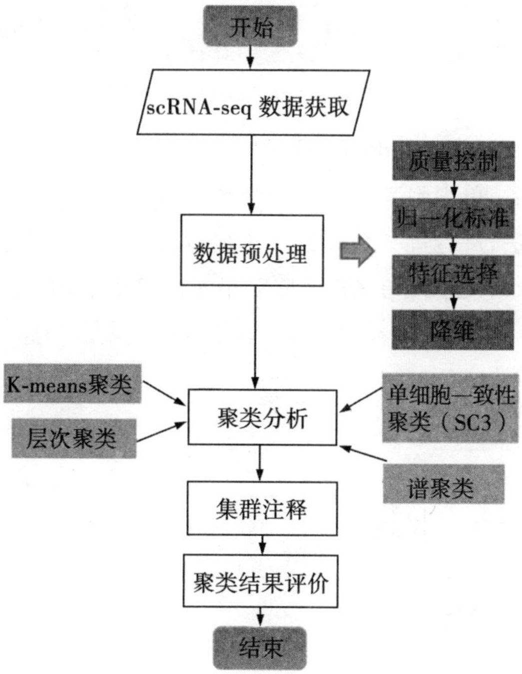

图 2　scRNA-seq 聚类分析流程图

(二)数据预处理

1.特征选择(feature selection)

虽然在质量控制中过滤掉了一些基因,但单细胞数据集的特征空间仍可能达到上万个维度。为了减少数据中的噪声,并方便对数据进行可视化,应该对数据进行特征选择,也就是在细胞与细胞之间进行比较,选择表达量变化最大的基因,这种基因被称为高度可变基因(highly variable genes, HVG)。本文采用的特征选择方法是利用局部加权回归(loess)得到表达量均值和方差的关系,并找到方差最大的基因作为特征,具体流程如图 3 所示。

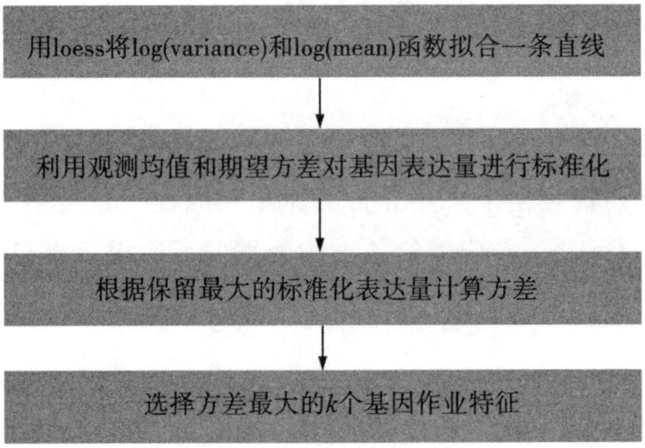

图 3 本文使用的特征选择的方法的流程图

2. 降维(dimensionality reduction)

特征选择完成后,单细胞表达矩阵的维数可以通过将表达式矩阵嵌入一个低维空间中的降维算法,进行进一步降低。主成分分析(PCA)是处理生物数据时最常用的一种降维方法,在使得信息损失降到最小的前提下,它可以将 n 维特征映射到 k 维空间上。

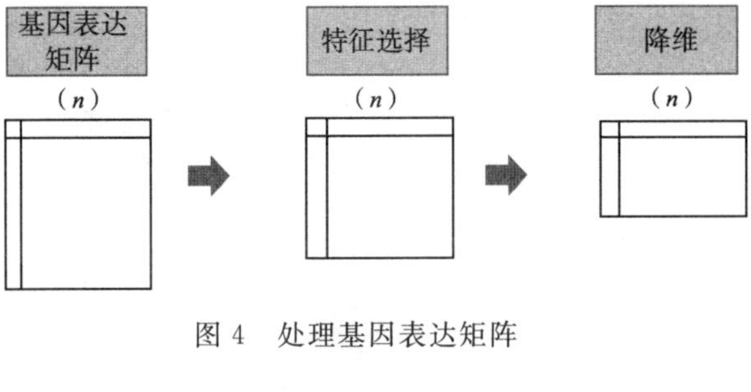

图 4 处理基因表达矩阵

(三)聚类算法

1. K-means 聚类

K-means 聚类算法通过确定簇中心并将细胞分配到最近的簇中心，并迭代优化质心位置，将细胞分为 k 个类簇。

具体实现步骤：

(1)输入：数据集 $X=(x_1,x_2,\cdots,x_n)$，聚类簇数 $k(k\leqslant n)$。

(2)输出：集合 $S=(s_1,s_2,\cdots,s_k)$。

①在 X 中随机选定 k 个样本作为簇中心，设为 $\mu_1,\mu_2,\cdots,\mu_k$，计算各样本与它们之间的欧氏距离 d_{ji}，并将样本归为与之距离最近的簇中心所属类，记为 $\lambda_j=\arg\min d_{ji}$，并划分入 $C_{\lambda j}=C_{\lambda j}\cup\{x_j\}$。

②分类完成后在 k 个类中重新计算簇中心，并按照第一步的方法重新对样本进行分类。

③依此迭代进行，直到满足终止条件，则迭代结束，获得最终的聚类结果 $S=(s_1,s_2,\cdots,s_k)$。

2.层次聚类(hierarchical clustering)

层次聚类通过比较样本之间的欧氏距离，最终聚成一个树状结构。具体实现步骤：

(1)将每个样本看成一个类，并计算两两之间的欧氏距离。

(2)将欧氏距离最小的两个类合并为一个新类。

(3)计算新类与所有类之间的欧氏距离。

(4)重复步骤(2)(3)，直到所有样本合并成一个类。

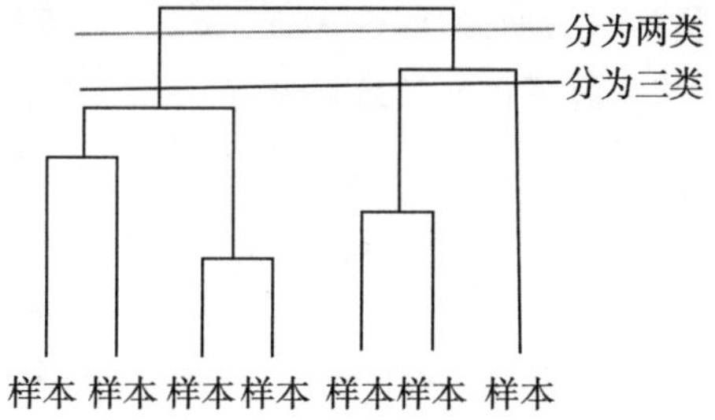

图 5　层次聚类的例子

3. 谱聚类(spectral clustering)

谱聚类是一种基于图论的聚类方法。它的主要思想是把所有的数据看作空间中的点，这些点之间可以用边连接起来。距离较远的两个点之间的边权重较低，而距离较近的两个点之间的边权重较高，通过对所有数据点组成的图进行切图，让切图后不同的子图间的边权重之和尽可能低，而子图内的边权重之和尽可能高，从而达到聚类的目的。

（四）降维和聚类算法设计

本文在特征选择时只考虑了选择 500、1000 和 2000 个特征的情形，在 PCA 降维时只考虑了提取前 10、15 和 20 个主成分的情形，聚类算法应用了 K-means 聚类、层次聚类和谱聚类三种。通过在特征选择和 PCA 降维时选择不同参数，并与不同的聚类算法进行组合，分别对 scRNA-seq 进行聚类分析，以寻找最优的组合方式。以 K-means 聚类算法为例，其组合方式如表 1 所示。

表 1　K-means 聚类算法的组合方式

组合编号	组合方式
1	500features ＋ PCA_10pc ＋K-means
2	500features ＋ PCA_15pc ＋K-means
3	500features ＋ PCA_20pc ＋K-means
4	1000features ＋ PCA_10pc ＋K-means
5	1000features ＋ PCA_15pc ＋K-means
6	1000features ＋ PCA_20pc ＋K-means
7	2000features ＋ PCA_10pc ＋K-means
8	2000features ＋ PCA_15pc ＋K-means
9	2000features ＋ PCA_20pc ＋K-means

（五）聚类结果评估指标

本文使用的评估指标为准确性（cluster accuracy，简称 CA），CA 表示聚类结果正确的百分比，因此 CA 值越大聚类效果越好。

三、实验与分析

（一）实验数据

本文分别在两个不同的数据集上进行了实验。一个是泽塞尔（A. Zeisel）等学者在 2015 年发表的小鼠大脑皮层的单细胞 RNA 测序数据[①]（GSE60361），简称为

① A. Zeisel, A. B. Muñoz-Manchado, S. Codeluppi, et al., "Cell Types in the Mouse Cortex and Hippocampus Revealed by Single-Cell RNA-Seq", *Science*, vol. 347, no. 6226 (2015), pp. 1138-1142.

Zeisel 数据集，详细信息如表 2 所示。另一个是塔希奇(B. Tasic)等学者在 2016 年发布的成年小鼠初级视觉皮层细胞数据①(GSE71585)，简称为 Tasic 数据集，详细信息如表 3 所示。

表 2　Zeisel 数据集的原始细胞标签及个数

细胞类型	个数
astrocytes_ependymal	224
endothelial-mural	235
interneurons	290
microglia	98
oligodendrocytes	820
pyramidal CA1	939
pyramidal SS	399

表 3　Tasic 数据集的原始细胞标签及个数

细胞类型	个数
Astrocyte	43
Endothelial Cell	29
GABA-ergic Neuron	761
Glutamatergic Neuron	812
Microglia	22
Oligodendrocyte	38
Oligodendrocyte Precursor Cell	22
Unclassified	82

① B. Tasic, V. Menon, T. N. Nguyen, et al., "Adult Mouse Cortical Cell Taxonomy Revealed by Single Cell Transcriptomics", *Nature Neuroscience*, vol. 19, no. 2(2016), pp. 335-346.

（二）实验结果分析

1.Zeisel 数据集分析

将前面得到的不同参数的特征选择和 PCA 降维及三种聚类算法的各种组合形式的聚类方法分别在 Zeisel 数据集上进行实验，并将得到的结果与 SC3 进行对比。

图 6 展示了 K-means 聚类算法对应的各种组合的聚类效果。可以看出，特征选择和 PCA 降维对聚类效果影响不大，它们的聚类效果都不好，准确率低于 0.6，其中聚类效果最好的是特征选择时选取前 2000 个特征，并在 PCA 降维时选择前 15 个主成分的组合。

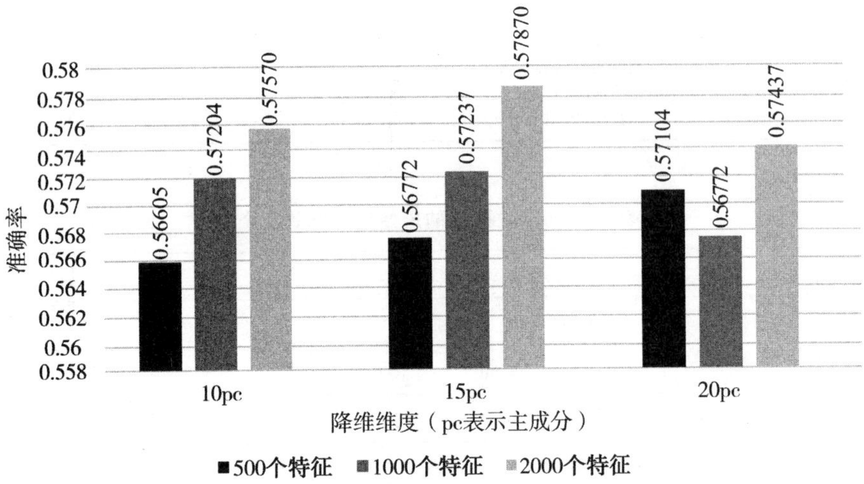

图 6　K-means 聚类的各种组合方法在 Zeisel 数据集上的实验结果

图 7 展示了层次聚类对应的各种组合的聚类效果。层次聚类在 Zeisel 数据集上的聚类效果不好，准确率均低于 0.6，聚类效果最好的是特征选择时选取前 500 个特征，并在 PCA 降维时选择前 15 个主成分的组合。

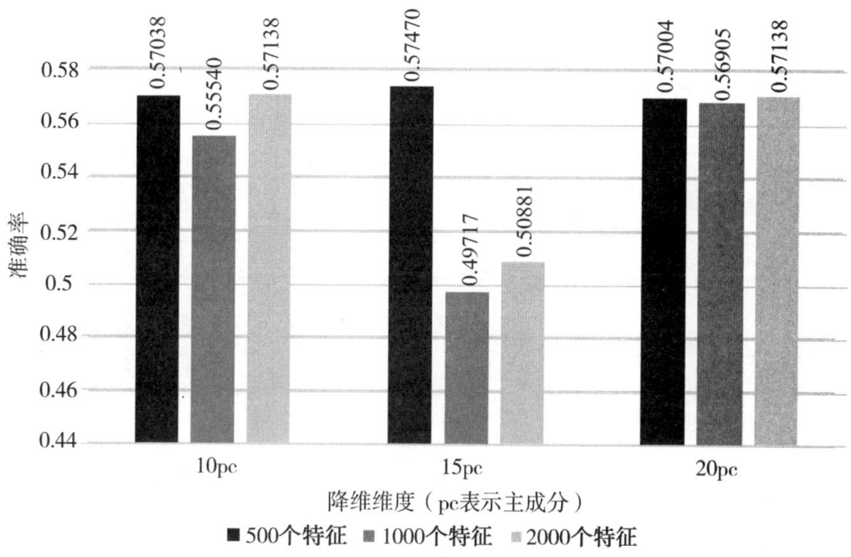

图 7　层次聚类的各种组合方法在 Zeisel 数据集上的实验结果

图 8 展示了谱聚类对应的各种组合的聚类效果。可以看出，选用谱聚类的准确率普遍高于 K-means 聚类和层次聚类，其中聚类效果最好的是特征选择时选取前 2000 个特征，并在 PCA 降维时选择前 15 个主成分的组合。

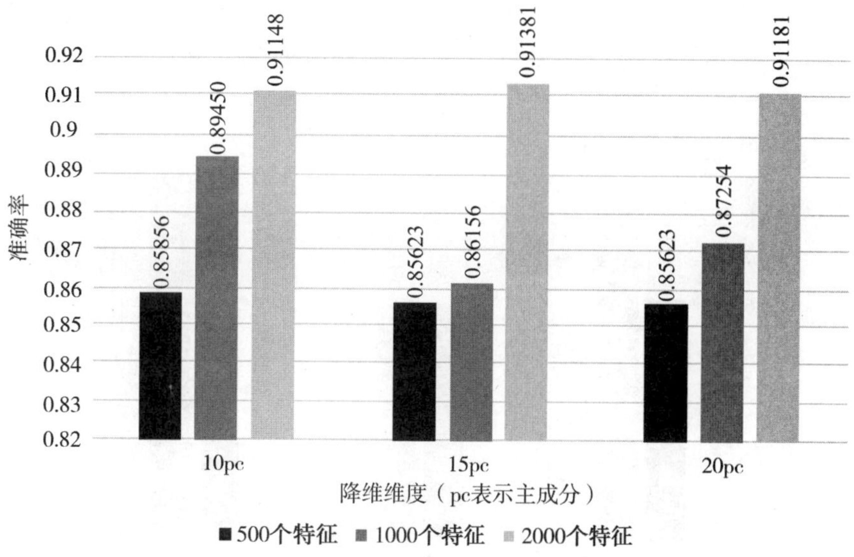

图 8　谱聚类的各种组合方法在 Zeisel 数据集上的实验结果

图 9 展示了本文采用的三种聚类算法及 SC3 在 Zeisel 数据集上的聚类效果，其中 SC3 的聚类效果最好，其次是谱聚类，K-means 聚类和层次聚类的聚类效果较差。

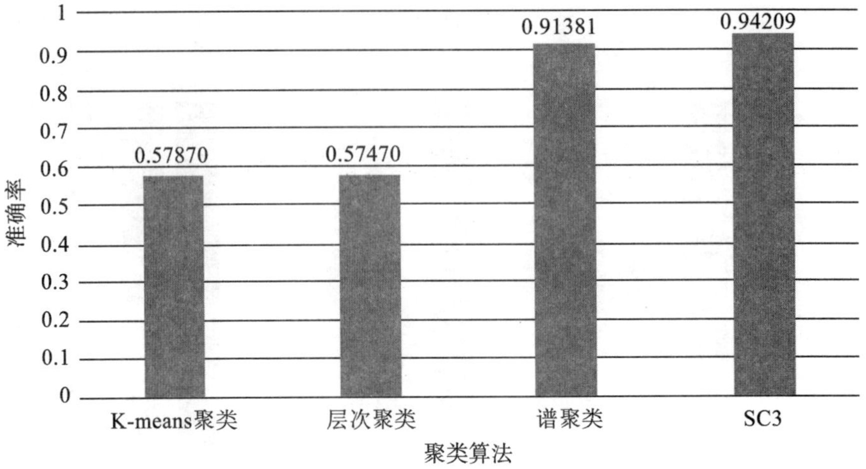

图 9 本文采用的三种聚类算法及 SC3 在 Zeisel 数据集上的聚类效果

2.Tasic 数据集分析

对 Tasic 数据集采取与 Zeisel 数据集相同的实验方法。

图 10 展示了 K-means 聚类对应的各种组合在 Tasic 数据集上的聚类效果。可以看出,特征选择和 PCA 降维对聚类效果影响较大。特征选择时如果选择 500 个特征,不管 PCA 降维后的维度是多少,聚类准确率都不高;而特征选择时如果选择 1000 或 2000 个特征,则最优准确率可以达到 0.9 以上。其中聚类效果最好的是特征选择时选取前 2000 个特征,并在 PCA 降维时选择前 20 个主成分的组合,准确率为 0.93052。

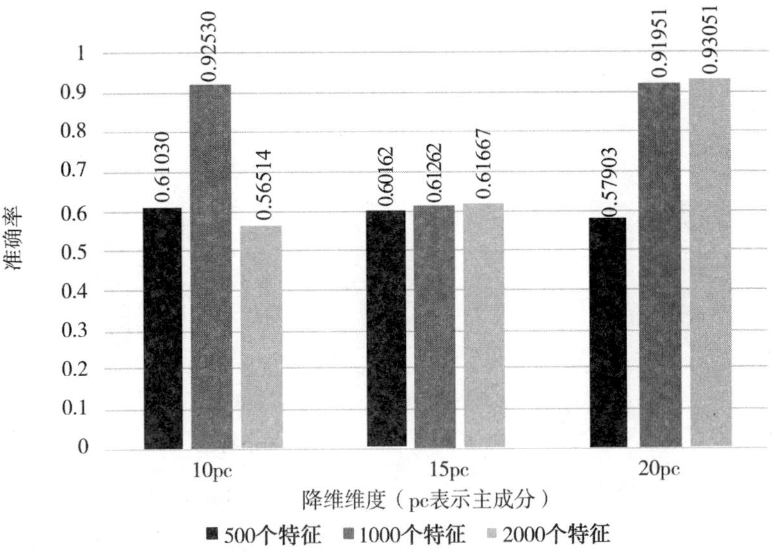

图 10 K-means 聚类的各种组合方法在 Tasic 数据集上的实验结果

图 11 展示了层次聚类对应的各种组合的聚类效果。层次聚类在该数据集上的表现不佳,聚类准确率都较低,聚类效果最好的是特征选择时选取前 500 个特征,并在 PCA 降维时选择前 20 个主成分的组合。

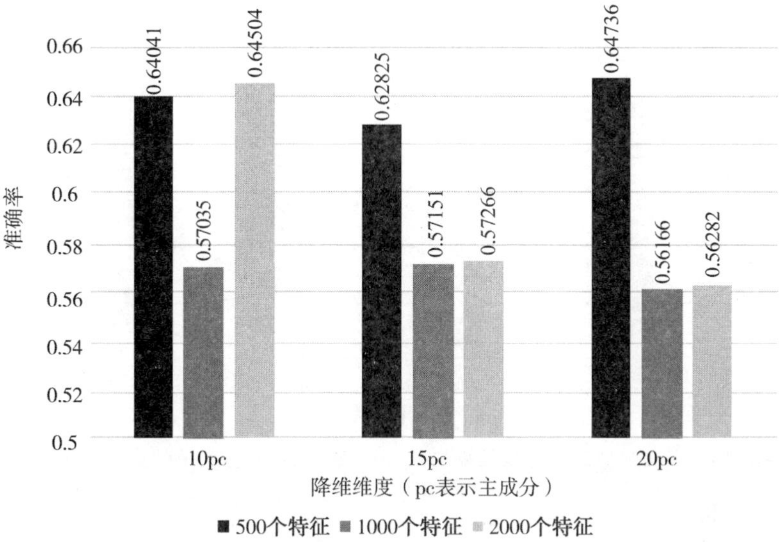

图 11　层次聚类的各种组合方法在 Tasic 数据集上的实验结果

图 12 展示了谱聚类对应的各种组合的聚类效果。谱聚类在该数据集上的表现优秀,各种组合的准确率都在 0.98 以上,其中聚类效果最好的是特征选择时选取前 2000 个特征,并在 PCA 降维时选择前 20 个主成分的组合,准确率为0.99479。

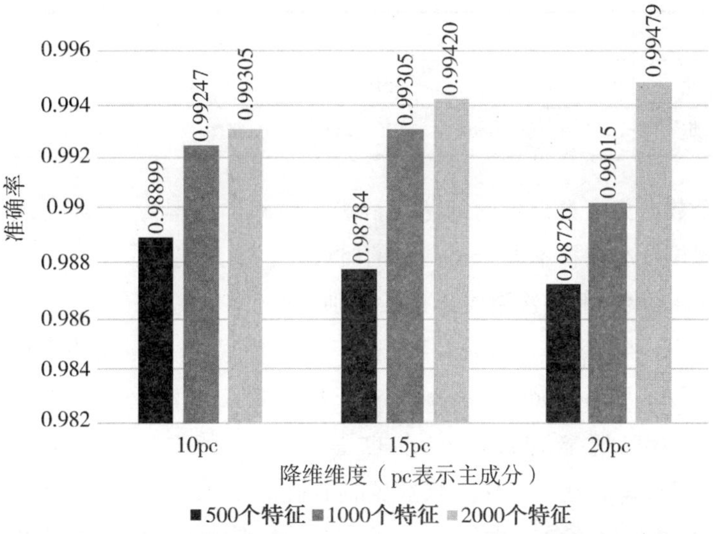

图 12　谱聚类的各种组合方法在 Tasic 数据集上的实验结果

图13中展示了本文采用的三种聚类算法及SC3在Tasic数据集上的聚类效果,K-means聚类和谱聚类的聚类效果都优于SC3的聚类效果,其中谱聚类的聚类效果最好,层次聚类的聚类效果最差。

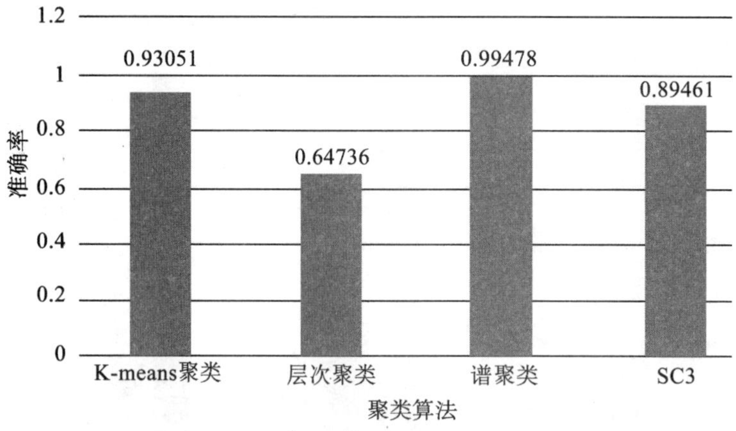

图13 本文采用的三种聚类算法及SC3在Tasic数据集上的聚类效果

3. 综合分析

通过上面的分析可以看出,不同的聚类方法在各个数据集的表现是不一样的。表4中列出了Zeisel数据集和Tasic数据集上表现最好的聚类组合及其对应的聚类准确率。

表4 两个数据集的最佳聚类结果

数据集	实现最佳聚类效果的方法	准确率
Zeisel数据集	SC3	0.94210
Tasic数据集	2000features+PCA_20pc+谱聚类	0.99479

在对两个数据集聚类得出的细胞集群进行注释的过程中,能够发现当规模较大的样本和规模较小的样本混合在一起的时候存在下列现象。

(1)K-means聚类和层次聚类不擅长区别它们,小规模的样本总是混合在大规模样本的类别中,难以区分。例如对于Zeisel数据集,另外5种细胞类型总会混合在pyramidal CA1和oligodendrocytes这两大类细胞类型中;而在Tasic数据集中,其他5种小规模非神经元样本也总被包含在GABA-ergic Neuron和Glutamatergic Neuron这两类样本数量多的细胞类型中。

(2)谱聚类和SC3在这方面的表现会更好一些,能够区别出一些小规模的细胞样本。原因有以下3个:①这两种算法擅长处理大数据集;②这两种算法不需要自己提前设定聚类的类别数;③聚类得出的类别数往往大于实际需要分类的类别数。通过人工对它们进行集群注释后将生物意义一样的类别合并成一类,这样有助于区别出小规模样本。

若想再进一步对聚类效果进行研究,可以在预处理步骤就将大规模细胞样本与小规模的分开来进行聚类,避免它们互相之间因为样本数量而相互影响。

四、总结与展望

(一)本文所做工作总结

为了能够在单细胞 RNA 测序数据的聚类分析中有更好的效果,本文研究了一些能够运用在数据集上的特征选择、降维以及聚类算法,包括主成分分析以及 K-means 聚类、层次聚类和谱聚类。

本文通过在特征选择和 PCA 降维时选择不同的参数,并与三种聚类算法搭配得到了多种聚类组合方法,将这些聚类组合方法分别在 Zeisel 和 Tasic 这两个数据集上进行聚类分析。对于 Zeisel 数据集,选用特征选择时选取前 2000 个特征,并在 PCA 降维时选择前 15 个主成分的组合,聚类算法选用谱聚类时聚类结果最好,仅次于成熟的 SC3。对于 Tasic 数据集,选用特征选择时选取前 2000 个特征,并在 PCA 降维时选择前 20 个主成分的组合,聚类算法选用谱聚类时聚类结果最好,聚类准确率高于 SC3。同时实验还发现,谱聚类和 SC3 在处理大规模样本与小规模样本混合的 scRNA-seq 时效果比 K-means 聚类和层次聚类好,更容易将小规模细胞样本从大数据集中区别出来。

(二)进一步研究设想与展望

从本文的实验中可知,对于不同类型、拥有不同特点的数据集来说,表现好的聚类算法是不同的,难以找到适用于所有数据集的聚类算法,因此不能说某种算法一定优于其他算法。本文的实验只能做到在小范围的聚类算法组合中找到最适合相应数据集的方法组合。若想要对某一个数据集进一步聚类分析,应该做更多的对照实验,分析其他方法在该数据集上的表现,验证得到最适合它的聚类算法组合;还可以对数据进一步分割,分开对数据集中的大规模样本和小规模样本进行聚类分析,避免出现样本数量小的类别混合在样本数量大的类别中而难以区别的情况。